U0559154

本书系2021年研究阐释党的十九届五中全会精神国家社科基金重大项目"'五位一体'构建中非命运共同体的战略路径探索与实践创新研究"（项目号：21ZDA129）、2023年度国家社科基金一般项目"非洲传统领袖复兴及其当代价值研究"（项目号：23BMZ167）与浙江师范大学非洲研究院2022年赴非调研项目（项目号：FF202313）的研究成果。

编纂委员会

主　编　徐　薇　刘鸿武

副主编　张巧文　杨　惠

编　委（以姓氏拼音为序，外籍专家统一列于最后）

丁连普　杜柯伟　郭克俭　贺　萌　贺文萍

胡美馨　黄梅波　蒋云良　李　海　刘贵今

刘鸿武　刘青建　刘钊轶　毛冬敏　邱兴雄

施俊天　舒运国　万秀兰　王道余　王　珩

夏　娟　徐丽华　徐　薇　徐伟忠　杨　惠

杨立华　杨晓春　张宏明　张建珍　张巧文

张忠祥　郑孟状　钟伟云

和丹·奥斯曼·阿布迪　阿德昆勒·奥西迪普

约罗·迪亚洛　格特·格罗布勒

大灵·罗德里格　迈克尔·伊西祖勒恩

编辑部主任　徐　薇

编　辑　张巧文　陈秋月　杨　惠　杨淑岚　林　晨
姚橄榄

ANNUAL REPORT ON CHINA-SOUTH AFRICA PEOPLE-TO-PEOPLE
EXCHANGE（2020—2021）

中国-南非
人文交流发展报告
（2020—2021）

徐　薇　刘鸿武　主　编

张巧文　杨　惠　副主编

ZHEJIANG UNIVERSITY PRESS
浙江大学出版社
·杭州·

图书在版编目(CIP)数据

中国-南非人文交流发展报告. 2020—2021 / 徐薇，刘鸿武主编；张巧文，杨惠副主编. —杭州：浙江大学出版社，2023.12
ISBN 978-7-308-24453-4

Ⅰ.①中… Ⅱ.①徐… ②刘… ③张… ④杨… Ⅲ.①中外关系—文化交流—研究报告—中国、南非—2020—2021 Ⅳ.①G125②G147.5

中国国家版本馆 CIP 数据核字(2023)第 235005 号

中国-南非人文交流发展报告(2020—2021)
徐　薇　刘鸿武　主　编
张巧文　杨　惠　副主编

策　　划	包灵灵　董　唯
责任编辑	董　唯
文字编辑	杨诗怡
责任校对	田　慧
封面设计	周　灵
出版发行	浙江大学出版社
	（杭州市天目山路 148 号　邮政编码 310007）
	（网址：http://www.zjupress.com）
排　　版	浙江大千时代文化传媒有限公司
印　　刷	浙江新华数码印务有限公司
开　　本	710mm×1000mm　1/16
印　　张	15.5
字　　数	280 千
版 印 次	2023 年 12 月第 1 版　2023 年 12 月第 1 次印刷
书　　号	ISBN 978-7-308-24453-4
定　　价	78.00 元

人文交流与知识共享将为
中非合作保驾护航

刘鸿武*

多年前,笔者在《非洲文化与当代发展》一书中提出,政治、经济、文化是支撑当今中非合作关系的三大支柱,三者必须形成鼎立之势,相互支撑,中非合作关系才会有牢固的基础,才可能获得可持续发展。在某种意义上,对于中非关系的长远发展来说,文化合作或人文方面的交流,因为惠及民间、扎根人心,可能更具有基础性、长远性的地位与作用。对于如今中非经贸与文化交流合作来说,文化交流就像一个活力无穷的蓄水池,经贸交流就像池子里的鱼,其要成活、长大,就要有活水源头,有适宜的环境。水池里的水虽然不能卖钱,但没有水池,没有水,鱼就长不好,长不大。①

坝固塘深,水活水多,鱼才能长大长好。努力推进中非人文交流,促进中非思想对话和知识共享,就是为中非经贸这条大鱼的成长提供源源不断的活水。《中国-南非人文交流发展报告(2020—2021)》的编撰与出版,就是在这方面的一种思考与探索。

一、中非发展合作背后的知识与思想交流具有特殊意义

当今时代是一个知识与思想高速流转与激烈竞逐的时代,观念与思想对国际关系、国际合作的影响复杂而多样。适宜的思想交流与知识共享可以为国际合作创造良好的条件,而经贸合作与投资贸易关系的背后也隐含着观念的互动与思想的融合,影响着人们对国家关系的性质与意义的认知。

* 刘鸿武,教育部长江学者特聘教授、浙江师范大学非洲研究院院长、教育部浙江师范大学中国-南非人文交流研究中心首席专家。

① 参见:刘鸿武. 非洲文化与当代发展. 北京:人民出版社,2014.

今天,中非关系对于中非双方普通百姓的影响越来越广泛和深入,国际社会对中非合作关系的关注度也在持续上升。在这样一个时代背景下,要想让中非合作关系长期保持可持续发展,更好地造福于双方人民,就必须更多地聚焦于最广大人民群众的现实需要,聚焦于普通百姓对于精神和物质生活的向往与期待,让双方的合作更接地气,更深入双方民众的日常生活,让人民群众对于中非合作的成就与意义有更多的获得感、参与感和使命感。

努力推进面向普通百姓的中非人文交流、教育合作、思想沟通和知识对话,是发展新时代中非关系的重点与方向。中国与非洲相距遥远,双方民族过去并没有太多的直接交往、相处、合作的经历,虽然中非的政治互信和战略合作已经有了坚实的基础,但民间的交流和深层的融合还处于早期阶段。从长远来看,中非合作关系要实现可持续发展,双方必须建构发展共同体、利益共同体、命运共同体,一个重要的方面是,中非双方通过共同努力逐渐建构一种以共同发展为目标、以相互尊重和平等相待为特征的"知识共享和思想交流的人文伙伴关系"。这种人文交流、合作的伙伴关系,可以为中非在政治经济、安全外交的多方面合作提供更宽广、坚实的精神支撑平台。①

为实现这一目标,中非双方需以持续的努力、高远的目标、开阔的心胸和有效的途径,来推进双方更好地认识自我,认识对方,认识变化中的彼此及与外部世界的关系结构,并在此过程中逐渐建构起具有鲜明时代特色和开放形态的"中国的非洲观"与"非洲的中国观",包括"中国的非洲知识"与"非洲的中国知识",以及"非洲的中国学"与"中国的非洲学"等。这将是一种有助于推进实现民族伟大复兴目标的自主、自立、自信而又开放、包容、理性的现代性知识体系与思想形态的人文建构进程,这一进程必须是双方的、平衡的、互动的。要充分发挥非洲国家与中国的积极性和主动性,挖掘中非双方的传统思想智慧与知识传统,充分利用双方本土知识的现代价值,实现中非双方文明的现代创造性成长。

今天,人文思想交流与文化领域合作正日益成为国家间竞争与合作的中心舞台,而在这背后存在着巨大的国家发展利益与安全利益。中国历来秉持兼容并蓄、平等交往之原则,坚信以和平的方式实现国家民族之复兴大业乃是最符合国家利益的理性战略选择。但中国能否以和平方式崛起,能否在与他国、他族日益紧密交往的背景下实现自己的现代复兴与发展,很大程度上取决于中国

---

① 刘鸿武. 人文交流 知识共享. 人民日报,2015-11-27(21).

能否在国际思想与价值理念的高地上建构起富有竞争力的人文话语平台,以及当代中国的发展道路与发展模式能否得到国际社会的普遍理解、认可与尊重。也就是说,中国能否以和平的方式实现民族复兴,与中国在国际人文思想领域、知识思想和价值高地上具备怎样的创新能力、感召力和影响力,有莫大关联。

同样,非洲大陆要实现可持续发展,摆脱在世界发展中的边缘地位,也有赖于非洲文化自尊、自立、自信精神的重建。只有去除近代以来由西方殖民主义、种族主义、霸权主义施加在非洲人民头上的文化歧视与精神压迫,树立非洲文化和历史的尊严,非洲的现代复兴与发展才会有坚实的基础。① 这也是推进中非人文交流、知识共享、思想对话的战略意义之所在。我们需要从这样的时代高度来重新认知与切实推进新时期的中非人文交流和思想文化合作。

二、中非发展合作建构全球治理新模式的思想意义

中非发展合作的实践积累,已经为中非的当代思想复兴创造出越来越坚实的基础。

2000年前后,在西方普遍对非洲感到绝望时,中非双方领导人决定建立一个共同发展的合作论坛,形成一种新的合作体制来解决双方的发展问题。在过去的20多年里,中非双方人民将自己对发展的理解和期待倾注在这一论坛上,使其成为谋求合作与发展的平台。今天的中非关系已经成为发展中国家合作共赢的成功典范。自2018年开始,中非贸易总额进入上升期,2018年为2042亿美元,同比增长19.6%,2019年达2090.2亿美元,同比增长2.4%。新冠疫情挑战下,2021年中非贸易额达到2542.89亿美元,同比增长35.3%,创双边贸易额历史新高。② 最近几年,受世界经济形势变化影响,贸易额有所起伏,但中非之间的经贸往来、投资合作、工业化对接依然有力地向前推进。目前,已有近万家中国企业在非洲投资兴业,提供了大量的就业机会。每年中非双方往来人员达数百万人次。通过援助和融资,中国在非洲兴建铁路,实施公路项目,修建港口、机场、码头,还培训了大量非洲人才。

国际研究表明,近年来中国对非洲经济增长的贡献率达25%以上,在一些国家贡献率更高。比如在过去10多年间,中国与埃塞俄比亚开展合作,修建了

---

① 刘鸿武,王严. 非洲实现复兴必须重建自己的历史——论 B. A. 奥戈特的非洲史学研究与史学理念. 史学理论研究,2015(4):77-86.
② 中非经贸往来韧性凸显 引领中非合作互利共赢.(2022-05-26)[2023-03-22]. https://www.ndrc.gov.cn/fggz/lywzjw/jwtz/202205/t20220526_1325786_ext.html.

该国第一条城市轻轨(也是非洲大陆的第一条城市轻轨)、第一条高速公路、第一条现代化铁路、第一个风能发电站、第一个现代工业园区,并援建了现代化的非洲联盟国际会议中心,从而提升了该国在非洲发展中的地位。

经过八届中非合作论坛 20 多年的探索,中非合作正在为解决全球发展问题、安全问题、治理问题提供一系列极有价值的新方案,以及一些新的智慧与原则。

中非合作的丰富实践,也对国际合作机制的创新产生了多方面的影响,其中包含着丰富的中非当代知识与思想。

第一,中非合作论坛将中非合作的行为规范化、系统化、常态化、精细化。三年一届的中非合作论坛模式,将中国国内发展重视战略规划、重视政府与民间力量结合的经验推广到了国际合作中,形成了国际合作的新模式。

第二,每届中非合作论坛都将宏观战略规划与具体项目结合起来,前后既有承接性,又有变革性,凸显了中非合作的稳定性、连续性与务实性。

第三,中国发展经验正广泛影响中非合作进程。非洲的知识界和思想界日益重视中国独立自主发展的经验,开始认真思考适合非洲发展的新模式,更加独立自主地探索非洲的发展道路。

第四,中非合作论坛充分发挥了中非双方的积极性,将中央政府与地方政府、国企与私企、非政府组织的积极性都调动起来,形成了不同层面的合作模式,让中非普通民众受益。

第五,中非合作提高了非洲在全球的地位,影响了非洲与其他国家交往的方式,优化了非洲国际合作的环境,推动了新型国际合作模式的发展。

三、中非共同建构知识共享与思想交流伙伴关系的路径

当代中非合作不只是涉及经济、贸易、投资和设施建设,不只是在物质方面的交流与合作共赢,实际上还包括日益紧密的国家发展与治理能力建设方面的交流与合作,以及中非双方在国家制度和社会管理方面的相互认知沟通与合作。

国家治理能力与经济发展能力的发展,离不开思想自立与知识创新能力的提升。中非的政治、经济合作,同样也建立在日益紧密的思想与知识合作的基础上。今天,中国正在为实现"两个一百年"奋斗目标而努力,非洲也制定了面向未来的《2063 年议程》。在此宏观背景下,双方要建构发展合作的命运共同体和机遇共同体,必须建立可以交流理解、借鉴的"知识与思想共享平台",建立相

互尊重的平等相处的"知识共享和思想交流的伙伴关系",努力在人类发展进程、全球治理、国际体系改革等重大问题上发出中非双方共同的声音。①

这是未来中非合作的一个新的领域,也是一个更为重要的领域。为此,中非双方智库需要以持续的努力,推进双方更好地认识自我,认识对方,认识变化中的彼此以及与外部世界的关系,并在此过程中形成开放包容、双向建构的"中国的非洲学"与"非洲的中国学"。这一相互支撑的"中国的非洲学"与"非洲的中国学"的目标,将推动中非双方的知识思想界共同探讨一系列涉及全球治理与人类发展的重大问题。

今后,中非双方的智库与学术机构,要着重关注和讨论以下话题。

第一,中非双方共同探讨新的发展观、新的现代化理论、新的全球化理论,共同总结、积累、创造新的发展知识、发展理论、发展思想。通过中非双方政府、智库、大学、民间和企业的多方位、多层次合作,共同建构中非共享的思想财富——基于中国和非洲的发展实践而总结出的新的发展观,形成适应发展中国家发展需要的新的发展观念、发展知识、发展思想。

第二,中非双方共同探讨新民主观与新自由观,共同探讨一种基于南方国家、发展中国家、中国和非洲的丰富实践与现代需要的新民主观、新自由观。民主和自由是人类普遍的追求,历史上和今天,发展中国家的人民也都有自己的民主实践理念,有对于民主、人权、自由、平等的精神追求与民族实践。今天,中非双方需要从自身所处的具体环境出发,从实践出发,从问题出发,共同探讨什么样的民主形态、人权理念和政治设计,能够给中国和非洲国家带来经济增长、社会稳定、国家富强、民族团结。民主不能当标签乱贴,不仅要看形式,看口号,更要看效果,看实际的影响。②

第三,中非双方共同探讨新的国家观与民间组织观,探讨一种适合于南方国家、新兴国家、发展中国家发展需要的国家观念、政党制度与国家制度,能形成建设性的、良性互动的国家与民间、政府组织与非政府组织的新关系结构。从历史经验看,无论是国家、政府,还是民间组织、非政府机构,都有各自存在的原因。在一个好的社会中,国家与民间、政府与非政府、国家与个人,能相互建立起良好的合作关系。它们的功能是相互补充、配合的,而不是相互取代的,更不是对立和冲突的。

---

① 刘鸿武. 中非应建立知识共享与思想交流的伙伴关系. 当代世界,2015(12):18-19.
② 刘鸿武,方伟. 国家主权、思想自立与发展权利——试论当代非洲国家建构的障碍及前景. 西亚非洲,2012(1):4-17.

第四,中非双方共同探讨新的世界秩序观与全球治理观,在联合国《2030年可持续发展议程》、联合国改革、气候变化与粮食安全、减贫与发展等重大问题上,加强沟通,协调立场,共同发出中非双方的声音。

为了建立中非知识与思想发展合作共同体,我们还应在以下几个方面共同努力。一是不迷信西方的思想,但对西方所代表的当今国际流行话语与知识传统有充分的了解,在消化吸收西方知识合理内涵的过程中超越其局限。二是从中非双方自身历史与现实经验的系统总结中提炼出新的知识体系与价值理念。三是对中非双方的现状与未来做出更具历史眼光的战略把握,从而形成新的知识形态、思想体系及话语优势。四是相互汲取"非洲智慧"与"中国智慧",在发展合作的实践过程中,共同呈现"中国思想"与"非洲思想"的独特价值。

为此,我们也建议中非双方的高等学校、其他学术机构、思想智库在如下几个方面继续努力。

第一,建立用于研究对方的实体性学术机构,并有稳定的资金投入。

第二,培养一批专门化的、长期致力于中国和非洲问题研究事业的人才队伍。这些人员需要具有长期或多次在非洲国家和中国访问、考察、调研的经历,熟悉中非双方的民情,在当地学习本土语言,感受当地的社会与文化,既了解中国,也了解非洲,具备从不同角度开展跨学科协同研究与人才培养的能力。

第三,大力加强对中国高校涉及非洲研究领域的各专业研究生的培养,扩大规模,提升层次,可与国家汉办赴非外派汉语教师志愿者的选派结合起来。

第四,逐渐建设一批专业化的非洲专业图书资料中心、非洲博物馆、非洲图像影视中心、非洲网络数据库。在一些有条件的大学建立非洲翻译馆,以开展系统性的中非文献互译、出版和推介工作。

第五,积极支持非洲国家的大学、政府机构、非政府组织建立各种类型的中国研究中心,争取在非洲重要国家的名牌大学建立一批非洲-中国研究中心。积极推进孔子学院的本土化进程,让孔子学院转化成当地大学的外语学院。

第六,在中国和非洲建立中非联合报社与合作出版机构、联合电台或电视台,加强中国和非洲国家在文化媒体、出版、音像网络等领域的产业合作,让中国和非洲国家的人民有更多途径相互接触和了解。

四、人文交流是维护中非利益的"长线投资"和"保险购买"

作为世界史上的两大文明区域,中国与非洲都有悠久的知识传统与独特的思想遗产。今天,中国和非洲都走在复兴与发展的道路上,中非双方的合作也日益超出政治与经济领域，向更深层次、更具本质意义的思想交流与知识共享领域拓展。为实现这一目标，中非双方需要以持续的努力和有效的媒介，来推进双方更好地认识自我，认识对方，认识变化中的彼此及与外部世界的关系。而正在快速推进的中非发展合作及丰富实践，是中非双方的学术思想界摆脱对西方原创知识与思想的长期依赖，创造出自己的跨文化元话语体系并走向世界的一个特殊机会。

长期以来，在对非援助领域，西方始终将经贸援助与政治制度输出、意识形态推广联系在一起，旨在促进西方价值理念、文化思想、意识形态的全球传播，通过影响受援助国的社会文化生态与意识形态，奠定西方在发展中国家或一切受援助国的社会基础与民意基础。保证发展中国家对西方文化与制度有好感，保证受援助国的知识精英亲西方，是西方维护其全球利益的最重要的保障条件。在这方面，中国也必须有一个长久的战略谋划与战略设计，使得非洲大陆的国家在中国的援助下或通过中非合作逐渐发展起来后，对华是友好的，认同甚至欣赏中国文化与中国制度。这样，这些国家才会视中国为可依靠、信赖的国家，才会长期保持对华友好的政策。如果我们做不到这一点，那么就有可能难以维持长期稳定的友好关系。

"名不正则言不顺，言不顺则事不成。"今天，人文交流和思想知识合作对中非关系的可持续发展日益重要。没有人文交流与思想知识合作，没有中非人民之间的心灵认同与情感纽带，中非经贸合作就走不远，就不保险。今天，中国已经成为非洲的第一大贸易伙伴，但人文交流依然是中非合作的短板。未来，人文交流应该成为推动中非合作跃上历史新高度的重要力量。

这几年我们讲得比较多的是"既要授人以鱼，也要授人以渔"，那么或许也可以这样讲：对非人文交流与思想合作、对非制度能力建设合作，可以被大致比喻为，为中非经贸合作这条"大鱼"建个更大的"水池"，助这条"鱼"长得更大、更强。而且这条"鱼"无论今后长到多大，依然会在中非友好这个"大池子"中成长。只有这样，我们才能保证未来逐渐发展起来的非洲国家依然是对华友好的，非洲人民依然是认同中国、喜爱中华文化的。①

从这个意义上说，我们现在推进对非思想文化交流，重视对非人文合作，提升中国知识、中国思想、中国制度在非洲的影响力，其实是为中国在非洲的国家利益与安全保障做出一种战略性的"长线投资"，是为中国在非洲的利益成长与

---

① 单敏. 新时期中南非和中非人文交流战略研讨会举行. (2017-04-06)[2019-03-28]. http://www. nanfei8.com/huarenzixun/zhongnanjiaoliu/2017-04-06/43991.html.

安全维护"购买保险",因而我们必须从长远的角度来重视和推进。

为此,我们需要做更多努力,包括及早论证、研究、筹建"中国非洲大学"或"中非联合高等研究院"这样的高端学术机构,使其成长为中非合作的思想库与知识高地。比如,我们既要在非洲建设帮助提升非洲物质成长能力的"交通大学""商学院""技术学院",还要建设帮助提升思想能力的"文化大学""法政大学""智库学院"。总体上说,笔者一直认为,中国在非洲的软实力建设必须硬投入、硬建设。中国的相关部门应采取切实有效的举措,出台相关政策,积极鼓励中国高校开展对非合作,召开中非大学校长论坛,建立中非大学联盟、中非大学合作平台等。

五、对未来中非合作论坛的若干建议

中非合作关系是中国改革开放 40 多年来在对外关系上的一个特殊窗口,也是中国撬动与世界尤其是与西方国家的关系结构的一个"战略支点",又是现今中国建构人类命运共同体的最佳平台。目前,中非合作关系依然处于大有可为的新的历史机遇期,尤其是当下世界处于全球化变迁的十字路口,中非合作尤其是经贸合作的战略意义更加凸显。中非合作的进一步深化,相信能够为抵御与对冲以美国为首的贸易保护主义及逆全球化浪潮带来的消极影响提供新的空间。从中非人文交流的战略高度上看,我们应该努力在一些关键性领域做出重大的推进,这里提出若干原则性建议和具体举措。[1]

第一,通过适当的方式系统总结过去 20 多年来论坛建设的经验,对中非合作论坛这一机制如何增强非洲尤其是撒哈拉以南非洲的自主发展力量进行总结,提炼中非合作思想体系和战略智慧,谋划新时期中非合作的愿景,鼓励中非人民继续奋斗。

第二,新一轮的中非合作论坛的战略举措与具体对策需要在以往成效基础上提效升质,应更加重视中国与非洲各区域和国家的合作,重视精细化推进,争取一国一策,并注重合作的结构与效益。

第三,应结合国家国际发展合作署成立的机会,进一步加强对中国国际发展援助与合作创新道路的理论化研究,重视中国本土发展知识总结及国际化传播。

第四,进一步激发地方政府和企业参与中非合作的热情,让中国地方政府

---

① 刘鸿武. 刘鸿武谈对 2018 年中非峰会的展望. (2018-04-04)[2019-03-28]. http://world. people. com. cn/n1/2018/0404/c1002-29907934. html.

和企业对接非洲各区域和国家的发展需要。

第五，根据中美贸易战清单所涉具体内容，预研中国企业面对贸易战，转战到非洲开拓市场的可能性。比如美国对中国征税的或者中国对美国征税的产品中，有一部分在非洲有替代品或者已经成功出口非洲，我们可以就势加以拓展提升。此乃对中非双方皆利好之举。

第六，建议设立政府层面的"中非友好贡献"基金或项目，鼓励中非友好人士、企业和团体推进中非合作发展。

第七，要注重收集、保存中非合作的历史资料，启动"中国在非海外记忆工程项目"，建设好诸如坦赞铁路博物馆、中国援非医疗卫生博物馆等，让中非合作历史转化成一种可传承的民族奋斗精神。

第八，要特别重视非洲国家人民尤其是年轻人的期待与愿望，采取切实可行的举措让中非合作成果惠及普通民众。加大对非人力资源和职业培训的投入力度，设立面向非洲青年的"中非青年创新创业"专项基金，成立中非青年创新创业联盟，举办中非青年创新创业创客大赛。

第九，要重视中非在文化、教育、知识、智库领域的双方平衡交流。一方面积极推进"中国非洲大学"计划，筹建"中国非洲大学"，实质推进中非大学合作建设，在非洲国家的大学建设中国博物馆，建立专门科研机构与人才培养专业等，奠定中非合作百年基业；另一方面支持非洲国家来华设立非洲文化交流中心。

六、关于《中国-南非人文交流发展报告（2020—2021）》的编撰与出版

中国-南非高级别人文交流机制（简称"中南高级别人文交流机制"）是在两国国家领导人的直接关心和推动下，在中国与非洲国家间建立的第一个政府层面的高级别人文交流机制，于2017年4月在南非正式启动。在此机制的推进过程中，笔者带领的浙江师范大学非洲研究团队承担了国家相关部委的系列委托项目和前期调研课题，就中南双方的历史文化传统、人文交流进程、未来发展趋势，做了深入、专业的研究，设计机制启动方案和项目建议。笔者也曾多次带团队成员赴国务院研究室、教育部国际司、教育部社科司、外交部非洲司、中宣部国际传播局，向相关领导做专题汇报，提供信息参考和政策建议。[①] 2017年4月，笔者作为教育部国际司特邀代表，前往南非约翰内斯堡，出席了刘延东副总

① 单敏. 中国-南非高级别人文交流机制首次会议召开，刘鸿武领衔科研团队助力国家对非人文交流. (2018-04-03)[2019-03-28]. http://tsinghua.cuepa.cn/show_more.php? doc_id=2252966.

理主持的中南高级别人文交流机制启动大会,见证了中非人文交流发展的重要历史时刻,感触良多,深受鼓舞。[1]

中南高级别人文交流机制启动后,教育部国际司在浙江师范大学和云南大学建立了两个中国-南非人文交流研究中心,作为支撑这一重要人文交流机制的智库研究平台。[2] 这两个中心成立后,笔者作为首席专家组织相关学者开展了一系列研究活动。[3] 这几年来,两个中心成立了研究团队,形成了初步的工作机制,本报告就是这些研究活动的重要内容之一。

本书由浙江师范大学、云南大学及其他一些相关科研机构的学者共同完成,也得到了南非资深外交官格特大使的大力支持。参与本书调研和撰写工作的研究团队各位成员大多具有丰富的学术经历,在各自领域有成果积累,有的还长期扎根非洲,尤其是扎根南非,对中南人文交流及各领域合作有切身的感受与体会。[4] 本书内容丰富,涉及领域广,除序言和导言外共分四个部分,由14个分报告组成,最后还附有中国-南非人文交流大事记。本书的特点是内容较务实、接地气,资料较新颖,涉及范围也较为广泛,一些专题报告还具有创新意义。

本书主编徐薇博士,副主编张巧文博士、杨惠博士,在此过程中做了大量的组织协调、编撰统筹工作,为本书的出版付出了大量的心血。各位作者克服资料收集不易、缺乏前人研究成果等困难,努力完成了本书的撰写工作。

在本书出版之际,我们衷心感谢教育部国际司和社科司、中外人文交流中心等的多方指导与关心支持,感谢国务院研究室教科文卫司、外交部非洲司和中非合作论坛中方后续行动委员会,中国驻南非大使馆、驻约翰内斯堡总领事馆,以及浙江师范大学、云南大学、中国对外友协、中非友协的关心和支持。

本书在体例安排、内容取舍、资料收集、信息筛选方面,难免存在不足之处,敬请大家批评指正。

---

[1] 张巧文. 刘鸿武教授赴南非出席中南高级别人文交流机制会议并与南非智库开展学术交流合作活动. (2017-05-05)[2019-03-28]. http://ias.zjnu.cn/2017/0505/c6141a167503/page.htm.

[2] 单敏. 教育部中国-南非人文交流研究中心落户浙江师范大学,新时期中南非和中非人文交流战略研讨会举行. (2017-04-01)[2019-03-28]. http://ias.zjnu.cn/2017/0401/c6141a147865/page.htm.

[3] 非洲研究中心. 教育部云南大学中国-南非人文交流研究中心成立暨专题学术报告会在云南大学举行. (2018-03-08)[2019-03-28]. http://www.ynu.edu.cn/info/1004/3318.htm.

[4] 南非彩虹. "南非华人在中南人文交流合作活动中地位与作用"座谈会举行 华人专家学者畅所欲言献计献策. (2017-04-25)[2019-03-28]. http://www.nanfei8.com/huarenzixun/shetuanhuodong/2017-04-25/44804.html.

目 录

序言　人文交流与知识共享将为中非合作保驾护航 …………………… 刘鸿武

导言　China-Africa Relations in the New Era: An African Perspective
………………………………………………… Gert J. Grobler(001)

第一部分　中南人文交流与合作

南非来华留学生的现状、特点及面临的挑战 ………………… 邓荣秀(025)
新冠疫情下南非中国学生学者发展报告 ………………………… 黄玉沛(039)
中国-南非友好城市交往发展现状及前景展望 ………… 王　珩　张书林(052)
南非媒体报道中的中国形象
　　——基于 2021 年南非涉华报道的分析 …………… 罗楚仪　徐　薇(065)

第二部分　中南教育合作

南非职业教育发展和中南职业教育交流与合作 ……… 骆行沙　周志发(079)
冲突视域下的南非和平教育报告 ………………………… 周　航　欧玉芳(092)
南非职业教育法律制度体系 …………………………………… 杨　惠(104)
新冠疫情下的南非高等教育国际化发展报告 ………… 欧玉芳　王瑞朵(120)

第三部分 中南产业合作

南非传统医学发展报告 …………………………………………… 刘钊轶(133)

南非数字经济发展与中南数字经济合作 ………………… 胡洁琼　廖思傲(146)

中南电影产业合作初析 …………………………………………… 蚁　海(159)

第四部分 南非青年发展与智库合作

南非青年发展和中南青年交流与合作报告(2020—2021) ……… 张利萍(181)

南非智库发展现状及其面临的问题(2020—2021) …… 王　婷　李沐晨(194)

南非人才外流的动因分析及对策思考 ………………… 周海金　丛玉萍(210)

附录 中国-南非人文交流大事记(2020—2021) ………………………… (221)

China-Africa Relations in the New Era:
An African Perspective

Gert J. Grobler

Abstract: The recently released white paper "China and Africa in the New Era: A Partnership of Equals" by the Chinese government and the following 8th Ministerial Conference of the Forum on China-Africa Cooperation (FOCAC) held in Dakar paved the way for a stronger China-Africa community. This paper provides an African perspective on the future China-Africa cooperation. It starts with China's role in the world, and then analyzes the challenges Africa faces and the major areas where China could play a greater role under the framework of FOCAC. Based on the author's experience, it emphasizes the importance of China-Africa people-to-people exchanges and the public diplomacy, especially the cooperation between Chinese and African universities and think tanks. It concludes that Africa looks forward to a strengthened strategic China-Africa partnership.

Keywords: China; Africa; partnership; people-to-people exchanges

About the Author: Gert J. Grobler is a former senior diplomat in the South African Department of International Relations and Cooperation, and the former South African ambassador to Spain, Japan, Madagascar, etc. He was a Senior Research Fellow at the Institute of African Studies, Zhejiang Normal University.

The Chinese government released its first comprehensive and constructive white paper on China-Africa cooperation, titled "China and Africa in the New

Era: A Partnership of Equals", on 26 November 2021, which discusses the successes in China-Africa cooperation over the past few decades and maps out the way forward for collaboration. The white paper reaffirms China's unwavering commitment to pursuing a strengthened strategic partnership with Africa based on the principles of sincerity, friendship, good faith and real results for the greater good and a shared future.

This was followed by the productive 8th Ministerial Conference of the Forum on China-Africa Cooperation (FOCAC) held in the Senegalese capital of Dakar from 29 to 30 November 2021, which assessed the progress of the implementation of decisions reached at the 2018 FOCAC Beijing Summit, discussed the China-Africa response to the COVID-19 pandemic, and charted the way forward for China-Africa relations over the next three years and beyond.

China-Africa relations have been significantly enhanced by the two events, which marked a fresh momentum and augered well for future cooperation. The white paper, in fact, effectively paved the way for the successful outcome of the FOCAC meeting in Dakar. The successful outcome of the FOCAC meeting in Dakar illustrates that China and Africa, with their strong commitment and solidarity will continue to increase the role, influence and cohesion of the FOCAC for the collective good. The two events will undoubtedly inject new impetus into the China-Africa comprehensive, strategic and cooperative partnership.

1. China's Role in the World

China is firmly on the track of realizing its dream of China's great national rejuvenation and achieving its second centenary goal. The international community including Africa heartily congratulated General Secretary Xi Jinping and the Chinese people on the historic and momentous outcome of the 6th Plenary Session of the 19th Central Committee of the Communist Party of China (CPC), passing the "Third Historic Resolution", that is the Resolution of the CPC Central Committee on the Major Achievements and Historical Experience of the Party over the Past Century, to cement the achievements of the CPC with General Secretary Xi Jinping at its core.

The unprecedented achievements of China, unequalled in human history, over the last number of decades are a matter of immense pride to the Chinese people and duly recognized by the international community. Whatever challenges may arise, China stands on the eve of perhaps its greatest ever historical period. At the core of this self-confidence are the country's extraordinary achievements.

These proud achievements of China will continue to have profound and constructive implications. President Xi Jinping said the following: "Every choice and move we make today will shape the world of the future."[1] These are wise words because the world is indeed changing. The pandemic has demonstrated the fragility of our world. It has laid bare risks we have ignored for decades like inadequate health systems, gaps in social protection, structural inequalities, environmental degradation, the climate crisis and others. If one looks at global politics and geopolitical tensions, the conclusion one arrives at would be that they are more and more interlinked than ever before.

So, these words by President Xi Jinping are wise words indeed. I must add that I have read many speeches in my life and met people like the leaders of many Western countries and others, but I always say to my friends in South Africa that they should read the speeches that President Xi Jinping made. The comprehensive and strategic content of his speeches represents a voice of reason in the world. In fact, it is a voice of wisdom in an uncertain and rapidly changing world. I also often say to my friends in South Africa, if only the world had listened to what President Xi Jinping said at the World Economic Forum and to some of his other constructive speeches, the world today would have been a much better place. Because what President Xi Jinping was emphasizing was international cooperation, solidarity and strengthened multilateralism, as the only way forward.

---

① Xi, J. P. Full Text: Special Address by Chinese President Xi Jinping at the World Economic Forum Virtual Event of the Davos Agenda. (2021-01-25) [2021-02-20]. http://www. xinhuanet. com/english/2021-01/25/c_139696610. htm.

International cooperation is indeed the vital key to addressing the pressing problems of the world because the regions that were making progress on eradicating poverty and narrowing inequality have recently been set back for years. If I had to select one sentence to describe the state of the world, I would say that we are in a world in which global challenges are more and more integrated, and the responses are unfortunately more and more fragmented, and if this is not reversed, it's a recipe for disaster. The unfortunate thing is that the international community collectively did not perform well in dealing with the pandemic. The response of the global community was very fragmented with every country and region running in a different direction. That's why I say that if only the world had listened to the messages by President Xi Jinping, the world today would have been a better place. I am deeply convinced that there is no other way to deal with global challenges, than with coordinated global responses and organized in a multilateral way.

The Secretary-General of the United Nations, António Guterres, have posed the pertinent question: "Will we succumb to chaos, division and inequality? Or will we right the wrongs of the past and move forward together, for the good of all?"[1]

The firm and committed approaches to the following issues by China therefore makes China a true "voice of reason" in an uncertain and changing world. China's approaches which have injected growing momentum into world peace and development are appreciated by the world as they will continue to contribute significantly to a better world and a shared future for mankind:

- China's continued constructive promotion of a new type of international relations, working hard to bridge differences through dialogue and resolve disputes through negotiation on the basis of mutual respect, equality and mutual benefit;

- China's strong commitment to international cooperation and

---

[1] Guterres, A. Tackling the Inequality Pandemic: A New Social Contract for a New Era. (2020-07-18) [2021-01-26]. https://www. un. org/sg/en/content/sg/statement/2020-07-18/secretary-generals-nelson-mandela-lecture-%E2%80%9Ctackling-the-inequality-pandemic-new-social-contract-for-new-era%E2%80%9D-delivered.

multilateralism to tackle global challenges and jointly create a better future for humanity;

- China's positive approach of remaining committed to consultation and cooperation instead of conflict and confrontation;

- China's commitment to its fundamental policy of pushing for global economic governance that is more open, equal and inclusive, as well as its opening up and adapting instead of rejecting change;

- China's undertaking to advance science, technology and innovation and promote trade and investment liberalization and facilitation, as well as its commitment to keep the global industrial and supply chains smooth and stable and advance high-quality Belt and Road cooperation.

Based on these constructive principles and others, China will in future become more prominent in its role as a stabilizing force and power source globally, because China embraces the world in an open and inclusive manner, bringing more progress and prosperity not only to itself but to the rest of the world.

China is bound to and, in fact, is expected by the overwhelming part of international community to play an ever-increasing important role and make a bigger contribution in building a better world and a shared future for mankind. China's ongoing all-dimensional, wide-ranging and multi-level exchanges and cooperation with other countries auger well for future global peace and development.

2. African Challenges and FOCAC

Although consistent progress regarding China and Africa cooperation was made over many decades, it can be said that the year 2000 initiated a new vital and "game-changing" phase of China and Africa cooperation on a much higher, more intensive and more comprehensive level. The major stimulus was the creation of FOCAC in October 2000 in Beijing. China's call to Africa to create FOCAC was enthusiastically welcomed by Africa! In fact, FOCAC has become a vital and central platform for future China-Africa friendship and cooperation.

Since the establishment of FOCAC, China-Africa relations have, in fact, entered a phase of rapid, focused and comprehensive cooperation. Today China is Africa's largest trading partner.

As the very important 8th Ministerial Conference of FOCAC was held in Senegal on 28 November 2021, many of, if not all, these issues have been on the agenda of FOCAC. With all these challenges, I am going to briefly allude to that China is uniquely equipped and has the experience and expertise to work with Africa, and to help Africa on its trajectory to a better continent. Africa can work with China to face all these challenges and that is why I'm saying that the FOCAC meeting was held at a critically important time for Africa and for China in terms of expanding relations. It couldn't have come at a better time, and in my view, FOCAC will adopt a much more strategic and diversified dimension on the road ahead.

The first aspect of major concern to Africa today is its economic and financial situation and its recovery. We all know that the issue of debt relief towards economic reform on the African continent is vital and critical. Therefore, the constructive role that China is playing, whether it is in a bilateral, multilateral, or G20 context, is much appreciated and will require ongoing attention.

The second concern that I would like to lift out is demographics. Africa's population is set to increase from around 1.3 billion in 2021 to more than 2 billion by 2040. Demographics in Africa, however, remain at the center of Africa's under-performance and are among the most underappreciated factors in the African continent's development prospects. Africa has a huge youth and child population, which actually in a way serves as an obstacle to growth, because the ratio of dependents to working-age population is still huge.

The only way to address this and to harness and to take advantage of the so-called demographic dividend is that there should be huge investment in education with higher standards. Education and prosperity go hand in hand. Africa, however, continues to face education challenges, i.e. quality of education. Generally on education, there still remains a divergence between Africa and the rest of the world driven by factors relating to rates of economic growth, policy and government expenditure. Effective education requires 4 ingredients, namely students who are sufficiently nourished and cared for, effective teaching methods, good management and a government that pulls all this together. If not, a country would find itself in a "low learning trap". Much more strategic planning, innovation, investment and leadership are required to effectively address Africa's education backlog. Vocational training also must be broadly integrated into education systems with a strong focus on the youth.

Education is linked to urbanization. As urbanization historically has gone hand in hand with growth, there is a need for Africa to progress more swiftly through its demographic transition by reducing fertility rates and effecting more rapid but well-planned and deliberate urbanization. It has been predicted that a shift from rural to urban employment could account for 20 to 50 percent of productivity growth on the African continent. To date, urbanization in Africa has been dysfunctional, the key indication being that cities have not generated enough productive jobs.

The next point is agriculture. Africa needs an "agricultural revolution". An "agricultural revolution" is needed with modernization, increased productivity, because very little land under cultivation is irrigated with yields per acre among the lowest globally.

Other challenges include poor infrastructure, insecure property rights, energy, access to modern technology and scientific farming methods, the lack of adding value to products before export, the lack of access to finance, which all need urgent attention.

I worked and lived in Madagascar, the biggest producer of vanilla in the world, but its vanilla is exported to Belgium, to France, etc., where it is processed and where value is added, not in Africa!

Food security is also a concern. Africa generally is probably the most food-insecure region globally. According to the World Bank, the Food and Agriculture Organization of the United Nations, etc., approximately 250 million Africans faced under-nutrition in 2018, and in many parts it is getting worse due to the impact of climate change on agricultural productivity, etc. Africa is, in fact, becoming more, not less dependent on food imports.

The next point is the need for industrialization and promoting the manufacturing sector. Although the private sector is generally growing in Africa, the continent's manufacturing sector is declining as a portion of total economy and is much lower than countries in Southeast Asia and South America. Poor performance of manufacturing and agriculture sectors, as well as the continued dependence on low value commodities and services, are partly responsible for the slow growth of the continent. The de-industrialization has a negative impact on productivity, jobs and innovation. A growing manufacturing sector requires a sound infrastructure, a stable and clear industrial policy, government support and incentives, and determined government leadership which actively promotes trade with growing local production. The creation of a culture of entrepreneurship and a shift from consumption to production and towards innovation and self-sufficiency are also required. Africa also needs to integrate regionally and into the global economy to facilitate knowledge transfer. On the continent, the advancement of digital economy in preparation for the 4th Industrial Revolution is also of great and growing importance, particularly the skilling of the youth. Therefore, the Chinese proposal on a China-Africa Digital Partnership is timely and of utmost importance.

Increased trade integration can help African countries to prioritize investment in sectors where they have comparative advantages. It can further foster the establishment of industries in which African businesses have the potential to trade regionally and eventually globally. As economic recovery of the continent is a top priority, the implementation of the African Continental Free Trade Area (AfCFTA) is of critical importance to Africa. The AfCFTA represents a comprehensive plan which seeks to create a single, liberalized market for goods, services and capital in a continent with a 3-trillion-USD-combined GDP and which aims to enhance industrial and infrastructure development. With the AfCFTA, Africa signaled her determination to increase trade, with the goal of reaching 50% intra-African trade between now and the year 2030. Intra-African trade is defined by the United Nations Conference on Trade and Development as the average of intra exports and imports, which currently only amounts to 17% of Africa's total trade. Exports are vital to Africa as it represented between 30 and 40 percent of GDP in 2018. However, the bulk of exports are still commodities as opposed to higher value items. I wish to add that the initiative by China to hold the annual China International Import Expo is a vital one and is welcomed by Africa. It is an indication by China that it wants to open its doors, not only to Africa, but a commitment to open its markets to the world. So, the important issue of trade integration and industrialization is probably also going to be one of the top discussion points on the agenda for FOCAC.

It is of great necessity to create an expanded infrastructure, i. e. road, rail, port and air. There is no point in pursuing trade integration, industrialization, agriculture revolution, improved health systems, etc. , if the continent lacks an effective infrastructure.

Improved health care is of great importance to Africa and will contribute to decreasing extreme poverty and help to increase Africa's GDP. In fact, Africa's shortcomings in the health sector have been strongly exposed by COVID-19. Challenges such as poor health systems, bad infrastructure, limited medical research capacity and the virtual absence of a pharmaceutical industry on the continent need to be urgently addressed. Africa imports 90% of all its medicine from abroad and that must change. To Africa's credit is that its COVID-19 initiatives have led to a more unified Africa. One of the outcomes was the creation of the COVID-19 African Vaccine Acquisition Task Team (AVATT) in support of the Africa Vaccine Strategy. This was an effort to be responsive to the suspicion that the call for vaccines to be a global public good would not be respected by the richest countries of the world. The African Union (AU) is working hard to secure vaccines for Africa and with eventual local production. It is against this background that Africa has welcomed China's help with vaccines, its statements condemning vaccine nationalism and expressing support for making vaccine a public good. Also, only a very small percentage of people on the continent have been fully vaccinated. China's support to Africa on combating COVID-19, right from the start and which is continuing, is much appreciated on the African continent.

The fact that China is playing a key role with the building and establishment of the new Center for Disease Control and Prevention in Addis Ababa is warmly welcomed.

Climate change is another issue. Africa is a "taker not a maker" of climate change! Africa is disproportionately vulnerable to climate change—one of the most severe challenges facing the world today. We have already seen devastating results of climate change on the continent, i. e. natural disasters such as floods and droughts. As a sad example, Madagascar is having one of its most serious droughts ever in the south of that country which is climate change related. Africa does have some ability to mitigate climate change but needs direct and significant support on adaptation. Mitigation and adaptation to climate change are an integral part of the African development agenda. It is vital that Africa's environment be protected with increased capital and financing, technology transfer and capacity building.

The green economy is a related issue, with its huge potential of renewable energy. With hydroelectric, geothermal, solar and wind on the continent, the real possibility of revolutionizing the weak electricity access situation currently found across Africa exists. China with its growing green economy and expertise can play a vital role in working with Africa.

Africa is a continent with tremendous potential and has made significant progress, but the continent faces many challenges, economic, social, good governance, etc. , many of which have been aggravated by the COVID-19 pandemic. It is therefore important for Africa to invest wisely in its future by focusing on developing leadership capacity on all levels to effectively face these challenges and take Africa and her people to the "Africa we want". There is much that could be done in terms of Africa working with China, based on China's excellent governance model, on good governance and leadership capacity building.

Security/Silencing the Guns. The last issue in terms of these challenges, is the key issue of peace and security and the related AU initiative of "Silencing the Guns". There are too many people on the African continent that still face instability, violence, and conflict. There are issues in Ethiopia with ethnic conflict and the Grand Ethiopian Renaissance Dam (GERD) tension which also involves Sudan and Egypt. Hot spots such as the Sudan, Mali, Libya, Guinea, Somalia, the Democratic Repubic of the Congo particularly in the east, the Central African Republic, Eswatini and others, are all still festering. The AU's "Silencing the Guns" initiative has thus far not made sufficient progress in addressing many of the hot spots. The AU summit of December 2020 therefore extended the implementation of the AU Master Roadmap of Practical Steps for Silencing the Guns in Africa for a further period of ten years (2021—2030), with periodic reviews every two years. This decision confirmed the complex challenge of peace and security, aggravated by the pandemic, that still needs to be addressed including the critical issue of the financing of the AU's peacekeeping architecture. Also in this instance, China, with its very good track record on peacekeeping inter alia in a UN context, can constructively work with Africa.

3. People-to-People Exchanges and Public Diplomacy Messages on China and Africa Cooperation

For the people-to-people exchanges between China and Africa, I would like to take my experience as an example. I had a long diplomatic career which spanned 40 years including 27 years abroad in Germany, the USA, Angola, the UK, Spain, Japan and Madagascar. As a South African diplomat, one also immediately and simultaneously is a "diplomat for Africa". In all the positions and posts I served in, both in Pretoria and abroad, I represented not only my own country, South Africa, but also Africa. So, in all the countries I was stationed I dealt very closely, not only with bilateral relations between that country and South Africa, but also with Africa.

My career was very much Western-oriented with little initial exposure to Asia. Tokyo was my only post in Asia which gave me the opportunity not only to work with Asian matters but also to travel to a number of countries in the region, i.e. R.O. Korea, Thailand, Vietnam, India, and of course, China, albeit all very brief visits. In fact, it was during my tour of duty in Tokyo that I developed a strong interest in China and had a growing desire to get to know this country and its people.

After my retirement from diplomatic life in 2016, I met Ambassador Lin Songtian, the Ambassador of the People's Republic of China in Pretoria, South Africa at the time, and we often discussed China, its relations with South Africa and with Africa. I had a growing interest in China and as a result of my interactions with Ambassador Lin, I found myself on a plane heading to China in February 2019 with the full support of the Department of International Relations and Cooperation of South Africa.

I was very honored to have been given the opportunity to work as a Senior Research Fellow at the reputable Institute of African Studies at Zhejiang Normal University (IASZNU) in Jinhua, in the dynamic Zhejiang Province. This opportunity provided me with the possibility to learn more about this remarkable country, and its 5000-year-old civilization, its culture, as well as its resilient and innovative people.

Working at the Institute of Africa Studies, which in my view, makes a growing and significant contribution to the consolidation and promotion of cooperation, as well as a better mutual understanding between China and Africa. It gave me a growing insight into how China and its people view Africa. In fact, since my arrival at the Institute under the able guidance of Professor Liu Hongwu, I sensed a day-to-day strong fraternal bond and solidarity between China and Africa. I, in fact, detected a true and genuine feeling and wish on the part of China and its people to work with Africa and expand its friendship and cooperation with the continent.

I further got the impression that China understood Africa, including its problems, its challenges and that China, in fact, listened to Africa's voice! As I mentioned, as a South African diplomat, I worked with many Westerners and many others on Africa, but there was always, not openly, an underlying approach that smacked of paternalism, of arrogance and condescension, an unfortunate approach that "we know what is best for Africa"!

Nowhere in my dealings with these countries did I find the kind of strong and unwavering commitment to work with Africa on a basis of mutual respect, equality, good faith and a win-win basis as I found here in China! I need to say this because that was my experience in those countries and I have in fact written about it. So that's why it is encouraging for me to be here in China at the IASZNU and to be able to make a contribution to China-Africa relations. I would therefore like to express my heartfelt thanks to China and its people for affording me this enriching and fascinating opportunity to work and live in your country and to contribute to the expansion of the friendship between China and Africa.

Before I came to China, I read a lot of things about China in the Western media. But upon my arrival here, the more I studied China and got to know what this country, its culture, its people are all about and which allowed me the opportunity to gain new insights and views of China, the more I realized that the reports from the Western media in many instances were biased, prejudiced and did not reflect the truth. We therefore increasingly have to tell the true story of China-Africa cooperation. This is necessary because there is a stereotype thinking in some parts of the Western media on China, based on prejudice. Due to this lack of objectivity, they do not understand Chinese culture and politics, so China and Africa need to tell our own true story.

Based on my experiences in China, I have developed a great admiration for China, its leadership and people. As I said earlier that as far as Africa and China are concerned, I sensed a true, genuine and sincere feeling on the part of China in dealing with Africa. Over the last few years, I spoke to many African stakeholders in government, business and civil society about China-Africa relations. In fact, I spent 2020 back in South Africa and talked to many African ambassadors, African business people, etc. through zoom meetings and so forth. The central message was that China is regarded as a true and reliable friend of Africa because China was also a victim of colonialism, a developing country and with which Africa had shared experiences. That's why China understands Africa's challenges and listens to Africa's voice!

It has been my experience that the IASZNU is doing excellent work in terms of promoting China-Africa cooperation through in-depth research and activities in the political, economic, cultural sectors and people-to-people exchanges. I have been honored to be at the Institute with Professor Liu

Hongwu, who is the Director. He and the Institute have a "very special feeling" for Africa, its history, culture and needs.

A further important aspect of China's phenomenal progress lifted out by Professor Liu Hongwu, my mentor at IASZNU a few years ago, and which is now, in fact, happening in practice, is the constructive and unfolding pattern that China's knowledge and experiences, with Chinese characteristics, are now enriching the conduct of broad global diplomacy, international cooperation and multilateralism. Exciting new concepts of international relations are flowing from Xi Jinping Thought on Socialism with Chinese Characteristics for a New Era in the diplomatic field. It has produced a series of major new concepts, perspectives and innovations in both theory and practice in Chinese diplomacy that continues to make China "a voice of reason" in the uncertain world we are living in.

There are many think tanks and universities in China that are, in fact, also contributing to China-Africa cooperation, which is welcomed. The point I want to make is that "people-to-people exchanges" process is linked to "taking the people of China and of Africa with it" in building the China-Africa friendship. We are all aware that the promotion of people-to-people exchanges, think tanks, universities' contact, etc., are an integral and important part of the FOCAC and the Belt and Road Initiative (BRI) "action plans". I am, however, of the view that these plans should be actively implemented and step up to lead to even wider people-to-people cooperation. This will be a good investment because, through these exchanges of China and Africa think tanks, universities, civil society and people-to-people cooperation, one will increasingly reach young scholars, entrepreneurs and other bright young people who have a lot of experience and knowledge on what is happening in Africa "on the ground".

So, cooperation would not only be left to governments but also be increasingly built on inputs from stakeholders and "people on the ground". This goes back to the point I made earlier about the need for China and Africa to take the people and particularly the youth with them. Such a stepped-up process would actually strengthen the hands of the Chinese and African authorities in formulating policies and determining cooperation priorities.

Professor Liu Hongwu has also consistently described Africa as a "growing frontier" of China's academic landscape and expressed the hope that Chinese scholars would increasingly engage in African studies to "discover the continent's academic treasures and create Africology in the process". To facilitate this cooperation, Professor Liu Hongwu has consistently suggested that it is vital to make continued progress with people-to-people, cultural and academic exchanges.

Based on my experience at the IASZNU, I am a great believer in more people-to-people exchanges, more joint research between Chinese and African institutions, think tanks and so forth. The Institute has been hosting the commendable annual China-Africa Think Tanks Forum, which is a good example of bringing "people together". In my view, it can play a very important, supportive and complementary role in what governments are doing in terms of China-Africa cooperation because these young leaders, scholars, scientists and entrepreneurs can bring new dimensions for cooperation "to the table" that ambassadors may have overlooked! I wish to mention, as an example, that when I served in Japan, the Embassy started a South Africa-Japan University Forum which annually brought together universities from both countries to discuss mainly on science, technology and innovation. It proved to be a very productive initiative with very innovative and original inputs from academics who did research on the ground and which led to constructive suggestions on what the two governments should be focusing their attention on in terms of science, technology and innovation cooperation.

It reminds me of the wise words of President Xi Jinping: "We should increase inter-civilization exchanges to promote harmony, inclusiveness and respect for differences."[1] The people-to-people exchanges that China and Africa strive for need to take place on:

- The basis of equality and mutual respect and trust. Obviously, there are

---

[1] Xi, J. P. Full Text: Xi's Speech at the General Dabate of the 70th Session of the UN General Assembly. (2015-11-06) [2021-01-25]. http://www. china. org. cn/chinese/2015-11/06/content_36999256. htm.

differences of opinion due to diverging national, historic and cultural backgrounds. But as long as there is mutual respect and equality, it will create a solid foundation for promoting dialogue-seeking common ground while shelving differences.

● People-to-people cooperation through think tanks, etc. , should be seen as a valuable and important catalyst for ideas which could offer creative, yet, practical solutions to tackle many of the pressing problems China, Africa and the world face. These people-to-people exchanges could lead and contribute to the provision of advice on a diverse range of policy issues, through the use of specialized knowledge and the activation of networks. The insights and experience of think tanks and people on the ground, which at times are overlooked by government officials and diplomats, can play an increasingly supplementary and complementary role together with governments to identify and suggest solutions to challenges.

● Given the rapidly changing world we are living in, which continue to generate risks and challenges, it is therefore vital that people-to-people exchanges, already an integral and regular part of China-Africa cooperation, should be actively stepped up. It is therefore incumbent on China and African countries to ensure that the decisions on people-to-people exchanges are concretely implemented, and in close consultation with think tanks and related institutions.

As regards the future of China-Africa relations, the West has fabricated the so-called "new colonial" and "debt trap" fallacies to smear China and to undermine China-Africa cooperation. These counterproductive and malicious attacks which focus heavily on economic cooperation are aimed at deliberately misleading and manipulating public opinion on China's true intentions in Africa and globally. Africa rejects the narrative of the West that doing business with China is to its detriment. Africa is a sovereign and proud continent and will not be dictated to as to who its international partners should be.

It is therefore important for the future of China-Africa cooperation that the public diplomacy messages and the "true stories" about the excellent China-Africa cooperation are sent to all stakeholders, including the media, etc. , and we should strongly focus on "China and Africa are working together as equal partners", "mutual respect", "based on intensive consultation", "good faith", a "win-win situation" and that "China listens to the voice of Africa", etc. These public diplomacy concepts are already applied but need to be further stepped up.

For China and Africa, it's very important that with all China-Africa joint projects, strong emphasis should increasingly be placed by governments on the following aspects: business, the media, civil society, academia, the youth, etc.

The efforts toward the continued alignment of, for instance, FOCAC and BRI projects with the AU Agenda 2063 focus on practical outcomes on sustainable economic growth. Also, that it will assist Africa in making progress with the UN 2030 Sustainable Development Goals Projects, which, based on Chinese financing and support, needs to be clearly defined and linked to concrete benefits for Africans such as concern for and enhancement of local labour procurement, local procurement of goods and an awareness of the environment.

Both sides should increasingly strive towards a sound debt management framework, transparent fiscal policies for sustainable development, including jointly continue to pursue good governance, and institutional capacity support, combat corruption, tax evasion and illicit financial outflows; and jointly cooperate on the prioritization of projects, given the limited resources on the continent.

In other words, the message must be very clear that there are concrete benefits "for the people of Africa" from China-Africa cooperation. This approach is vital because it can be expected that apart from the USA, there will be increasing "renewed" interest shown in Africa, in the "post COVID-19 era" by other partners like the European Union, India, Russia, etc.

In this process, it is critical for Africa to demonstrate to its people that it has the ability to pursue its own preferred home-grown development and hence cooperate with China and other international partners, in a manner that increasingly enhances Africa's key priorities. So, in this process it is important for Africa and China to "take the people and particularly the youth with them" in the growing China-Africa cooperation.

What is also important for Africa and with Africa's interaction with China and all its other international partners such as the European Union, India, Japan, etc. is that it is in Africa's own interest, to ensure and show, that it is optimally positioned in order to maximize the benefits and gains from the opportunities offered by China and other international partners. In other words, Africa will have to increasingly approach China and, in fact, all its international partners in a more coordinated, collective and strategic manner than hitherto.

Africa, vis-à-vis its people, needs to increasingly be seen "to be in charge of its own destiny" and that Africa is treated as an equal and with respect.

4. The Future of China-Africa Relations: Unleashing the Potential Towards a Strengthened Strategic Partnership

The existing strong relations between China and Africa have been significantly enhanced by two momentous events recently which indeed auger well for future cooperation: the publication of the white paper on China and Africa cooperation, and the convening of the 8th Ministerial Conference of FOCAC in Dakar.

These transformative events are set to invigorate the China-Africa partnership. The white paper paved the way for the successful FOCAC meeting in Dakar, where key decisions were made to tackle challenges like COVID-19, poverty, and economic growth. This has expanded China-Africa friendship, creating opportunities for shared development and benefits for both Chinese and African people.

It is a credit to the Chinese and African leaders that the outcome of the FOCAC meeting in Dakar with its comprehensive, measurable, practical and forward-looking outcome was generally viewed as an unqualified success. FOCAC not only has withstood the test of time in an uncertain international landscape but also has, in fact, increasingly become a model of international cooperation.

President Xi Jinping's comprehensive opening ceremony speech which provided a strategic plan and overarching blueprint for China-Africa cooperation was widely acclaimed by African leaders and people. President Xi Jinping set the tone by putting forward four proposals towards the building of a China-Africa community with a shared future:

- fighting COVID-19 with solidarity;
- deepening practical cooperation;
- promoting green development;
- upholding equality, justice and international cooperation.

These are all issues on which there are strong convergence between China and Africa.

President Xi Jinping pointedly stated that the year of 2021 marked the 65th anniversary of diplomatic relations between China and African countries. He added that the two sides have forged an unbreakable fraternity in their joint struggle against imperialism and colonialism and have embarked on a joint journey of cooperation toward development and revitalization. He announced nine "China-Africa Cooperation Vision 2035" focused and time-bound programs for China-Africa cooperation in the future in the following sectors:

- medical and health;
- poverty reduction with a strong focus on agriculture;
- trade promotion program;
- investment promotion;
- digital innovation;
- green development;
- capacity building;
- cultural and people-to-people exchanges;
- peace and security.

What was of significance was that this impressive range of programs announced by President Xi Jinping was the result of joint consultation and preparation between China and Africa. These programs are therefore closely and clearly aligned with the key and major objectives of Africa's strategy to accelerate growth, sustainable and inclusive development. This also serves as a concrete manifestation of a genuine equal partnership and adherence to the principles of a win-win, mutually beneficial approach and cooperation towards a shared future. This consistent joint approach and building of consensus in the FOCAC process by the two sides has been one of the key drivers of FOCAC's past achievements. This has further enhanced the notion and acceptance on the part of Africa that it is indeed an equal partner and that China "listens to its voice".

A further positive factor in the FOCAC mechanism is the inherent continuity as well as the effective follow-up processes which ensure that decisions at summits or ministerial conferences are implemented and transformed into tangible and practical results.

Another encouraging feature of the FOCAC process is the growing dialogue and consultation at both intergovernmental and non-governmental levels involving a broad range of actors at various levels, culminating in building consensus on key objectives and issues of common concern.

The outcome of the Dakar Meeting was highly praised by the African side. African leaders at the meeting included Senegalese President Macky Sall and President Cyril Ramaphosa from South Africa.

President Macky Sall said that Senegal highly appreciated China's selfless help to Africa, which "fully reflects the solidarity, mutual assistance and brotherhood between Africa and China"[1]. Furthermore, China's remarkable economic and development achievements have provided inspiration and brought hope to African countries.

President Cyril Ramaphosa commended the Dakar Action Plan in his speech at the forum and added: "Over the next three years the Dakar Action Plan will be implemented, and this will require that we recalibrate Sino-Africa relations with a greater emphasis on sustainable development for the benefit of all. We must see the FOCAC partnership as a vital support for Africa's industrialization and for the realization of the benefit of the AfCFTA. We call on China to continue its work of being supportive of the African continent, a

---

① Senegalese President Macky Sall Meets with Wang Yi. (2021-11-29)[2021-12-02]. https://www. fmprc.gov.cn/mfa_eng/zxxx_662805/202111/t20211129_10458289.html.

support we do not take for granted, a support that is extended to us in Africa, underpinned by mutual respect and a mutual intention to develop one another. "① He also emphasized that "for us to fully reap its benefits, FOCAC must be strengthened and enhanced"②.

In the wake of the FOCAC meeting in Dakar, there is a growing sense that China and Africa have entered a new era of cooperation, embracing broader strategic and more diversified, but yet, focused prospects and opportunities for common development towards a community with a shared future to mutual benefit.

FOCAC since its inception has thus effectively contributed to the transformation of the longstanding traditional friendship and solidarity between China and Africa to maintain a multi-sectorial, concrete, measurable and mutually beneficial relationship which continues to flourish.

Thus the successful outcome of FOCAC in Dakar which was given significant momentum by the comprehensive, constructive and incisive Chinese white paper clearly illustrates that China and Africa with their strong commitment and solidarity will continue to increase the role, influence and cohesion of FOCAC, as a platform for collective dialogue and a mechanism for practical cooperation, in the endeavours to escalate the strategic partnership to the next level, towards the building of a China and Africa community with a shared future.

---

① The Future of China and Africa Relations: Unleashing the Potential Towards a Strengthened Strategic Partnership. (2021-11-29) [2021-12-01]. https://www. iol. co. za/news/opinion/the-future-of-china-and-africa-relations-unleashing-the-potential-towards-a-strengthened-strategic-partnership-d7619ec5-f157-49bb-9f56-2687ebe9b0ca.

② The Future of China and Africa Relations: Unleashing the Potential Towards a Strengthened Strategic Partnership. (2021-11-29) [2021-12-01]. https://www. iol. co. za/news/opinion/the-future-of-china-and-africa-relations-unleashing-the-potential-towards-a-strengthened-strategic-partnership-d7619ec5-f157-49bb-9f56-2687ebe9b0ca.

第一部分

中南人文交流与合作

南非来华留学生的
现状、特点及面临的挑战

邓荣秀

摘要：随着中南全面战略伙伴关系的建立，赴中国留学的南非学生数量不断增多，且以学历生为主，其受资助的渠道也日渐多元。不过，南非学生赴中国留学起步较晚，占中国接收留学生总数的比例较低。本文就南非留学生来中国留学的原因、在中国留学的现状、对中国的看法，以及毕业后的计划等几方面，对南非留学生进行了问卷调查和访谈，得出南非留学生对中国的印象较好，且基本能适应在中国的留学生活的结论。不过，南非留学生也面临着缺少获得感及自身中文水平较低等问题。

关键词：南非；留学生；人文交流

作者简介：邓荣秀，法学博士，西安邮电大学马克思主义学院副教授。

中南全面战略伙伴关系的建立、中国政府推进"留学中国计划"，以及中国政治经济的迅速发展，使得中国成为南非学生留学的主要目的地之一。20多年来，南非来华留学生数量实现了大幅增长。本文在探讨南非留学生的现状、特点，以及面临的挑战的同时，还通过问卷调查和访谈的形式深入剖析了南非学生来中国留学的原因、对中国社会文化的了解程度、毕业后的意向等问题，以便能全方位、多角度地理解南非来华留学生的现状和特点。

一、南非来华留学生的现状和特点

（一）现状

自1998年中国与南非建交以来，在双方共同努力下，中国-南非关系实现了跨越式发展，上升为全面战略伙伴关系，并呈现出战略性、全方位、互惠互利三大特点。① 从经贸合作方面的成就来看,截至 2021 年,中国连续 12 年保持了南非最大贸易伙伴国地位。② 从教育合作方面来看,2015 年 12 月,中非合作论坛约翰内斯堡峰会召开期间,中国、南非两国教育部签署了加深、扩大教育领域的合作交流框架协议。2017 年,中国-南非高级别人文交流机制的正式建立则成为推动南非学生来中国留学的重要契机。2018 年 1 月 30 日,中国与南非签署了《中国-南非职业教育合作联盟成立宣言》。③

正是在中国与南非政治、经济往来日益密切和中南全面战略伙伴关系的推动下,中国加大了对南非学生来华留学的支持力度,留学中国对南非学生的吸引力逐渐增强,来华留学的南非学生数量显著增加。2012 年,中国仅有南非留学生 793 人,到 2018 年达到 2981 人,比 2012 年增加了约 2.8 倍。④ 总体来看,南非来华留学生的现状主要呈现出以下几个特点。

(二)特点

1.留学生数量增长迅速但占比很低

南非来华留学生数量呈逐年上升趋势。1998 年中国与南非建交时,来华南非留学生数量为零。⑤ 经过 20 年的发展,南非来华留学生数量到 2018 年已接近 3000 人,且还在不断增长。2018 年,南非来华留学生在数量以及所占比例等方面都增加了,排名也不断上升。从数量来看,2018 年南非来华留学生数量增至 2981 人,是 2013 年的近 3 倍。从在世界和非洲的排名来看,南非在来华留学的人数达到或超过 500 人的全球 80 个国家和地区中上升至第 38 位,在非洲国家中上升至第 7 位。此外,南非来华进行短期学习的非学历生数量也出现了增长态势。2018 年南非来华的短期留学生人数为 1416 人,比 2013 年(299 人)

① "中南建交二十周年之启示"研讨会在约翰内斯堡举行. (2018-03-17)[2021-12-16]. http://www. chinanews. com. cn/gj/2018/03-17/8469758. shtml.

② 中国-南非投资与贸易推进会在浙江召开. (2021-07-15)[2022-03-23]. http://xyf. mofcom. gov. cn/article/cr/202107/20210703176057. shtml.

③ 校长祝玉华带队参加中国-南非职业教育合作·技术技能人才培养磋商会. (2018-02-02)[2021-12-15]. https://www. yrcti. edu. cn/bgs/info/1014/1368. htm.

④ 教育部国际合作与交流司. 2013 年来华留学生简明统计. 北京:教育部国际合作与交流司,2014;教育部国际合作与交流司. 2018 年来华留学生简明统计. 北京:教育部国际合作与交流司,2019. 根据教育部国际合作与交流司的说明,来华留学生的年度统计数据涉及以下几类学生:当年毕业、结业的学生,当年来中国的新生和继续学习的学生。

⑤ 廖政军,颜允,苑基荣,等. 越来越多外国学生来华深造. 海外华文教育动态,2014(3):129.

增加了 3.7 倍。①

不过，南非来华留学生总体数量仍处于较低水平。以非洲国家为例，2018 年，尼日利亚来华的留学生数量为 6845 人，占非洲国家留学生总数的 8.4%。相比之下，2018 年南非留学生占非洲国家留学生总数的比例仍只有 3.7%，与 2016 年持平，远低于尼日利亚留学生的数量。②

2. 留学生以学历生为主

中国教育部国际合作与交流司将外国留学生分为"学历生"和"非学历生"。③ 南非来华留学生中，学历生所占比例较高，但增长缓慢，且以攻读学士学位为主，占学历生人数的近 90%；非学历生所占比例偏低，但增长较快，以普通进修生和短期生为主。2018 年，南非来华留学的学历生为 1565 人，占南非来华留学生总数的 52.5%；非学历生 1416 人，占南非来华留学生总数的 47.5%。在 1565 名学历生中，专科生 59 人，本科生 1362 人，硕士研究生 112 人，博士研究生 32 人。④

来华攻读硕士及以上学位的南非留学生数量一直处于较低水平，远低于其他国家。2018 年，南非来华留学的研究生达到 144 人，在来华留学的研究生人数超过 100 人的 94 个国家和地区中排第 87 位，在非洲国家中则排在 30 名开外，远低于加纳、尼日利亚、埃塞俄比亚等其他非洲国家。⑤

3. 留学生受资助渠道日益多样化

南非来华留学生主要依靠中国政府的资助，如中国政府奖学金与孔子学院奖学金等多种奖学金，但近年自费生的规模也在逐渐扩大。需要提及的是，中国政府奖学金主要授予来华攻读学位的学历生。2018 年，获得中国政府奖学金的南非留学生数量为 186 人，含学历生 172 人，其中本科生 83 人，硕士研究生

---

① 教育部国际合作与交流司. 2013 年来华留学生简明统计. 北京：教育部国际合作与交流司，2014；教育部国际合作与交流司. 2018 年来华留学生简明统计. 北京：教育部国际合作与交流司，2019.

② 教育部国际合作与交流司. 2016 年来华留学生简明统计. 北京：教育部国际合作与交流司，2017；教育部国际合作与交流司. 2018 年来华留学生简明统计. 北京：教育部国际合作与交流司，2019.

③ "学历生"包括来中国攻读学位的专科生、本科生、硕士研究生和博士研究生；"非学历生"是指不以攻读中国高等学历学位为目的的各类短期生，包括高级进修生、普通进修生、语言进修生和短期生。高级进修生是具有硕士及以上学历学位、就某一专题来进修的留学生；普通进修生指大学二年级以上的进修留学生；语言进修生指以学习、提高中文水平为目的的留学生；短期生指学习期限少于一学期的留学生。参见教育部国际合作与交流司每年编写的《来华留学生简明统计》。

④ 教育部国际合作与交流司. 2016 年来华留学生简明统计. 北京：教育部国际合作与交流司，2017；教育部国际合作与交流司. 2018 年来华留学生简明统计. 北京：教育部国际合作与交流司，2019.

⑤ 教育部国际合作与交流司. 2013 年来华留学生简明统计. 北京：教育部国际合作与交流司，2014；教育部国际合作与交流司. 2018 年来华留学生简明统计. 北京：教育部国际合作与交流司，2019.

64 人,博士研究生 25 人;非学历生 14 人,均是普通进修生。^①

除了政府部门外,中国各大高校也积极参与到了促进南非学生来华留学的工作中,不断增加接收南非学生的数量。在中国与南非农业主管部门的合作框架下,2011 年 2 月,中国农业大学与南非农林渔业部正式签署《农业领域南非研究生合作培养项目协议》。截至 2017 年,依据该培养协议,中国农业大学已接收了 28 名南非留学生,包括 4 名博士研究生、22 名硕士研究生和 2 名语言进修生。^② 另外,中国高校近年来综合考虑南非的实际人才需求,主要招收南非国内急需专业的学生。例如常州信息职业技术学院联合苏州博众精工科技股份有限公司与南非当地的教育机构于 2018 年 1 月合作成立了"南非博众学院",旨在为南非中资企业培养相关的技术人才。

二、对南非来华留学生的问卷调查结果和访谈分析

本部分主要采用问卷调查法,对南非学生来华留学的原因、动机,对中国的了解程度,毕业后的意向等进行统计。考虑到大多数南非留学生处于看不太懂中文的阶段,为了提高问卷有效性,笔者把问卷设置成英文版。提交问卷的南非留学生主要来自北京外国语大学、中国地质大学(北京)、北京理工大学、北京航空航天大学,以及华中师范大学等中国高校。本问卷共有 17 道选择题,分为单项选择题和多项选择题。南非留学生根据自己的实际情况填写,最终回收 38 份问卷。问卷的具体情况分析如下。

(一)来中国留学的概况

1. 选择来中国留学的原因

根据表 1 统计结果,超过三分之二的南非留学生把中国作为其出国留学的第一选择,接近五分之一的留学生认为来中国留学的性价比较高。来中国留学是无奈之选的回答所占的比例很低。由此可见,绝大部分南非学生来中国留学是自己主动、积极的选择。其中也有部分留学生是听从家人意见才来中国留学的。^③通过访谈笔者了解到,南非留学生的父母希望自己的孩子能够在中国与南非的密切合作机遇中获得很好的发展,这也是他们送孩子来中国留学的主要考量。

---

① 教育部国际合作与交流司. 2018 年来华留学生简明统计. 北京:教育部国际合作与交流司,2019.
② 详见:http://www2023.cau.edu.cn/col/col10266/index.html.
③ 笔者通过对中国地质大学(北京)的一名南非本科生的访谈得知,他来中国留学的一个原因是自己喜欢中国,更为主要的原因是家人希望他来中国学习。他父母认为中国的发展机遇很多,来中国留学对他今后的发展有很大帮助。

表1 对"为什么来中国留学"问题的回答情况

项目	首选	性价比高的选择	无奈之选	听从家人意见
人数/人	26	7	1	4
占比/%	68.4	18.4	2.6	10.6

数据来源:根据回收的38份问卷汇总所得,如无特别说明,下文的统计数据来源同此。

2.来中国前和来中国后对中国的印象

由表2可知,来中国前将近70%的留学生对中国都有较好的印象,接近四分之一的留学生对中国没有什么印象,而仅有7.9%的留学生对中国的印象较差。随着其留学生活的开启,一半留学生对中国的印象在变好。笔者还了解到,留学生刚来中国时由于不懂中文,加上中国和南非在生活习惯、自然条件等方面有着较大差异,所以一些人对中国的印象有所变差。不过更多留学生表示来中国留学后,自己在生活和学习上都受到了学校周到的照顾,因此对中国的印象也越来越好。

表2 对"来中国留学前后对中国的印象有何变化"问题的回答情况

(a)

来中国前对中国的印象	很好	好	无印象	差
人数/人	7	19	9	3
占比/%	18.4	50.0	23.7	7.9

(b)

来中国后对中国的印象	变好	未变	变差
人数/人	19	14	5
占比/%	50.0	36.8	13.2

3.选择来中国读相关专业的原因

通过问卷调查笔者了解到,除了学习中文专业外,还有很多南非留学生学习国际关系、医学、公共管理、石油工程、产品设计、文学和翻译等专业。在回答为什么选择现在的专业时,南非留学生的回答相对分散,主要分为以下几个方面(见图1)。

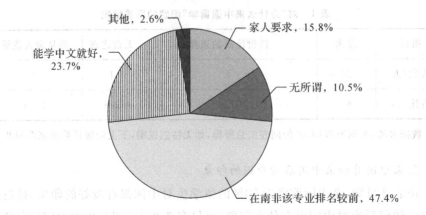

图 1 对"学习现在的专业的原因"问题的回答情况

由图 1 数据可知,南非留学生在选择专业时,主要考虑的是相关专业在南非国内的排名情况。这主要是他们希望毕业后回国能有很好的就业前景。另外,他们认为在中国学习南非排名靠前专业的压力比在南非国内小。有将近四分之一的留学生来中国留学主要是为了学习中文。[①] 他们认为在中国学习中文有较好的语言环境,还可以实地接触多元的中国文化。而有约 16% 的留学生来中国留学主要是听从了家人的意见。另外还有约 10% 的留学生认为学习什么专业不重要,选择中国主要是因为中国的留学申请比较容易。

(二)在中国留学的现状

1.在中国留学期间的教育投入情况

图 2 为南非留学生在中国留学期间对教育的年均投入情况,其中 5 万元人民币以下的占了 65.8%,5 万—10 万元人民币的占了 26.3%,而投入 10 万—20 万元人民币的则仅有 7.9%。由此可知,绝大多数南非留学生在中国的年均教育花费都不超过 10 万元。除了极少数自费留学生,南非留学生申请到的奖学金足以负担其在中国学习和生活的开支。相较于赴欧美留学的高昂费用,赴中国留学的费用较低,且奖学金种类多,这也是一部分南非留学生选择来中国留学的原因。笔者从访谈中了解到,中国政府、孔子学院、南非政府为南非留学生提供的奖学金,以及留学生所在学校提供的奖学金足以支付留学期间的费用。自费来华留学的南非学生也可以申请奖学金,自己所需要支付的费用也比较少。

---

① 一位华中师范大学的南非留学生在访谈中表示,自己在中国学习中文的时间只有半年,但考虑到中文真的很难学,所以她需要花更多的时间在课程学习上,以便学好中文后回南非找工作。

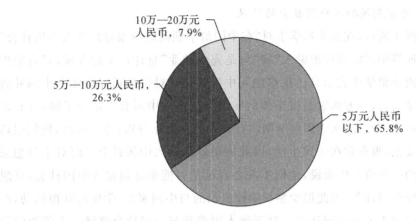

图 2　对"在中国留学期间的教育投入"问题的回答情况

2.留学期间更愿意接触的朋友

对"在中国留学期间更愿意接触的朋友"这一问题,南非留学生的回答较为分散。由图 3 统计结果可知,南非留学生更愿意接触的是非洲国家留学生,该回答占了 44.7％。回答非洲以外其他国家留学生的占了 26.3％,居第二位。不过应注意到,愿意接触中国学生的人占比最少,只有 10.6％。通过访谈,笔者了解到,语言障碍是其不愿与中国学生交往的主要原因。由于许多南非留学生的中文尚未达到可以自由使用的水平,而中国学生也较少用英语进行日常的交流,这就使两者之间的交流处于比较尴尬的境地。加之中国高校大多把留学生的住宿安排到在一起以便管理,南非留学生就更容易接触到其他国家留学生,在日常生活中也大多是与其他国家留学生一起,和中国学生只有上课和参加"汉语角"等活动时才会产生交集。

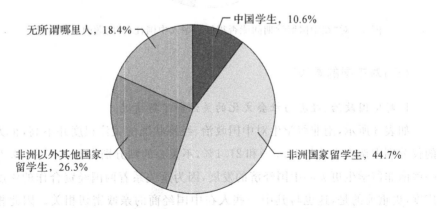

图 3　对"在中国留学期间更愿意接触的朋友"问题的回答情况

3. 留学期间融入中国社会的情况

如图 4 所示,在南非留学生对"在中国留学期间能否很好地融入中国社会"问题的回答中,"能很好地融入"和"只是完成学业"总计占了近九成,只有很少一部分南非留学生表示自己很难融入中国社会。对于能很好地融入中国社会的留学生而言,一方面这是由于他们在留学前就对中国有一定的了解,且有亲戚朋友在中国经商,在中国留学期间有家人朋友陪在身边;另一方面,他们很热爱中国文化,很喜欢在中国生活,因此能很好地融入中国社会。而对于只想完成学业的南非留学生来说,他们不关心自己是否能很好地融入中国社会,只想认真完成学习任务,因此很少参加学校组织的与中国家庭、学生的联谊活动,也没有意愿深入了解中国社会。对于融入困难和与中国社会格格不入的留学生来说,由于他们没有了解中国的意愿,在中国留学期间也喜欢独来独往,只和一起来留学的南非学生一起生活,很少接触中国学生,融入中国社会也就无从说起。

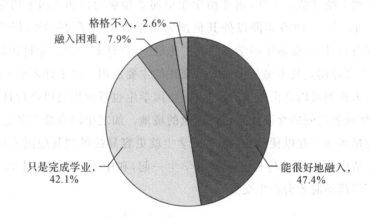

图 4　对"在中国留学期间能否很好地融入中国社会"问题的回答情况

(三)对中国的看法

1. 对中国政治、经济与社会文化的关注和了解情况

如表 3 所示,南非留学生对中国政治、经济状况的关注程度并不高,很关心的仅分别占调查人数的 10.5% 和 21.1%,不关心的则分别占 50.0% 和 13.2%。一些南非留学生更关心中国经济的发展,因为这关系着两国经贸合作的深度和广度,更重要的是,这也与其中一些人在中国经商的亲戚密切相关。因此相较于中国的政治状况,这些留学生更关注中国的经济状况。

表 3　对"中国现状的关注和了解"问题的回答情况

项　目	回答/人		
	很关心	一般	不关心(不了解)
对中国政治状况的关注程度	4	15	19
对中国经济状况的关注程度	8	25	5
对中国社会文化的了解程度	18	17	3

相较于政治和经济状况,有接近一半的南非留学生认为自己很了解中国的社会文化。当提及中国社会文化时,大家都能举出很多例子,例如中国的汉字、剪纸和功夫等,他们还知道中国有很多少数民族、菜系。这些南非留学生对中国的传统文化和习俗都很感兴趣,一有时间就深入中国各地去实地调研,了解当地的民俗民风。他们还表示愿作为两国人文交流的一分子,积极在中国推广南非文化,并举办相关活动,以增进中国学生对南非的了解。只有极少数的留学生不了解中国的社会文化,这部分学生认为自己只是来中国短期进修,平时课程繁忙,没有太多时间去了解中国的社会文化。

2.对中国不同方面的喜欢情况

如图 5 所示,南非留学生对"最喜欢中国的什么东西"这一问题的回答比较分散,主要分为自然景观、发展机会、历史文化及饮食这几个方面。其中回答自然景观和发展机会的人数相同。很多南非留学生很喜欢中国的自然景观,张家界、桂林山水、钱塘江大潮等景观很受他们欢迎。南非留学生还对中国的历史文化特别感兴趣,对功夫、汉服、旗袍及对联等也都表现出极大的兴趣。不过,南非留学生中只有极少部分人喜欢中国菜,这是因为他们在短时间内无法适应中国食物的口味。虽然他们对中国的各大菜系表示好奇,但由于其饮食习惯很难改变,所以很少尝试新的菜品,更多的时候仍选择吃西餐。

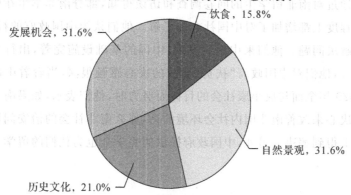

图 5　对"最喜欢中国的什么东西"问题的回答情况

(四)毕业后的打算

通过对南非留学生的深度访谈,本研究对其"毕业后有什么打算"的回答进行了统计(见图6),得出结论:毕业后回南非的意向者人数最多,继续留在中国工作的和赴他国深造的人数次之,赴他国工作的较少。选择归国的原因主要有两个方面。一是留学生的主观意愿。一部分南非学生来中国留学主要是为了学习中文,之后回国做中文教师。他们在中国完成学业并获得学位后回国,然后在国内选择与本专业相关的工作就职。二是个人优势。对部分南非留学生而言,来中国接受教育在一定程度上提升了个人竞争力。对他们来说,来中国留学是"镀金之旅",对其今后的学习和工作都会有很大的帮助。

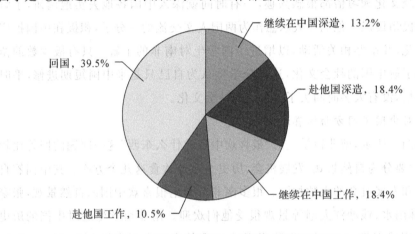

继续在中国深造,13.2%
回国,39.5%
赴他国深造,18.4%
继续在中国工作,18.4%
赴他国工作,10.5%

图6 对"毕业后有什么打算"问题的回答情况

三、南非留学生在中国面临的挑战

笔者通过对南非留学生的问卷调查和访谈得知,部分南非学生在中国留学期间很大程度上都增加了对中国社会的了解。他们认为中国政府的行动迅速,能够及时解决问题。他们来中国后发现,中国的基础设施完善,出行交通极为方便。此外,他们对中国政府"扶贫脱贫"的决心感触很深,当看着中国各级政府都为2020年全面建成小康社会的目标而努力时,他们表示,如果南非政府有这么大的决心来改善南非国内社会环境的话,那么南非社会的治安问题将会在很大程度上得到解决。另外,中国政府提供的奖学金也为他们的留学生活提供了很大的支持。①

不过,南非来华留学生也面临以下几个主要问题。

第一,部分南非来华留学生类似于"长期观光者",并没有深入了解中国社会,只是处于"到此一游"的状态。这主要是以下原因导致的:一是南非与欧美国家的交往历史更长,且民众来往较多,南非民众更亲近欧美国家,对欧美国家的认同度也较高。很多南非学生来中国留学只是将此作为其回国或者赴他国继续深造的跳板,中国并不是其最终目的地。二是中国与南非的历史文化、社会环境相差极大,这给南非学生适应中国的生活带来了较大障碍。

第二,南非留学生难以适应中国的教学环境及条件,因而缺乏对学习的兴趣和信心。大多数南非留学生在中国学习的课程均采用全英文授课,教师的英语水平决定了其能否很好地讲授专业课程。虽然中国高校在前期一般会集中对非英语专业的教师进行培训,以提高教师的英语听说能力,并聘请外籍教师进行指导,但是实际效果并不显著。外语能力限制了教师授课与交流水平的发挥,使其无法很好地展现专业能力。部分教师不能正确使用专业术语和英语听说能力的欠缺阻碍了他们与南非留学生之间的沟通与交流,影响了授课的质量。②

另外,中国的高校大多仍是采用教师讲、学生听的传统教学方式,这使得留学生与教师之间缺乏互动,难以有效提升南非留学生对专业知识的兴趣,教师也较难掌握学生的实际学习情况。部分高校由于条件的限制,在为土木工程、石油工程等很多需要实际操作的专业提供实践机会方面存在困难,这也影响了南非留学生对教学质量的信心。此外,在生活中,南非留学生与中国学生的互动与交流较少,缺乏熟悉并掌握中文的机会。南非留学生除了与中国学生有限的课堂与校园交流外,主要是在留学生小圈子里"自给自足"。很多南非留学生在中国读书好几年后,中文会话水平仍不高,对中国社会的实际情况也并未进行主动了解。只有部分学生会选择外出体验中国普通民众的生活。例如,一名南非留学生就利用暑假时间,作为志愿者体验了中国城管的生活。作为城市管理志愿者的一员,他表示自己能很好地融入当地社区,并与市民们进行零距离接触。③

---

① 这是北京理工大学的南非留学生在访谈中提到的内容。
② 盛国华,白泉,杨璐,等. 地方高校土木工程专业针对非洲留学生特点的教学问题及对策. 高等建筑教育,2016(6):120-121.
③ 南非留学生在华体验当城管,称太辛苦. (2012-07-17)[2021-12-23]. http://news.cntv.cn/20120717/111690.shtml.

　　需要特别说明的是,部分南非留学生还表示,自己来中国学习主要是因为对获得中国的学位较有信心。部分中国高校对留学生修读课程的要求不高,这使南非留学生认为,相对于南非而言,中国大学的课程密度较小,学业压力较小。这种缺乏"流汗"和"流泪"的学习过程,使南非留学生缺少一定的获得感,因而对所获学位的含金量产生怀疑。对学医的一些南非留学生来说,他们来中国前满怀信心地认为自己能够学成回国就业,但来中国后发现,医学院开设的课程与自己预想的有所不同,与南非医院的要求也有一定差别,回国后可能会面临就业难的问题。

　　同时,留学经历对于一些南非留学生学习中文,以及了解中国社会的帮助也极为有限。来中国攻读学士和硕士学位的留学生都需要先学习一年的中文课程,待中文达到一定水平后,再转入相关专业课程的学习,这对其学习中文与融入中国社会都有一定的帮助。不过对来攻读博士学位或者学习技术的留学生来说,相关学校更注重的是对他们专业素质的培养,因此他们一入学就直接开始专业课程的学习。学校虽为其配备了能用英语熟练交流的班主任或辅导员,但很少配备相关的中文语言课程,他们的学位论文也可以用英文撰写。还需注意的是,留学生在与中国学生的日常交流中,双方也都倾向于使用英文。用双方都会的语言自然有助于交流,但对于想学习中文的留学生来说,就失去了很多学习机会。① 留学生自己也没有学习中文的自主性和积极性,这就使其学成归国时仍不会熟练使用中文。在中国求学时,他们作为异国学习者,不会讲中文,极少与中国民众进行交流,很难了解中国的历史文化,更别说参与到两国的人文交流活动中了。因此,他们表示对中国政治、经济和文化都没有太大兴趣,仍把自己看作"局外人",并且指出,自己来中国就是求学,对中国的了解和接触仍流于表面。

　　随着中国教育的国际化,许多大学如中国地质大学(北京)、北京外国语大学、北京理工大学、上海外国语大学、上海师范大学等面向南非留学生的课程都是全英文授课,这固然可以实现"教"与"学"的无缝对接,学生的接受难度也得以降低,但这无助于提高南非留学生的中文水平,导致相当一批南非留学生到毕业回国时,仍无法自如地使用中文。经过访谈笔者发现,不少南非留学生渴望学习中文,希望自己可以更多地了解中国文化,但却受限于学校提供的课程

---

① 这是笔者对北京外国语大学国际关系学院的南非博士研究生进行访谈时得知的。受访者来中国留学已有一年,但仍不会说中文。他表示很想学中文,但身边的中国学生都用英文和他交流,这使他失去了学习中文的环境。

形式与内容。这导致即使他们身在中国,却仍是"大门口的陌生人"。

四、结　语

如何更好地应对南非来华留学生面临的挑战是目前我们急需解决的问题。虽然招收更多南非留学生有利于提高中国教育的国际化水平,但中国对南非留学生的教育投入与产出明显不成正比,这不利于南非留学生回国后更好地了解中国与南非的关系。因为不了解中国的实际情况,南非留学生不能了解中国的相关政策,这违背了中国政府大力支持外国学生来中国留学,以期他们能够全面认识中国的初衷。因此,今后开展留学生教育时,应根据留学生的实际需求来进行,在确保学位含金量的同时,增加中文语言课程的分量,以培养出"知中""懂中"的优秀人才,更好地推进中国-南非人文交流。

The Status Quo, Characteristics and Challenges of South African Students in China

DENG Rongxiu

Abstract: With the establishment of comprehensive strategic partnership between China and South Africa, the number of South African students studying in China is increasing with the majority of them being degree students, and the channels of funding are becoming more and more diversified. However, South African students account for a small propotion of the number of international students in China, since the trend of them coming to study in China began relatively late. We conducted a questionnaire survey and interview with South African students based on their reasons for studying in China, their current situation of studying in China, their views on China and their plans after graduation. It is concluded that South African students have a good impression of China and can basically adapt to the life of studying in China. However, South African students in China also show a lack of sense of accomplishment, as well as the challenges related to their low level of

Chinese.

Keywords: South Africa; international students; people-to-people exchanges

About the Author: Dr. DENG Rongxiu is an Associate Professor at the School of Marxism, Xi'an University of Posts and Telecommunications, with a PhD in law.

新冠疫情下南非中国学生学者发展报告*

黄玉沛

摘要：南非是中国学生学者在非洲学习与工作的主要目的地，在南非的中国留学生和学者主要集中在南非的比勒陀利亚、约翰内斯堡和开普敦等地区的高校和科研院所。在南非高校就读的中国学生以本科生为主，硕士生及博士生数量较少，其所学专业以自然科学类居多，人文社科类较少。自新冠疫情暴发以来，在南非的中国学生及学者守望相助、共克时艰，成立了南非中国学生学者联合会，在团结抗疫的同时，积极在中南两国间开展科教合作和文化交流，促进了中文国际教育的推广，增进了两国人民的相互了解和友谊。

关键词：南非；中国学生学者；抗疫

作者简介：黄玉沛，浙江师范大学经济与管理学院（中非国际商学院）副教授，2021年6月至2022年8月在南非斯坦陵布什大学访学。

出国留学教育作为中国教育对外开放的基本形式与重要内容，承载着国家、民族和众多家庭的理想与期待。南非是中国学生学者在非洲学习与工作的主要目的地，其高等教育水平在整个非洲处于领先地位。由于中国学生学者在南非的分布较为广泛，居住的时间较为长久，与当地人交流较为深入，他们在中南教育交流与合作中扮演着不可替代的角色。本文结合笔者在南非的访学工作与实际调研，对新冠疫情下中国学生学者在南非的发展情况进行了总结与归纳。

一、2020—2021年中国学生学者在南非的分布概况

南非是中国学生学者在非洲学习与工作的主要目的地，在南非的中国学生

---

* 本文得到国家留学基金委的资助（CSCNO.201908330227），感谢中国驻南非大使馆文化（教育）处及南非中国学生学者联合会对本文所涉研究的大力支持。

学者最多时曾有 2000 余人。然而,受南非经济下行压力加大、高等教育投入相对减少等因素的影响,近年来在南非的中国学生学者数量呈现持续下降趋势。自 2020 年 3 月初南非暴发新冠疫情以来,中国学生学者在南非的数量进一步减少。就全球层面而言,南非不是中国学生学者主要的学习与交流目的地,在南非留学人员规模不大。但是,就整个非洲层面而言,南非仍然是中国学生学者在非洲学习与交流的主要目的地。

(一)按学校分布:集中在南非优质大学

截至 2021 年年末,南非共有 26 所公立大学,分布于全国 9 个省份。根据 2021 年 6 月 8 日发布的 QS 全球大学排行榜,南非有 4 所大学进入全球 500 强,即开普敦大学、金山大学、约翰内斯堡大学和斯坦陵布什大学,排名分别为第 226 位、第 424 位、第 434 位和第 482 位。此外,比勒陀利亚大学排名位于第 601—650 位的区间,罗得斯大学和夸祖鲁-纳塔尔大学位于第 801—1000 位的区间。①

(二)按区域分布:集中在比勒陀利亚、约翰内斯堡和开普敦地区

在南非的中国学生学者集中分布在 3 个地区,即豪登省的比勒陀利亚地区(以下简称"比陀地区")、约翰内斯堡地区(以下简称"约堡地区"),以及西开普省的开普敦地区。

除夸祖鲁-纳塔尔大学、罗得斯大学之外,开普敦大学、金山大学、约翰内斯堡大学、斯坦陵布什大学和比勒陀利亚大学均位于比陀地区、约堡地区或开普敦地区,在这些学校的中国学生学者约占 2021 年南非中国学生学者总数的 80%。中国学生学者不断向上述几所大学集中的趋势,反映了他们追求优质教育资源的主动性。如果国内对南非优质教育资源进行更多的宣传和推广,那么可能会有更多中国学生学者选择将南非作为留学或者访学目的地。

(三)按类型分布:以本科生为主

留学生主要有学历生和非学历生两种类型。就学历生而言,在南非的中国学生可以分为本科生(绝大多数为三年制本科生、四年制本科生和三年制本科学习后的荣誉学士学位生,也包括少量旨在获得本科阶段一年证书或两年文凭

---

① QS World University Rankings 2022.(2021-06-08)[2021-11-28]. https://www.topuniversities. com/university-rankings/world-university-rankings/2022.

的学生）、硕士生和博士生。此外，还有不以获取学历学位证书为目的的各类进修生，即非学历生。

在南非高校就读的中国学生一直以本科生为主。一些从事教育国际合作交流的人士指出，南非教育部门非常欢迎中国学生到南非高校进行研究生阶段的学习，但申请攻读南非高校研究生阶段学位的中国学生并不多。此外，在南非高校和科研院所工作或者访学的学者数量不多，所从事的专业或研究方向因人而异。

（四）按专业分布：自然科学类居多，人文社科类较少

中国学生学者在南非学习或工作所涉的主要为自然科学类的土木工程、计算机科学、生物化学等与科技有关的专业，就读人文社科类的文学、艺术、经济、法学等专业的中国学生相对较少。

无论是自然科学类还是人文社科类，南非的中国学生学者主要基于个人的兴趣、就业前景或者工作需要来选择专业。近年来，以自然科学类专业为主的局面逐渐被打破，中国学生学者在南非所学专业或者研究方向日趋多元化。

二、新冠疫情下成立的南非中国学生学者联合会

南非中国学生学者联合会（Chinese Students and Scholars Association in South Africa，CSSASA，以下简称"南非中国学联"）是以在南非中国学生学者为主体的自发性、非营利性群众性组织，受中国驻南非大使馆文化（教育）处指导。

（一）南非中国学联的成立

为更好地团结、服务广大南非中国学生学者，在中国驻南非大使馆文化（教育）处的悉心指导下，在全体南非中国学生学者的大力支持下，南非中国学联应运而生，并于2021年7月2日举行了线上成立仪式。

在成立仪式上，受中国驻南非大使陈晓东委托，中国驻南非使馆公使李志刚发表了视频致辞，祝贺南非中国学联成立。中国驻南非大使馆教育参赞李旭东为南非中国学联成立揭幕。南非中国学联会员代表近80人相聚云端，共同见证这一时刻。成立仪式在中南两国的国歌声中拉开帷幕。随后，全体与会代表观看了反映南非中国学生学者学习、工作、生活情况的视频短片。短片特别回顾了自新冠疫情暴发以来，南非中国学生学者在中国驻南非大使馆的指导和

帮助下守望相助、共克时艰的历程,展现了南非中国学生学者积极向上的精神风貌。

中国驻南非大使馆文化(教育)处希望南非中国学生学者能够共建"安全学界、奋进学界、精彩学界",并表示,将始终做南非中国学联的坚强后盾,支持南非中国学生学者将南非中国学联建设得越来越好。2021年6月下旬,中国驻南非大使馆文化(教育)处陆续为每位南非中国学联会员寄送了一份特别礼物,包括1面中国国旗、1面南非国旗、100只口罩及1条多功能数据线,寓意是希望大家热爱祖国,并尊重南非当地文化风俗,认真做好个人防疫,以及提升在数字时代获取知识与本领的能力,这是党和政府"外交为民"思想在南非中国学界的具体落实与体现。① 中国驻南非大使馆时刻将南非留学人员的身心健康放在重要位置,据统计,在2020—2021年新冠疫情期间,中国驻南非大使馆文化(教育)处根据当地新冠疫情变化,先后寄送了4批"健康包",把党和国家的关心爱护送至每一位留学人员手上。②

南非中国学联的成立是南非中国学界的一件大事,这标志着南非的中国学生学者群体有了属于自己的组织。长期以来,在南非的中国学生学者积极参与两国间的科教合作和文化交流,促进中文国际教育的推广。南非中国学联的成立,对团结广大南非中国学生学者,打造南非中国学生学者之家,促进中南人文交流和加深两国人民间的相互理解和友谊具有积极作用。

(二)南非中国学联的宗旨与任务

南非中国学联是覆盖南非全境的自发性、群众性、非营利性的中国学生学者组织,旨在发扬爱国主义精神,弘扬中华优秀传统文化,发挥桥梁纽带作用,加强南非中国学生学者间的交流,增进成员间的友谊。南非中国学联的宗旨主要体现在以下三个方面。

第一,爱国。南非中国学联以民族精神、爱国主义、时代精神为指引,以中华优秀传统文化为涵养,以弘扬爱国主义与国际主义为理念,开展实践活动。自南非中国学联成立以来,学联成员认真学习领会习近平总书记在庆祝中国共产党成立100周年大会上的重要讲话精神,始终牢记祖国和家人的嘱托与期

① 在南非中国学生学者学习习近平总书记在庆祝中国共产党成立100周年大会上的重要讲话精神.(2021-07-05)[2021-08-02]. https://mp.weixin.qq.com/s/8jYSQgY7mtchj8f6wYboaA.
② 李旭东. 育中南教育合作新机 开中南人文交流新局.(2021-10-15)[2021-11-28]. http://www.chisa.edu.cn/v2/rmtycgj/202110/t20211015_627935.html.

望,发扬爱国爱家传统,掌握前沿知识,练就过硬本领,投身科研实践,争做实现中国梦的贡献者。

第二,桥梁。南非中国学联以促进学联与中国驻南非大使馆文化(教育)处的沟通,中国学生学者之间、学校之间等的联系沟通及协调工作为己任,充分发挥桥梁纽带作用。同时,通过南非中国学联这座桥梁,成员积极向南非当地民众讲述中国故事,传播中国声音,努力做促进中南、中非友好的民间使者。

第三,服务。南非中国学联全心全意为广大南非中国学生学者服务,致力于打造学生学者互帮互助的大家庭,帮助学生学者解决学习及生活等方面的问题。南非中国学生学者之间相亲相爱,正共同努力将南非中国学联打造成为温暖的"南非中国学生学者之家"。

南非中国学联的主要任务包括:第一,加强南非中国学生学者与祖国的联系,凝心铸魂,倡导报效祖国;第二,团结广大南非中国学生学者,增强群体内的沟通与联系;第三,代表南非中国学生学者,维护群体正当权益;第四,搭建学术沟通平台,推进南非中国学生学者与南非学生学者相互间的学习与学术交流;第五,树立南非中国学生学者的良好形象,策划各类文体、学术等活动,展示中华优秀传统文化及当代中国的发展进步,促进中南人文交流。

(三)南非中国学联的组织架构

南非中国学联下设监事会、比约地区分会、开夸地区分会,形成了覆盖南非9省的较完整的组织架构。

(1)监事会。此为监督顾问荣誉机构,下设监事若干,成员为南非中国学联的骨干成员及热心学联工作、有较大影响力、长期在南非工作与生活的学者。监事会人员构成可以根据实际情况动态调整。

(2)比约地区分会,即金山大学中国学生学者联合会(以下简称"金山学联")。作为南非中国学联基地之一,金山学联地理范围覆盖豪登省、姆普马兰加省、自由州省、林波波省及西北省等5个省份,成员来自该地区的高校和科研机构。各省高校可根据实际情况建立学校支会。

(3)开夸地区分会,即西开普省中国学生学者联合会(以下简称"西开普学联")。作为南非中国学联基地之一,西开普学联地理范围覆盖西开普省、东开普省、北开普省及夸祖鲁-纳塔尔省等4个省份,成员来自该地区的高校和科研机构。各省高校可根据实际情况建立学校支会。

根据《南非中国学生学者联合会章程》,南非中国学联的执行机构由金山学联、西开普学联轮流担任,每个轮值期为 12 个月。第一期(自成立之日起 12 个月)由金山学联担任执行机构,第二期由西开普学联担任执行机构,第三期为金山学联,第四期为西开普学联,依此类推。目前,南非中国学联主席由西开普大学武长虹博士和金山大学黄立志博士共同担任。

三、新冠疫情下南非中国学联在南非开展的主要活动

(一)团结抗疫,共克时艰

自南非新冠疫情暴发以来,南非中国学联建立了南非中国学生学者微信群,提醒成员严格遵守防疫规定,克服麻痹思想和侥幸心理,做自身健康安全的守护者。同时,南非中国学联还通过多种措施和活动,帮助成员团结抗疫、共克时艰。

第一,发布《南非中国学联新冠防疫小贴士》。2021 年 7 月,南非中国学联成立伊始,由彭奕、刘歆颖、胡紫景、黄立志、武长虹、冯韬等师生策划与筹备,宫晓龙、陈怡负责撰写、翻译及排版的《南非中国学联新冠防疫小贴士》发布,其具体内容涵盖南非新冠疫情动态、新冠的诊疗方法、新冠疫情期间的个人心理健康、新冠病毒检测及疫苗接种流程、与防疫相关的各类联系方式等,为广大成员提供了有效的抗疫指南。

第二,播报南非每日新冠疫情动态。南非中国学联有专门的教师和学生担任志愿者,每日早晨用中英文在学联微信群播报南非卫生部发布的疫情最新动态,包括南非单日新增感染人数、现有感染人数、单日新增康复人数、单日新增死亡人数、新增接种疫苗人数等。南非每日新冠疫情动态的发布,为大家及时准确获取信息、加强日常防疫提供了重要参考。

第三,根据新冠疫情形势需要及时发布温馨提示。2021 年 11 月下旬,南非官方宣布发现新冠病毒变异毒株奥密克戎,且连日来当地确诊病例数迅速上升。为减少交叉感染,确保个人和家人健康安全,南非中国学联多次提醒成员要保持高度警惕,严格做好个人防护,坚持佩戴口罩,保持社交距离,养成良好个人卫生习惯;尽量不前往人员密集的场所,不参加大型聚集性活动;坚持非必要不旅行,尽量避免乘坐公共交通工具长途旅行;对尚未接种疫苗的成员,建议结合个人身体状况,考虑参与南非国民接种计划,就近、尽快接种疫苗,以维护自身健康安全。同时,南非中国学联提醒各位成员密切关注自身健康状况,如有异常,要做到早发现、早隔离、早治疗;如不幸确诊感染,要及时就医并联系中

国驻南非使领馆和当地警民中心以获取必要帮助。

(二)举办庆祝建党百年线上座谈会

南非中国学联成立后举办的首场重要活动是庆祝建党百年线上座谈会。座谈会由中国驻南非大使馆文化(教育)处一等秘书乔凤合主持,中国驻南非大使馆教育参赞李旭东出席,南非中国学生学者代表近80人参加,座谈会的主题是学习领会习近平总书记在庆祝中国共产党成立100周年大会上的重要讲话精神。多位在南青年留学人员结合自身学习工作实际,畅谈体会,尽情抒发对党和国家的热爱与祝福。

在南非学习的中国学生纷纷表示,一定会心怀感恩,努力学习,为早日学成报效祖国做好准备,同时也会积极在当地传播优秀中国文化,为世界更好地了解中国而努力。金山大学祖鲁语专业研究生、北京外国语大学讲师黄立志认为,我们不应忘记中国共产党带领人民浴血奋战的奋斗史,应当刻苦学习,奋发向上,弘扬光荣传统,赓续红色血脉,早日学成回国,报效祖国。[1] 斯坦陵布什大学硕士生陈品全表示,一定要以实现中华民族伟大复兴为己任,不断提升自我,推动中南文化交流,让两国人民的心灵走得更近。[2] 金山大学硕士生陈怡表示,强大的祖国永远是海外游子幸福的来源、尊严的保障、安全的港湾,作为新一代青年,我们要向优秀前辈学习,不忘自己的使命,早日学成回国,报效祖国,为实现第二个百年奋斗目标而努力。金山大学传染病研究专业博士生宫晓龙则在发言中和大家分享了白求恩医生追求公平正义、参与中国革命,最后为国际共产主义事业献身的感人故事。[3]

约翰内斯堡大学经济学博士后研究员毛竹青在发言中谈到,作为新时代的年轻人,我们要铭记历史,学习先贤,胸怀远大理想,为更强大的祖国、更美好的明天拼搏奋斗。中央理工大学硕士生司金龙表示,身在海外,深刻感受到祖国强大带给自己的自豪感和荣誉感,在南非留学期间他将积极向当地民众介绍中华优秀传统文化,为南非人民了解中国打开一扇门。比勒陀利亚大学本科生胡嘉豪、开普敦大学亚洲学生会主席杨滨鹏、西开普大学硕士生杨波、金山大学

---

① 黄立志. 强国有我是我们这一代留学青年的心声. (2021-07-05)[2021-11-28]. http://chisa.edu. cn/rmtycgj/202107/t20210705_604749.html.

② 陈品全. 一位留南青年与南非同学友好交往的故事. (2021-07-15)[2021-11-28]. http://chisa.edu. cn/rmtycgj/202107/t20210715_607716.html.

③ 宫晓龙. 学习白求恩,努力成为一个有益于人民的好医生. (2021-07-08)[2021-11-28]. http:// www.chisa. edu. cn/rmtycgj/202107/t20210708_605928.html.

本科生张田雨则纷纷表示,历史上一批批留学人员回国服务,在新中国的建立、建设、发展中发挥了重要作用,为大家未来回国发展树立了良好的榜样,大家需要深刻认识并思考留学对祖国发展的意义。

在南非的中国学者也结合自己在当地多年学习、工作和生活的经历,表达了对祖国美好未来的祝福,以及促进中南两国交流和民心相通的愿望。南非大学教授刘歆颖谈到,多年前中国学生学者初来南非时,南非民众对中国的了解还较为片面。在中国共产党的领导下,中国在多个领域都创造了举世瞩目的辉煌成就,让南非社会对中国的认知有了极大改观,他的自豪感也越来越强。开普敦大学研究员粟红对中国日新月异的发展、高效的新冠疫情防控感到振奋和鼓舞。她坚信,在中国共产党的领导下,中国一定会沿着中国特色社会主义道路不断前进,从胜利走向新的胜利。

斯坦陵布什大学国家公派访问学者黄玉沛说,作为一名学者,他希望未来自己所撰写的科研文章能为政府在做相关决策时提供依据,用实际行动构建更加紧密的中南命运共同体。[①] 南非中国学联主席之一武长虹博士说,虽然身在海外,但看到祖国经济社会全面发展时,依然由衷地感到骄傲。学习刻苦、做事踏实、品行端正是所有南非中国学生学者身上共同的气质。她期待新冠疫情早日过去,中南两国早日恢复各领域的深度交流合作。开普半岛理工大学副教授颜炳文表示,将发挥自身优势,积极参与和促进中南教育合作和学术交流,向南非社会讲好中国故事,积极加强中非青年交流,为深化中非友好稳步前行做出自己应有的贡献。[②]

南非孔子学院和孔子课堂教师代表也分享了自己的学习体会。罗德斯大学孔子学院院长刘德学认为,孔子学院在国外教中文,传播中华优秀文化,就是为了增进了解、消除误解、疏通障碍、促进民心相通。德班理工大学孔子学院中文教师志愿者彭晓雪认为,100年来中国共产党不忘初心、牢记使命,坚持为人民服务,不断带领中国人民取得举世瞩目的成绩。中国文化和国际教育交流中心孔子课堂中文教师王双元则表达了新时代中国青年强烈的使命感,表示要充分利用好社交网络、新媒体等传播平台,特别是用好年轻人喜闻乐见的形式来做好中国语言文化推广,这对于相关工作很有裨益。

---

① 黄玉沛. 增强使命担当,努力实现学术报国. (2021-07-13)[2021-11-28]. http://www.chisa.edu. cn/rmtycgj/202107/t20210713_607115.html.

② 颜炳文. 为深化中非友好作出一个在非学者应有的贡献. (2021-07-13)[2021-11-28]. http://chisa. edu.cn/exclusive/202107/t20210713_2110738136.html.

约翰内斯堡大学孔子学院中方院长彭奕表示，他们在该校推进成立了非洲中国研究中心、中南化工环境联合研究中心，在文化交流的基础上，加上了科技交流和国际研究双引擎，把推广中华文化与加强文化互鉴的初心，放到适合南非发展需要的情境中来。① 南非孔子学院和孔子课堂教师纷纷表示，希望通过自己的工作帮助南非人民更好地了解真实的中国，增进两国交流互鉴，为增进中南友谊贡献力量，为推动构建人类命运共同体做出贡献。

此外，南非中国学联还开展了"党史'非'常学""中南百名青年讲述青年梦""献礼建党百年，我与祖国同成长"主题征文等系列配套活动，在留学人员中掀起了学习"四史"热潮，激发南非中国留学人员的爱国情怀，激励抗疫士气，寄托思乡之情。南非中国学联开展的上述活动在两国青年间搭建起了沟通理解、文明互鉴的桥梁，产生了良好的社会影响。

（三）守望相助，共筑平安

南非自 1994 年曼德拉正式就任总统，在形式上实现民族平等之后，至今未能从根本上消除社会政治经济结构中的种种顽疾，新冠疫情暴发也使南非的社会矛盾更加尖锐，社会治安问题日益突出。因此，南非中国学联成立以来，就根据不同时期南非的治安形势，适时提醒学联成员加强安全防范，保障个人安全。

2021 年 7 月中旬以来，南非部分地区安全形势进一步恶化，多种形式的暴力活动持续蔓延升级，造成包括中国侨胞在内的大量民众的财产损失，民众的人身安全也受到了严重威胁。同时，南非进入了第三波新冠疫情高峰期。南非中国学联紧急组织豪登省、夸祖鲁-纳塔尔省的成员加强联防联保，及时互通安全信息，确保提前掌握当地安全状况信息，帮助成员立足自身，做好预防。南非中国学联还建议成员通过网购、代购等方式，尽快增加防疫用品、常用生活物资和药品的储备，将日常外出采购频次降到最低。避免一切不必要的线下聚会、聚集性社交活动，日常就学与工作时要充分评估感染风险，务必严格遵守当地新冠疫情防控规定。

2021 年 9 月初，南非各党派在多地开展了一系列的选举前宣传活动，由此，大型集会、游行活动在南非各地不断开展，个别地方因此出现了相关暴力事件，多名政党候选人甚至因此身亡。南非中国学联及时发布安全预警通知，提醒大家高度警惕自身面临的安全风险，牢记当地警方、使领馆和警民合作中心等应

---

① 彭奕. 南非孔院中方院长：努力为党和人民争取更大光荣. (2021-07-08)[2021-11-28]. http://www.chisa.edu.cn/rmtycgj/202107/t20210708_605874.html.

急联络方式,以便于在紧急情况下及时求助;坚持非必要不旅行,尽量避免长途旅行。

2021年11月下旬,南非政府宣布发现有人感染奥密克戎变异毒株,且当地确诊病例迅速上升,进入第四波新冠疫情高峰期。新冠疫情此时已在南非持续一年多,令该国的经济面临前所未有的困境,失业率居高不下,货币不断贬值,各种社会问题异常尖锐,抢劫、偷窃、敲诈勒索等案件越来越多,给南非侨胞的生活和工作带来了巨大的挑战。在此背景之下,南非中国学联再一次发出预警,提醒大家务必加大安全防范力度,确保人身和财产安全。同时,学联提醒大家密切关注南非卫生部、国家传染病研究所等官方机构发布的新冠疫情信息和防控知识,掌握第一手动态和权威信息。

(四)开展丰富多彩的线上文化活动

新冠疫情暴发以来,南非中国学生学者精心编排和组织了一系列线上文化活动,丰富了大家的业余文化生活,加强了彼此间的线上联系和沟通,提供了一个共同的展示平台,形成了彼此间的文化纽带。

2020年11月21日,西开普学联与开普敦大学亚洲学联、金山学联共同举办线上年终活动。大家重温了2020年的过往,展望充满希望的2021年。年终庆祝活动分为"中南抗疫""神州学人"和"学人风采"三大板块。在"中南抗疫"板块中,南非中国学联播放了由西开普学联制作的中南抗疫纪录片,呈现了新冠疫情暴发初期,在南非的中国学生学者热心捐款、助力祖国抗疫的感人画面,记录了在驻南非使领馆及教育部门的关怀下,南非中国学子领取"健康包",以及开普敦亚洲学联在当地华人华侨的协助下为开普敦大学的同学们发放防疫物资的温暖历程。在"神州学人"板块中,西开普学联特别邀请了来自开普敦大学的马跃老师、常强老师,开普敦半岛理工大学的颜炳文老师,斯坦陵布什大学的刘广令老师、张小虎老师,西开普大学的马学盛老师等多位在各自领域颇有建树的专家学者发表感言。他们用真诚质朴的发言感动并激励着参与活动的每一个人。在"学人风采"板块中,来自南非各大学的同学和老师们倾情奉献了一组精彩纷呈的才艺表演。尽管新冠疫情尚未完全过去,但大家深情流露的歌声、优美动人的舞蹈再一次鼓舞了所有人,也点燃了大家心中的激情。特别是由金山大学中国学生学者带来的节目《中国魂》,让大家热血沸腾。不少老师和同学表示,大家虽人在国外,但心系祖国。新冠疫情之下,正是南非中国学联的存在,让大家能够紧密地团结在一起,互帮互助、同舟共济,最终一起迎接抗疫的胜利。①

2021年2月12日,正值中国春节,约翰内斯堡大学孔子学院联合中国驻南非大使馆文化(教育)处在线举办中国农历新春庆典。庆典节目精彩纷呈,由南非旅游部学员带来的培训花絮、中文秀以及南非舞蹈给人留下了深刻印象;由金山学联选送的中文节目让网友感叹汉语的博大精深;由约翰内斯堡大学健康学院选送的小品、约翰内斯堡大学孔子学院师生共同表演的武术,让大家享受了一场视觉盛宴。春节期间,中国学生学者通过问候、作揖来传递信心和力量,帮助大家在新的一年克服困难和挑战。在这个艰难时刻,南非中国学生学者将南非视为第二家乡,坚定地支持南非抗疫,努力搭建两国间的合作桥梁,在文化、教育、科技、旅游等领域促进两国的交流合作。②

2021年9月17日,"南非中文日"庆典暨南非汉语教学成果展演成功在线上举行。南非6所孔子学院、2所孔子课堂、2所侨界中文学校在线展示了过去两年汉语教育在南非取得的可喜成绩。自南非将中文纳入国民教育体系以来,中文教学日益受到南非社会各界欢迎。南非汉语教育界代表300余人于云端欢聚,共庆第三个"南非中文日"。③ 活动全方位、多层次地展示了教学推广、文化活动、创新项目、媒体宣传、当地表彰、促进交流、服务本土化等7个汉语教学业务板块。南非孔子学院组织的中国传统节日活动中的中华文化体验如中医、书法、国画、武术、戏曲、美食、歌曲、茶艺、古筝、剪纸、刺绣、陶瓷、木偶戏等,既展示了中国历史文化的无穷魅力,也让当地人对中国有了更深、更全面的了解。这次南非中文教育界的"合家欢",包括6所孔子学院、2所孔子课堂、2所侨界中文学校、7所开设有中文专业或课程院校在内的南非所有中文教育机构悉数出席,在规模上和代表性上均具有开创性。

2021年中秋、国庆双节期间,南非中国学联为大家准备了特别的线上节目,包括武术表演、绍纳语民族曲目《MABASA》,中国风探戈《菊花台》等。同时,金山大学中国留学生陶伯儒作为学生代表,参与了全球留学生共唱的歌曲《共和国之恋》,为祖国生日献礼。为喜迎中秋、庆祝国庆,慰藉侨胞的思乡之情,南

---

① "潮落江平未有风,扁舟共济与君同"——记2020年西开普省中国学生学者联合会年终活动. (2020-11-23)[2021-11-28]. http://www.chisa.edu.cn/v2/rmtnews1/haiwai/202011/t20201123_376010.html.

② 南非约翰内斯堡大学孔子学院2021春节庆典线上举行. (2021-02-16)[2021-11-28]. http://m.people.cn/n4/2021/0216/c23-14844297.html.

③ 致知力行　继往开来——"南非中文日"庆典暨南非汉语教学成果展演成功在线举行. (2021-09-17)[2021-11-28]. http://world.people.com.cn/n1/2021/0917/c1002-32230494.html.

非中国学联积极参与中国侨联主办的"亲情中华·云端观影"活动,邀请大家共同观看优秀影片。此外,南非中国学联还积极参与了由中国驻约翰内斯堡总领事馆妇女小组、青年小组主办,全非洲华人妇女联合会、约翰内斯堡大学孔子学院共同参与的"迎中秋、庆国庆"线上文艺汇演。①

四、结 语

新冠疫情暴发以来,南非中国学生学者守望相助、团结抗疫、携手同心、共克时艰,成立了南非中国学联,携手努力打造"安全学界、奋进学界、精彩学界"。中国学生学者始终严格遵守防疫规定,克服麻痹思想和侥幸心理,时刻绷紧人身安全与防疫安全两根弦,做自身健康安全的守护者。同时,南非中国学生学者心系祖国、以文抒怀、执笔寄意,积极参与纪念中国共产党成立100周年系列活动,以积极有为、昂扬向上的精神状态,实实在在的学习成绩、工作业绩向祖国献礼。

Development Report of Chinese Students and Scholars in South Africa During the COVID-19 Pandemic

HUANG Yupei

Abstract:South Africa is the main destination for Chinese students and scholars to study and work in Africa. Chinese students and scholars in South Africa are mainly concentrated in universities and scientific research institutes in Pretoria, Johannesburg and Cape Town. Chinese students studying in South African universities are mainly undergraduates, and the number of master's and doctoral students is small. Most of their majors are natural sciences, while only a few of them study humanities and social sciences. Since the outbreak of COVID-19 in South Africa, the Chinese students and scholars

① 中华人民共和国驻约翰内斯堡总领事馆. 驻约翰内斯堡总领馆妇女小组组织开展线上文艺汇演活动. (2021-09-19)[2021-11-28]. https://www.fmprc.gov.cn/ce/cgjb/chn/zxxx/t1908215.htm.

there have been helping each other to go through hard times with concerted efforts, and established Chinese Students and Scholars Association in South Africa (CSSASA). While uniting against COVID-19, they have actively carried out scientific and educational cooperation and cultural exchanges between China and South Africa, which has facilitated the promotion of international Chinese language education and enhanced mutual understanding and friendship between the two peoples.

Keywords: South Africa; Chinese students and scholars; fight against COVID-19

About the Author: Dr. HUANG Yupei is an Associate Professor at the College of Economics and Management and China-Africa International Business School, Zhejiang Normal University, and a visiting scholar at Stellenbosch University, South Africa.

中国-南非友好城市交往发展现状及前景展望

王　珩　张书林

摘要：中国与南非建交以来，两国关系保持高水平运行，内涵不断丰富，正处于历史最好时期。中南友好城市充分发挥了地方在对外交往中的主动性和优势，丰富了两国关系的层次和内容，有效服务了地方经济社会发展和国家总体外交大局。然而，中南经济社会发展和对外开放亟待更多中南友好城市的加入，友好城市的交往实效也有待提升。新冠疫情暴发后，友好城市缔结和交往的条件受到限制。在新形势下，中南友好城市发展要抓新机、育新局，双方应建立有效机制，创新交往载体，构建官民并举、互补互助的城市交流新格局，为打造关系更加紧密的中南、中非命运共同体不断注入新的生机活力，为构建人类命运共同体发挥示范作用。

关键词：友好城市；南非城市；中南关系

作者简介：王珩，浙江师范大学非洲研究院副院长、教授、博士生导师。
张书林，浙江师范大学非洲研究院硕士研究生。

2014年，习近平主席在中国人民对外友好协会成立60周年纪念活动时强调："希望中国人民对外友好协会再接再厉，更好推进民间外交、城市外交、公共外交，不断为中国民间对外友好工作作出新的更大的贡献。"[1]随着全球化的不断发展，国家间的交往越来越频繁。在国家总体外交的主导下，越来越多的非传统外交方式正在出现。其中，随着国际交往的参与能力和水平的不断提高，城市（或省州、郡县）作为跨国合作的纽带、区域交流的桥梁和国家利益的践行者等功能日益突显。友好城市[2]是不同国家间的城市（或省州、郡县）在社会和

---

[1] 习近平. 在中国国际友好大会暨中国人民对外友好协会成立60周年纪念活动上的讲话. 人民日报, 2014-05-16(2).

[2] 根据中国人民对外友好协会《友好城市工作管理规定》，"友好城市"是指我国省、自治区、直辖市及所辖城市与外国省、州、县、大区、道及城市之间建立的联谊与合作关系，因此本文中的中南"友好城市"包括两国省（区、市）之间、城市之间缔结的友好关系。

文化相互理解的基础上结成的伙伴关系,是地方政府交流、民间交往的重要形式,是对外开放与合作的重要桥梁。国际友好城市的缔结和往来已成为当代城市外交的基本形态和传统方式。我国自1973年开展友好城市活动以来,对外结好工作不断取得进展。南非作为金砖国家和二十国集团中唯一的非洲国家,在国际事务中发挥着重要作用。作为中国在非洲的重要合作伙伴,南非具有坚持多边主义和加强国际合作的意愿和能力。中国与南非自1998年建交以来,两国关系全面深入发展,实现了由伙伴关系到战略伙伴关系再到全面战略伙伴关系的重大跨越,政治互信不断增强,务实合作扎实推进,人文交流丰富多彩,战略协作持续深化。中国北京市与南非豪登省自1998年建立友好城市关系以来,双方在经贸、旅游、卫生等领域取得了显著成果。

一、中南友好城市交流发展概况

作为次国家层面的外交渠道,城市外交是夯实国家间关系的民意基础,是推动构建人类命运共同体的重要抓手。国际友好城市是对外开放的重要平台,是国家外交的重要载体,是我国地方和城市对外交往的重要渠道,友城交流也是民间外交的重要内容。在"中非合作论坛"、"一带一路"倡议和中国-南非高级别人文交流机制等平台支持下,近年中南城市外交有了长足发展,取得了明显成效。友好城市关系充分发挥了地方在对外交往中的主动性和优势,丰富了两国关系的层次和内容,为增进中外友好做出了不可磨灭的贡献。虽然近几年中国对外友好城市结交数量增幅有所下降,但友好城市之间交往的质量却在不断提升。

(一)友好城市发展规模较为稳定

1998年12月6日,中国北京市与南非豪登省建立友好城市关系,这是中国与南非建立的首对国际友好城市关系。中南开始城市外交以来,形成了正式缔结友好城市和友好交流城市的城市外交形式。截至2022年1月,双方已有31对省市建立了友好城市关系,主要有北京市与豪登省、上海市与夸祖鲁-纳塔尔省、山东省与西开普省、浙江省与东开普省、江苏省与自由州省等(见表1)。就目前友好城市互动的相关新闻和资料来看,部分友好城市缺乏实质性交往,一些友好城市受距离或人事变更等因素影响,已经中断交往或几乎中断交往,形同"冬眠"①。2017年以来,中南两国没有新增正式签约的友好关系城市,新冠

---

① 高龙. 友好城市因何"死亡"或"冬眠"?. (2012-09-21)[2022-01-14]. http://news.sohu.com/20120921/n353710420.shtml.

疫情暴发后,中南缺乏实质交往,缔结友好城市的条件受到限制。然而,双方在此期间储备了一批保持友好合作交流关系和互补性强的重要国际友好城市资源,如杭州市、金华市与南非的一些城市已经建立了良好的友好关系。2015年7月,杭州市富阳区与南非的茵芬里尼市和布罗克维尔市建立了友好交流关系①,金华市也多次向南非布法罗市捐赠防疫物资②,目前正在推动务实合作,有望正式建立友好城市关系。

表1 中南正式友好城市一览表

序号	地 名		缔结年份	序号	地 名		缔结年份
	南非	中国			南非	中国	
1	豪登省	北京市	1998	17	北开普省	湖南省	2003
2	西开普省	山东省	1998	18	林波波省	丹东市	2003
3	自由省州	江苏省	2000	19	开普敦市	杭州市	2005
4	布隆方丹市	南京市	2000	20	夸祖鲁-纳塔尔省	福建省	2006
5	东开普省	浙江省	2000	21	莫哈林市	苏州市(吴江区)	2006
6	林波波省	安徽省	2000	22	维岑堡市	亳州市	2007
7	德班市	广州市	2000	23	西北省	河南省	2008
8	艾古莱尼市	哈尔滨市	2001	24	伊莱姆比市	湛江市	2009
9	布法罗(原名东伦敦)	大庆市	2001	25	林波波省	河南省	2011
10	夸祖鲁-纳塔尔省	上海市	2001	26	开普瓦恩兰兹市	银川市	2012
11	内尔斯普雷特市	包头市	2001	27	新堡市	南昌市	2012
12	新堡市	淄博市	2002	28	自由省州	江西省	2012
13	彼得马里茨堡市	株洲市	2002	29	德拉肯斯汀市	上饶市	2013
14	普马兰加省	重庆市	2002	30	卡纳兰德市	黄冈市	2014
15	普马兰加省	四川省	2002	31	金伯利市	郴州市	2016
16	曼德拉市	宁波市	2003				

注:表中为正式缔结的友城(不含港澳台地区),不含友好交流城市;由笔者根据中国对外人民友好协会、各省市外事办公室资料整理而得。

---

① 参见:杭州市国际友好交流关系城市[区县(市)级]. [2022-03-31]. http://fao. hangzhou. gov. cn/col/col1693393/index. html? key.

② 参见:南非布法罗市. (2011-10-19)[2022-03-31]. http://swb. jinhua. gov. cn/art/2011/10/19/art_1229610319_52112598. html.

(二)城市合作经贸往来密切

中国人民对外友好协会、中国非洲人民友好协会,以及浙江师范大学共同完成的《中南非友好城市发展调查报告》指出:"经济往来与合作构成两国(中国与南非)友好城市合作的主旋律。"①2017 年 7 月,为推动金砖框架内中国与南非地方政府交流,"中国-南非地方政府对话会"在成都举行,中国与南非地方政府负责人、企业代表围绕"地方产业对接与产能合作""青年就业与职业培训"展开对话。② 2019 年,中国-南非经贸合作项目签约仪式在南非开普敦举行,89 家中南企业共签署了 93 项合作协议,协议金额近 20 亿美元,涵盖投资、商贸等领域,推动了南非经济特区和城市工业园区的发展,双方合作领域进一步拓展。③南非哈里·格瓦拉市市长姆鲁莱西·恩多比曾表示,南非是非洲大陆的主要经济体,农业、矿业、信息产业、新能源、核电建设、海洋经济等是南非的优势产业,中国与南非在这些领域有很好的合作前景。2021 年 4 月,杭州市与开普敦市开展线上交流活动,双方就经济、贸易、旅游、投资等方面进行了合作沟通。2020 年,杭州市对南非进出口总额为 9.03 亿美元,同比增长 8.3%;截至 2020 年年底,杭州市共批准对南非投资项目 7 个,总投资 725.15 万美元。④ 随着"一带一路"倡议的走深走实,中国企业积极融入南非市场,同南非工业化和城市化需求对接,为其提供品质优良、价格合适的产品和装备,强化了中南地方政府的交流,为中南友好城市交流带来了广阔空间。

(三)城市人文交流领域不断拓展

在全球化背景下,各国在金融危机、气候变化、环境、流行病和移民等问题上休戚与共,以城市和地方为代表的次国家行为体变得更加开放并成为人文交流的积极行动者。中南友好城市合作的领域广泛。2015 年 3 月,中国国家发展改革委、外交部、商务部联合发布《推动共建丝绸之路经济带和 21 世纪海上丝绸之路的愿景与行动》,指出要"开展城市交流合作,欢迎沿线国家重要城市之

---

① 叶晓楠,高一帆,肖阳. 友好城市捎来发展红利. (2018-07-25)[2022-01-17]. http://news. zjnu. edu. cn/2018/0725/c8451a266060/page. htm.

② 中国-南非地方政府就如何推动"一带一路"展开合作对话. (2017-07-11)[2021-11-25]. https://www. sohu. com/a/156343081_267106.

③ 93 个中国-南非经贸合作项目在开普敦签约. (2019-06-23)[2022-01-17]. http://world. people. com. cn/n1/2019/0623/c1002-31175307. html.

④ 浙非合作,继往"开"来——省驻南非(非洲)商务代表处参加与开普敦市的线上交流. (2021-04-16)[2022-04-17]. http://www. zcom. gov. cn/art/2021/4/16/art_1389603_58929908. html.

间互结友好城市,以人文交流为重点,突出务实合作,形成更多鲜活的合作范例"①。2017年,中南建立了高级别人文交流机制,城市交往作为人文交流的重要组成部分被纳入机制。中国城市所拥有的文化积淀、历史文物、风景名胜等资源为中国开展人文交流提供了丰富的内容②,中南友好城市交流重视双方的互补优势,推动了友好城市合作提质升级。早在2014年,南非旅游局就相继在香港、成都、沈阳和北京举办了旅游推介会。同年,南非约翰内斯堡芭蕾舞团首次访问中国,在天津、沈阳和北京三地呈现了精彩演出;互办国家年成为中南两国人文交流领域的全方位交流活动,也是中南、中非交往史上的开创性之举。③双方开展了文化推介、艺术交流、经贸会展、学术研讨、教育交流等一系列活动。开普敦市企业与投资市长委员会成员詹姆斯·沃斯表示,随着近年来开普敦在绿色能源、数字科技、智能制造等领域的投入增加,双方将有更多的合作机遇。2021年10月,南非立法首都开普敦市市长丹·普拉托在接受新华社记者采访时提到,中国城市是开普敦有力的合作伙伴,他愿同中国城市就生物多样性保护加强交流,期待和中国的友好城市就气候变化进行有意义的探讨,了解和学习对方的经验,并将其借鉴到南非。④

(四)新冠疫情催生新型城市外交

新冠疫情暴发以来,中南两国的卫生、科技、教育等部门分别多次举行了抗疫经验视频交流会,中南友好城市也开展了一系列抗疫合作,"云外交"成为新型交流方式。2020年9月,宁波市和南非曼德拉市举行了防疫物资线上捐赠交接仪式。中国的大数据抗疫经验受到了南非的重视,数字基础设施和数字技术在中南友好城市携手抗疫过程中发挥了重要作用。2020年,晋城市与南非莎拉巴特曼市举行了远程抗疫经验视频分享会,通过中国移动云视讯系统,晋城市人民政府有关领导与市人民医院和晋城大医院的十多名抗疫一线专家,为莎拉巴特曼市的政府官员和防疫人员进行了深入的防控经验分享。⑤ 2021年3月,

---

① 推动共建丝绸之路经济带和21世纪海上丝绸之路的愿景与行动. (2015-04-17)[2022-01-17]. http://lb.mofcom.gov.cn/article/jmxw/201504/20150400941645.shtml.

② 杨毅. 通过友好城市推动对外交流合作. 中国党政干部论坛,2015(10):88-90.

③ 2014中国南非年:"彩虹之国"展开全方位人文交流. (2014-12-11)[2022-01-17]. http://www.scio.gov.cn/zhzc/35353/35354/Document/1506097/1506097.htm.

④ 南非开普敦市愿同中国城市加强保护生物多样性交流. (2021-10-09)[2021-11-22]. https://www.thepaper.cn/newsDetail_forward_14831668.

⑤ 晋城为南非友城远程分享抗疫经验. (2020-04-27)[2021-11-22]. https://sx.cri.cn/20200427/73f73d34-6fb1-881c-6210-dd4b3ac4c604.html.

广州市铁一中学和德班音乐学校的师生们举办了云端音乐会,用音乐为世界早日战胜新冠疫情传递爱与希望。① 2021 年 4 月,河南省人民政府联合河南牧原集团向缔结友好关系的南非西北省和林波波省捐赠的 10 万只医用外科口罩抵达南非驻上海总领事馆,并通过包机运抵两省支援其抗击新冠疫情。② 2021 年 11 月,第四届中非地方政府合作论坛成功举办,论坛以"常态化疫情防控与经济发展"为主题,包括疫情防控与经济社会发展研讨会、2021 世界旅游城市联合会非洲区域旅游会议两场活动。来自南非豪登省、埃及开罗省、尼日利亚阿布贾市等地的代表与北京市卫生、经贸、旅游等相关部门、机构和企业代表于云端相聚,围绕新冠疫情防控、经济发展、旅游业振兴等议题展开深入交流。③

中南城市友好交往呈现出健康、活跃、有序的状态,合作领域不断拓宽,内容有所更新,更加注重交流合作的实质性,推动了双方资源共享、优势互补、合作共赢,也通过互学互鉴促进了双方经济社会发展。受疫情影响,双方交流出现了新的形式。地方政府对话交流,共同谋划新冠疫情防控,在文化旅游、经贸投资等方面的友好务实合作,成为两国外交工作的有益补充,有利于中南两国继续密切各领域的合作,推动双方全面战略伙伴关系深入发展。

二、新形势下中南友好城市交往的挑战与机遇

中南友好城市交往开展的时间短,两国距离遥远,加上新冠疫情影响,面临很多困境,在对外交往合作成果、体制机制和工作投入上仍然存在很多问题,拥有巨大的创新发展空间。

(一)中南友好城市交往面临挑战

1.新冠疫情影响明显,线下往来几乎停滞

新冠疫情的全球蔓延严重阻碍了各国的正常交往,其反复性和持续性对"一带一路"的人文交流和人员往来构成了全新的挑战。④ 为了加强新冠疫情防控,多国采取了严格的出入境管控措施,极大地影响了人员往来。2020 年 3 月,

---

① 陈惠婷. 以乐相约　情牵万里——中国广州与南非德班云端唱响友谊之歌. (2021-03-28)[2021-11-22]. https://baijiahao.baidu.com/s? id=1695453675194542994&wfr=spider&for=pc.

② 千里驰援　守望相助　"河南援助"支持国际友好城市战"疫". (2020-04-24)[2021-11-22]. https://www.henandaily.cn/content/2020/0424/227236.html.

③ 中非地方政府合作论坛北京分论坛举行. (2021-10-20)[2021-11-22]. https://m.thepaper.cn/baijiahao_14992068.

④ 赵岩,何思雨.新冠肺炎疫情背景下的"一带一路"人文交流:意义、挑战与建议.南方论刊,2021(6):81-84.

根据国家《灾害管理法》，南非宣布全国进入灾难状态，后该状态又有多次延长，南非政府在必要情况下则会依据国家灾难状态重新引入封禁限制措施。① 中国民用航空局也发布了《民航局关于调整国际客运航班的通知》，自2020年6月8日起，以入境航班落地后旅客核酸检测结果为依据，对航班实施熔断和奖励措施。② 2021年12月，中国与南非间的直航航班取消，人员流动受限，导致一系列交流活动受阻。新冠疫情也对中南部分经济合作项目产生了冲击，部分项目建设停滞，经济收入大幅下降，"一带一路"倡议下的合作交流面临了更大的考验③，城市交流互动需要发掘新的方式。

2.缺乏有效合作机制，资源交流有待改进

实质性交往是国际友好城市发展的生命线，中南友好城市交往的广度和深度仍有进步空间。一是现有友好城市缺乏有效沟通。尽管近年来国家层面的城市外交倡议不断增多，城市外交实践在各领域也有了很大的进步，但地方对城市外交活动的重视程度仍然存在不平衡现象，友好城市工作为经济建设和社会发展服务的潜在力量和重要载体作用未能得到很好的发挥。二是中南国际友好城市交流缺乏整体和中长期的规划及协调推进，缺少行之有效的协调推进机制和信息交流平台。以杭州市为例，杭州市与南非的经济社会发展互补性强，但杭州仅与南非两座城市缔结了友好城市关系，这一数量占杭州全部友好城市数量的比例相对较低。三是新冠疫情背景下，国际友好城市资源整合和共享机制还未建成，友好城市资源优势较难转化为对外交流合作优势，部门之间、部门与企业之间对外交往信息互不相通，没有形成整体效应。

3.合作领域有待拓宽，专业人才队伍不足

非洲经济一体化的推进将进一步助力南非经济复苏，推动南非国内生产总值增加，创造大量就业机会，并吸引和扩大投资。中南在市场准入、信用制度、环境保护和知识产权保护等方面均存在与国际规则不完全衔接的问题。一些部门未能理解和重视城市外交的意义，在对外交往中积极性不够，开展活动的资金和人力投入有限，合作机制有待完善，合作领域有待拓宽。此外，了解中国和南非城市发展状况的专业外事人才仍然较少，在人才构成国际化、素质国际

① 参见：南非国家灾难状态将延长至4月15日.(2021-03-12)[2021-11-22].http://www.mofcom.gov.cn/article/i/jyjl/k/202103/20210303043149.shtml.
② 我国从6月8日起对入境航班实施熔断和奖励措施.(2020-06-05)[2021-11-22].http://www.gov.cn/xinwen/2020-06/05/content_5517377.htm.
③ 赵岩,何思雨.新冠肺炎疫情背景下的"一带一路"人文交流:意义、挑战与建议.南方论刊,2021(6):81-84.

化、活动空间国际化、人才环境国际化等方面存在不足。

4.交流活跃度不均衡，交往力度仍需提升

南非已成为吸引中国游客最多、与中国建立友好城市关系最多的撒哈拉以南非洲国家①，但目前中南友好城市交往活动主要是政府之间的交流，一般由政府部门牵头，友好城市本身的交流互动不够密切。友好城市交流除官方、半官方、非官方等形式外，还应覆盖经济、文化、教育、卫生、艺术等多个领域。从近几年的交往情况来看，部分友好城市互动不够活跃，存在着不平衡现象，主要局限于官方层面的交流，非官方交流活动较少，民间往来有待提升，未形成合力，如南非有很多中资企业，其中民营企业有待进一步发展为对外活动的重要阵地。此外，中南城市外交在宣传力度、政策资金投入、民意基础、交通便利度等方面还有很大提升空间。

（二）中南友好城市发展机遇

2021年是中非开启外交关系65周年，也是新中国恢复联合国合法席位50周年。《新时代的中非合作》白皮书明确提出：当前中非关系正处于历史最好时期。② 中非合作论坛第八届部长级会议提出了坚持团结抗疫、深化务实合作、推进绿色发展和维护公平正义四点主张，宣布了一系列对非合作的新的重大举措，倡议实施卫生健康、减贫惠农、贸易促进、投资驱动、数字创新、绿色发展、能力建设、人文交流与和平安全"九项工程"③，通过了《中非合作论坛——达喀尔行动计划（2022—2024）》《中非合作2035年愿景》等文件，充分彰显了中非双方新时代共谋发展、共迎挑战、共享机遇的坚定决心，展现出中非合作的巨大潜力和广阔前景，为中南开展城市外交合作带来了新契机。

1.政治互信不断深化，增强了中南交流意愿

2018年，中国国家主席习近平在比勒陀利亚同南非总统拉马福萨举行会谈，两国元首高度评价中南传统友好，就推进新时期中南全面战略伙伴关系达成重要共识，一致同意加强高层往来，深化政治互信，对接发展战略，推进务实

---

① 新任驻南非大使陈晓东：中方对南非投资已超250亿美元.（2020-9-28）[2021-11-02]. https://baijiahao.baidu.com/s？id=1679039738873060847&wfr=spider&for=pc.

② 《新时代的中非合作》白皮书发布.（2021-11-26）[2021-12-17]. http://www.gov.cn/zhengce/2021-11/26/content_5653540.htm.

③ 习近平在中非合作论坛第八届部长级会议开幕式上的主旨演讲（全文）.（2021-11-29）[2021-12-25]. http://www.gov.cn/xinwen/2021-11/29/content_5654846.htm.

合作,密切人文交流,让两国人民更多地享受中南合作成果。① 2021 年,中非合作论坛第八届部长级会议为中非全面战略伙伴关系注入了新动力。中南两国同为发展中国家,双方在反对单边主义和霸权主义,维持国际秩序稳定和捍卫国际公平正义等方面拥有共同利益。自新冠疫情暴发以来,中国与南非一直在国际抗疫合作中践行多边主义,尤其是两国与塞内加尔共同倡议举行的中非团结抗疫特别峰会,不但为非洲抗疫和发展提供了诸多公共产品,而且会议联合声明中所强调的"重申坚定支持多边主义,反对单边主义,维护以联合国为核心的国际体系,捍卫国际公平正义"的精神,将为后疫情时代中国与南非,以及非洲国家塑造公平正义的国际秩序打下坚实基础。②

2.数字经济高速增长,创造了更多发展需求

据世界银行 2020 年 7 月的估算,到 2035 年,非洲大陆自由贸易协定的全面实施将使非洲大陆总产值比基准线高出近 2120 亿美元③,传统产业和公共服务积极拥抱互联网和数字化,带来了数字经济的发展。数字经济从供给侧和需求侧为中国的国内大循环创造畅通动力,带动了 5G 网络、数据中心、工业互联网、人工智能等新型基础设施供给和投资需求。数字经济成为适应内外部环境变化、高效满足市场需求、畅通国内国际循环的重要路径④,同时也为构建国内国际双循环相互促进的新发展格局助力⑤,为城市交往带来新的机遇。这将有利于推动国际专业化分工的精细化和精准化,密切各国经济主体联系,有利于国际城市之间的合作与发展。

3.抗疫外交赢得支持,为友好城市交流建设注入合作动力

新冠疫情暴发之初,南非各界坚定支持并高度评价中国的抗疫工作。抗疫合作提升了中南双方城市的国际形象,以北京市为例,与国际友好城市的抗疫合作不仅树立了北京市有能力、有担当的国际形象,促进了国际交往中心建设,还使北京市成为展示中国抗疫成就的重要窗口。⑥ 国际友好城市的抗疫合作有助于打造以防疫、抗疫合作为重点的公共卫生健康领域的城市外交新机遇,为

① 习近平同南非总统拉马福萨举行会谈. (2018-07-24)[2022-03-02]. https://www.gov.cn/xinwen/ 2018-07/24/content_5308908.htm? cid=303.

② 沈晓雷. 南非"抗疫"与后疫情时代的中南合作. 当代世界,2020(10):58-65.

③ 张一婷. 南非当前经济形势、对我国影响及相关建议. 中国经贸导刊,2021(22):27-29.

④ 陈静. 2016 年数字经济高速增长 赋能城市创新发展. (2017-04-26)[2021-12-17]. http://district. ce.cn/zg/201704/26/t20170426_22351371.shtml.

⑤ 张占斌. 构建国内国际双循环相互促进新发展格局. (2020-08-21)[2022-01-03]. http://theory. people.com.cn/n1/2020/0821/c40531-31831175.html.

⑥ 刘波. 北京国际交往中心发展报告(2020—2021). 北京:社会科学文献出版社,2021:133-144.

城市经济发展铺设新引擎。中国的抗疫外交不仅助力国内新冠疫情防控阻击战在短时间内取得重大成果,而且在维护中国国际形象,巩固全球伙伴关系网络方面发挥了重要作用,为国际友好城市交流建设注入了合作动力。

三、新时期加强中南友好城市交往的路径展望

近年来,城市外交备受瞩目,面对新冠疫情、住房、教育等方面的一系列公共政策挑战,城市之间如何打造更深层次的关系,进而实现全面复苏,是城市外交关注的重点,也是城市外交的价值所在。[①] 在新形势下,中南城市外交要抓新机、育新局,充分发挥人文交流机制的引领作用,加强系统谋划,推动双方在教育、科技、文化、卫生、青年、妇女、体育、智库、媒体、旅游等领域的交流合作,构建官民并举、多方参与的城市交流新格局,使中南友好合作的"彩虹之桥"更宽广、更牢固,为推进中南全面战略伙伴关系发展,打造更加紧密的中南、中非命运共同体不断注入新的生机活力,为构建人类命运共同体发挥示范作用。

(一)建立机制,力促中南城市发展对接

中南的友好城市建设已有一定的基础,双方要在现有友好城市的基础上继续深耕和扩大交流建设,聚焦保障机制,统筹协调打造好中南友好城市"朋友圈"。一是完善顶层设计,以《新时代的中非合作》白皮书、《中非合作论坛——达喀尔行动计划(2022—2024)》和《中非合作2035年愿景》等文件为指引,制定友好城市工作短中长期发展规划,完善省市互动、部门联动、资源共享、渠道共用的国际友好城市工作长效机制,建立健全友好城市间常态化沟通联络机制,积极践行人类命运共同体理念。二是友好城市信息数据化。创建涵盖投资环境、产业结构、合作进展等的友好城市信息大数据库,精准识别热络期、平淡期与休眠期的国际友好城市,分类制定应对策略,打造潜在友好城市预测数据库,为企业交流、城市发展、地方谋划提供参考。[②] 三是充分发挥中南人文交流机制的作用,重视中国国际友好城市大会、活动周、友好日等平台的建设,可以借鉴"中国南非年""南非中国年",开展互设城市交往周、合作日、文化月等活动。在此基础上,可以规划建立多个专业性的高级别交流机制,以机制的稳定性和保障性促进中南的友好城市交流和友好城市建设。

---

① 王晓真. 多措并举发展后疫情时代城市外交. 中国社会科学报,2021-05-07(3).
② 陈律. 深化国际友好城市交往 构建高质量"朋友圈".(2021-05-18)[2022-01-03]. https://www.hunantoday.cn/article/202105/20210518072l583524.html.

(二)创新载体,丰富城市外交活动形式

新冠疫情使世界百年未有之大变局出现了不少新特征,全球治理进入瓶颈期,各国忙于应对国内的各种挑战和危机,城市友好合作必然需要新的相互适应。为此,一是需要充分发挥互联网的作用,加强"友好城市＋云端"互联。着力搭建"国际友好城市馆""国际友好城市游"等"云平台",让普通民众了解、熟悉友好城市风土人情和社会状况,积极开展"友好城市投洽会""友好城市商品展"等"云交往",让友好城市交往"不掉线"、友好合作"不断档"。二是需要重视发挥"友好城市＋平台"优势,依托"一带一路"倡议,更好地推动城市间交往打下坚实基础。① 要充分发挥中非经贸博览会、世界计算机大会、国际工程机械展等新平台作用,加强务实交流合作。三是需要结合友好城市的优势,创造新的交流载体,除传统的经贸人文合作外,还可以在教育、医疗、青年、体育等方面创建新的活动形式,举办丰富的城市对外文化活动和城市论坛等。例如,开展城市之间的体育活动、运动赛事等,互相展示城市形象,推动城市对外交流合作。

(三)官民并举,学习相关主体有益经验

民间交流是城市外交的重要特色,能发挥"稳定器"和"解压阀"的作用,为政府间关系的改善、发展奠定重要基础。城市外交既需要政府间关系,也离不开民间友好关系②,要做到官民并举,发挥多主体的作用。一是要多层次重视城市外交的相关政策,在国家总体外交指引下,优化地方政府的外事活动能力,全面落实并优化外事办公室职能配置、内设机构和人员编制的调整。二是要加大中南友好城市专业人才的培养力度,可对外事、侨务等事业单位的工作人员开展相关培训,充分发挥"中非高校20＋20合作计划"和"中非智库10＋10计划"的效用,设立城市交流专项课题,双方互派学生、学者和研究人员等,根据友好城市合作领域针对性地选拔和培育专业人才,打造专业队伍,实行"一事一队"的人才匹配模式。三是要多主题开展城市交往活动。用好"友好城市＋民间"力量。在高层互访发挥积极作用的基础上,大力支持国际友好组织、友好团体、企业和友好个人等主动作为,通过持续深入的企业间合作、团体间交流、民众间互动,鼓励全民参与友好城市实践。

---

① 鲁鹏. 论城市外交对武汉建设国际化大都市的推动作用. 长江论坛,2021(1):44-50.
② 刘波,杨鸿柳. 2019年中国城市外交报告:全方位、多层次、宽领域的新格局. 公共外交季刊,2020(1):56-63.

（四）取长补短，继续拓宽城市合作领域

中南城市在数字经济、海洋经济、绿色经济生物多样性保护、环境治理与气候合作等领域有着广阔的合作空间，要在各自发展的优势和短板上实现互助互补。一是应注重与友好城市取长补短，开展优势产业合作，继续与友好城市加强抗疫互助，就公共卫生治理携手应对挑战，就提升城市公共服务，建设新型智慧城市，营造良好营商环境等加强合作，促进城市治理和市民生活品质提升。二是在中非关系大发展的背景下，城市化进程也为中南合作的可持续发展提供了新的机遇。中国可以利用资金、技术方面的优势，利用友好城市的平台，将交流城市化经验、应对城市化挑战作为中南合作新的增长点，拓宽合作领域。三是发挥双方的数字经济优势，推进资源共享合作，可以选择南非的约翰内斯堡、开普敦等重点城市作为试点，联合当地科研机构，开展移动互联网、云计算、大数据、物联网等新一代信息技术的开发及本土化应用，发挥大数据优势，建设中非经贸与产能合作数据中心，实现涉非经贸数据共享，开展投资环境与经济走势研判，为中南和中非的经济贸易合作提供精准服务。

Current Situation and Prospect of China-South Africa Sister City Exchanges

WANG Heng ZHANG Shulin

Abstract: Since the establishment of diplomatic relationship between China and South Africa, bilateral relations between the two countries have been enriched and maintained at a high level. The two sides are now at their best in history. China-South Africa sister cities have made full use of the initiative and advantages of local governments in foreign exchanges, enriched the level and content of bilateral relations, and effectively served the local economic and social development and the overall diplomatic situation of the countries. However, the economic and social development and opening-up of China and South Africa require more and more sister cities of the two countries to join in, and the effectiveness of their exchanges also needs to be improved. After the outbreak of COVID-19, the conditions for establishing and connecting sister cities are limited, so the potential of the development of city diplomacy is huge. Facing the new situation, the development of sister cities between China and South Africa should seize new opportunities and usher in a new era. We should establish effective mechanisms, create new channels of interaction, and foster a new pattern of intercity exchanges in which government and people work together and complement each other, so as to inject new vitality into the building of an even closer community with a shared future between China and South Africa, as well as China and Africa, and play an exemplary role in building a community with a shared future for mankind.

Keywords: sister cities; South African cities; China-South Africa relations

About the Authors: Prof. WANG Heng is Deputy Director and master's supervisor at the Institute of African Studies, Zhejiang Normal University.

ZHANG Shulin is a master's student at the Institute of African Studies, Zhejiang Normal University.

南非媒体报道中的中国形象
——基于 2021 年南非涉华报道的分析

罗楚仪　徐　薇

摘要:一个良好的国家形象对营造有利于国家发展的国际环境有着重要的意义。随着自身经济实力的不断提升,以及与他国的伙伴关系的积极发展,中国与许多非洲国家的关系愈加紧密,中国与南非之间的伙伴关系也在近几年迈上了新台阶。本文梳理了 2021 年南非媒体涉华报道,并分析了其中反映出的涉华舆情特征,旨在为有效维护中国在南非的良好舆情氛围、树立中国积极形象、促进中南关系长远发展提供参考。研究发现,南非媒体的涉华报道兼具正面与负面内容,但在整体上对中国持肯定态度;南非媒体的涉华报道内容以政治、新冠疫情和经济为主,对社会、文化等方面的关注较少。在世界形势变化日新月异,中南合作不断深化的背景下,双方更需要加强媒体合作,以积极应对西方在舆论方面对中南关系乃至中非关系的曲解,维护良好舆情氛围,推动构建中非命运共同体。

关键词:南非媒体;涉华报道;中国形象

作者简介:罗楚仪,浙江师范大学非洲研究院 2020 级硕士研究生。

徐薇,人类学博士,浙江师范大学非洲研究院研究员、副院长。

国际舆论博弈是大国政治较量中的重要一环,而良好的国家形象塑造是这场博弈的制胜法宝之一。长久以来,西方国家凭借大国地位和强国实力,在国际舆论斗争中占据优势。基于不同利益立场和意识形态,西方媒体对中国的恶意曲解、污蔑、造谣的现象一直存在。面对严峻的国际舆论形势,把握国际舆论话语权、突破西方舆论桎梏显得尤为重要,这就需要加强我国对外传播的能力。"而在对外传播中,一个国家的媒体(特别是主流媒体)对另一个国家的关注、报道的频率和态度,会比较真实地反映出两国之间的亲疏关系,也在一定程度上昭示着两国关系的现状和发展趋势。"①国家主流媒体通过舆论导向塑造出来的他国形象往往会引导该国民众对于他国的普遍印象。随着中国日益走近世界舞台中央,中国需要越来越自信地对外展示国际影响力和感召力。中国与南非建交20多年来,两国关系快速发展,尤其是在经济、人文交流等各方面有着广阔的合作前景。那么,南非媒体对中国的关注点集中在哪些方面? 其涉华报道有什么特点? 探讨这些问题有助于我们了解南非媒体涉华报道的新走向与外媒视域中的中国形象,探索如何打造良好的国际形象,更好地掌握国际舆论话语权。

一、南非涉华报道概况

(一)南非涉华报道的现实条件

首先,中国自身的发展对南非媒体涉华报道的变化产生了重要影响。中国在 GDP 稳居世界第二的同时,积极发展全球伙伴关系、促进"一带一路"倡议下的国际合作,积极参与全球治理体系改革和建设,这些都进一步提升了中国的国际地位和国际影响力。中国在国际舞台上发挥的作用与产生的影响备受瞩目,国际舆论中理性看待中国发展及作用的观点也随之增多。同时,对于南非来说,中国经济快速发展及国内政治治理的经验是包括南非在内的许多国家都可以借鉴与参考的,只有进一步了解中国,才能让这些经验成为符合南非国情的治国良方,这也是南非媒体需要重视涉华报道的一个原因。

其次,2015 年中非合作论坛约翰内斯堡峰会成功召开,中非关系提升为全面战略合作伙伴关系,中南关系也迈上了新的台阶,双方在媒体领域开展了务实合作且发展迅速。2017 年 6 月,金砖国家在中国北京举行了以"深化金砖国家媒体合作,促进国际舆论公平公正"为主题的媒体高端论坛,并在会后发表了《金砖国家加强媒体合作行动计划》。② 2021 年 11 月 26 日,中非媒体还以线上会议的形式召开了 2021"非洲伙伴"媒体合作论坛,围绕"相互尊重,合作共赢,中非媒体携手前行"这一主题展开讨论。③ 由此可见,中国与包括南非媒体在内的非洲媒体之间正在逐步扩大交流合作,这有益于中国人民与非洲人民增进相

① 李翘. 南非媒体涉华舆情形态与中国形象. 对外传播,2018(9):34-36.
② 赵光霞,宋心蕊. 金砖国家媒体高端论坛在京举行 发表《金砖国家加强媒体合作行动计划》. (2017-06-09)[2022-01-03]. http://media.people.com.cn/n1/2017/0609/c40606-29328286.html.
③ 相互尊重 合作共赢——中央广播电视总台举办"非洲伙伴"媒体合作论坛. (2021-11-28)[2022-01-03]. http://news.cnr.cn/native/gd/20211128/t20211128_525672868.shtml.

互了解，并为中南之间的进一步合作夯实民众基础。

最后，中国形象在南非媒体报道中逐渐提升，这离不开中国对加强对外传播力度的重视和中国媒体的日益国际化。国家意识到了加强对外宣传的重要性，并指出对外宣传工作需要引导人们更加全面客观地认识当代中国，努力增强国家的国际话语权，加强国际传播能力建设，这些也为中国媒体"走出中国，走向世界"提供了思想指导。

（二）南非主要的大型报纸简介

南非大部分新闻报纸都用英文发行，例如《每日太阳报》（*Daily Sun*）、《星期日时报》（*Sunday Times*）、英文周报《城市新闻报》（*City Press*），以及《星报》（*The Star*）等。2002 年创刊的《每日太阳报》是南非发行量最大的日报，内容以社会新闻和广告为主。1906 年创办的《星期日时报》是南非发行量最大的周日报纸，其总部设在约翰内斯堡，主要面向南非及博茨瓦纳、斯威士兰和津巴布韦等周边国家发行。《城市新闻报》是南非发行量最大的英文周报，其前身为 1982 年创办的《金色城市报》（*Golden City Press*），1983 年改为现名，面向南非及莱索托、博茨瓦纳和斯威士兰等周边国家发行。《星报》是南非最有影响力的英文日报之一，创办于 1887 年，总部设在约翰内斯堡，在比勒陀利亚设有分社，但该报主要在豪登省发行。[①]

南非共有 11 种官方语言，因此，除了大量英文报纸之外，也存在一部分以阿非利卡语和祖鲁语发行的报纸，其中发行量较大的是《报道》（*Rapport*）和《伊索莱兹韦报》（*Isolezwe*）。创立于 1970 年的《报道》是南非仅次于《星期日时报》的第二大周报，其总部设在约翰内斯堡并面向全国发行。《伊索莱兹韦报》于 2002 年创办，目标读者群体为"现代化的祖鲁人"。该报在 2004 年推出了新闻网站，该网站是南非第一个祖鲁语新闻网站。

（三）本文选取的分析对象

本文的分析对象以 2021 年发布涉华报道较多的南非报纸与新闻网站为主，所选样本多为英文报道，以保证其在报道内容和倾向上具有一定的代表性。本文研究的文本既包括新闻报道，也包括媒体发布的深度分析文章。所选文本的发布时间为 2021 年 1 月到 2 月、5 月到 7 月，以及 9 月到 12 月。在选取的网

---

① 苏慧文. 关于南非主流报纸习近平治国理政思想报道的研究. 国际传播，2019（3）：61-70.

站中,笔者以"China""Chinese"为主题词进行搜索,筛选出以中国为主题的文本,包括专门报道和评论中国的内政、外交、经贸、社会生活状况、新冠疫情的文章,最终得出有效文章共 343 篇。其中,《商业日报》(*Business Day*)104 篇、《观察者新闻》(*Eyewitness News*)74 篇、"新闻 24 小时"(News 24)网站 56 篇,以及其他 6 家发表数量相对较少的报纸和网站——《星期日独立报》(*Sunday Independent*)、"今日南非"(South Africa Today)网站和"南非人"(South African)网站等,共 109 篇。

1.《商业日报》

《商业日报》是南非最大的经济报纸,创办于 1985 年。《商业日报》的报道内容涵盖所有南非国内和国际的主要新闻,虽然是经济报,但它在特别关注南非经济和商业部门、公司和金融市场的同时,也会涉及政治、理论、文化、体育等方面的新闻。不过该媒体较为依赖其他外媒的涉华报道,尤其是路透社、彭博社等欧美主流媒体的报道。从报道侧重的话题上看,多为政治、经济和新冠疫情的相关内容。从情感倾向上看,多数是较为正面、客观的报道。

2.《观察者新闻》

《观察者新闻》是南非一家专注国内和国际突发新闻事件、娱乐、体育、商业、政治的媒体,报道涉及的范围也相对广泛。不过,从转载欧美媒体涉华报道的比例上来看,《观察者新闻》比《商业日报》还要略高一些。对报道涉及的主题进行观察后会发现,比起政治、经济等方面,《观察者新闻》尤其关注新冠疫情方面的报道。从报道的情感倾向上看,负面报道的比例超过了 50%。

3."新闻 24 小时"网站

"新闻 24 小时"网站以 24 小时不间断报道南非国内、非洲乃至全世界重要政治、军事、体育、娱乐、财经、科技等方面的信息为目标,主要在线上发布新闻。与前两家媒体一样,"新闻 24 小时"也是主要转载欧美媒体涉华报道。不过该网站转载时不再局限于欧美媒体,偶尔也会转载亚洲媒体的报道,如卡塔尔的半岛电视台,只不过转载占的比例非常低。从报道内容上看,相较于经济方面的内容,"新闻 24 小时"更加关注政治与新冠疫情。通过对该网站发布的涉华报道的统计分析,其负面新闻报道明显多于正面的,两者之间的数量差距较大。

4.《星期日独立报》

《星期日独立报》是一份英文周报,它的总部设于南非的豪登省,主要提供南非国内、国际方面的新闻报道,该报隶属于南非"独立在线"(Independent Online)①。与前几家媒体相比,《星期日独立报》的涉华报道不仅扩大了转载媒体的选择范围,比如引用了一些非洲本土媒体和新华社的报道,还大大增加了自主采写的比例,不再过多依赖欧美媒体的报道来向南非社会转述中国形象,而是试图通过建立非洲视角来解读中国。从内容上看,该报的涉华报道重点关注中非及中南之间的合作关系;从情感倾向上看,正面报道的比例也高于前几家媒体。

5."今日南非"网站

"今日南非"也是一家比较注重自主采写的新闻网站。从转载媒体的构成上看,"今日南非"转载俄罗斯卫星通讯社的报道较多,并没有像前面提到的几家媒体一样对欧美媒体关注太多。较为特别的一点是,在全球新冠疫情暴发的大背景下,"今日南非"的涉华报道中却极少出现与新冠疫情相关的报道,而是更为关注政治与经济事件。从情感倾向上来看,该媒体的正面涉华报道明显多于负面的。

6.其他媒体

除了上述提到的,还有一些涉华报道数量更少的媒体,如"南非人"网站和《周日世界》(Sunday World)。从转载外媒新闻的比例来看,前者发布的涉华报道以自主采写为主,后者则几乎全部转自美联社;从关注话题上看,前者对新冠疫情和社会事件较为关注,后者则聚焦于政治领域,偶尔涉及新冠疫情相关报道。从情感倾向来看,"南非人"的正面报道数量多于负面报道,而《周日世界》的正面报道和负面报道数量几乎持平。

总体来说,《商业日报》《观察者新闻》和"新闻24小时"网站等涉华报道数量多的媒体,多选择转载欧美媒体等其他外媒的涉华报道,自主采写内容占比不大。反而是涉华报道相对较少的《星期日独立报》与"今日南非"注重以南非本土视角来报道中国。从涉华报道的内容上看,大部分媒体对政治、经济及新冠疫情更为关注,社会、文化等方面的报道则相对较少。从涉华报道情感倾向上看,这几家媒体总体上正面报道多于负面报道。

二、南非涉华报道的关注重点

总体来看,在我们选取的南非媒体的343篇涉华报道中,以政治、新冠疫

---

① 南非"独立在线"由塞昆加洛投资公司(Sekunjalo Investments)所有,中国企业中国国际电视总公司与中非发展基金拥有该媒体20％的股份。

情、经济及社会这几个方面为主题的报道数量比较多,分别约占总篇数的40％、27％、16％和12％。对于科技与环境等其他方面的话题,虽然也有相关报道,但数量较少,共占比5％左右。

(一)热点分析

1.政治方面的报道

在137篇政治方面的报道中,正面报道占36％,负面报道占44％,中立报道占20％(见图1)。从报道内容来看,这几家南非媒体对中国政治领域的正面报道主要为对中非合作前景、中国对外援助,以及对中国国内的政治措施与中国共产党的领导经验表示肯定的相关新闻。通过对这些主题的概括可以发现,报道多从非洲视角出发,且实际上这一部分内容也多为南非媒体自主采写。而负面报道则集中在与中国内政相关话题的转载报道中。报道此方面内容时,南非媒体大多选择跟随欧美媒体。虽然南非媒体并未直接表露出对中国的消极态度,但是转载欧美媒体的报道难免会引导对中国缺乏了解的南非读者按照报道的角度看待中国。

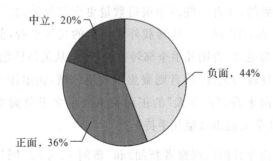

图1 政治方面的涉华报道倾向占比情况

由此可见,中国在南非媒体关于政治方面的涉华报道中呈现出双重形象。这一方面是因为中国的崛起为南非发展提供了样板和实际利益,另一方面也说明南非对中国的了解还需进一步深入。

2.新冠疫情方面的报道

在91篇新冠疫情相关的报道中,正面报道占25％,负面报道占54％,中立报道占21％(见图2)。从内容上来看,不论是正面报道还是负面报道,对新冠疫情的讨论都离不开疫苗、病例增减,以及疫情起源的调查这3个话题。关于中国疫苗的讨论中,正面报道多于负面报道。例如,有报道提到了中国国内大多数民众对接种疫苗持积极态度,以及中国对外捐赠疫苗,南非、巴西购买中国疫苗的新闻,这些都体现了中国疫苗在国内与国际上的认可度。而关于新冠疫情起源的争论,则是负面报道略多于正面报道。关于世卫组织在中国境内调查疫情起源这一话题的报道中,虽然也有一些较为客观的关于新冠疫情起源的分析文章,但媒体更为关注的还是在世卫组织入境前后,中国在国际上受到的一些指责。除此之外,也有一些介绍疫情期间病例增减的报道,这是新冠疫情相关的涉华报道中较为客观的一部分。

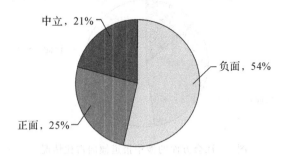

图 2 新冠疫情方面的涉华报道倾向占比情况

3. 经济、社会及其他方面的报道

在 54 篇经济报道中,正面报道占 82%,负面报道占 7%,中立报道占 11%(见图 3)。从比例上可以明显看出,南非媒体对中国经济发展情况的肯定程度较高。从具体话题上来看,中国与非洲国家在经济方面的合作是南非媒体的关注重点之一,如中国在坦桑尼亚的铁路建设工程、中国与非洲国家的经济协议等,这些都说明了中国给非洲经济发展带来的积极影响;而对于中国国内经济的报道话题则较为分散,且更多地关注企业本身。因此,相关的正面报道主要集中在"中国企业在一些行业中取得的成就"——中国企业的融资与上市、政府出台反垄断政策、打击互联网平台非法营利行为等。经济方面的负面报道涉及的主题则并不多。

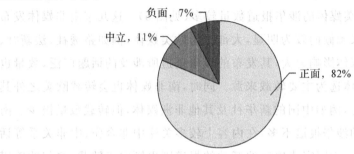

图 3 经济方面的涉华报道倾向占比情况

在 42 篇社会方面的报道中,正面报道占 33%,负面报道占 53%,中立报道占 14%(见图 4)。从内容来看,南非媒体对中国社会方面的负面报道主要集中在矿难及一些建筑坍塌事故,几乎每一篇报道在提及救援情况时,都会提到以往发生过的安全生产事故及监管情况。而正面报道和较为中立的报道则较多关注中国国内社会热点话题,如自然灾害、三孩政策、人口老龄化问题等。

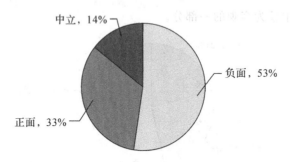

图 4　社会方面的涉华报道倾向占比情况

在剩余的 19 篇涉华报道中,南非媒体主要关注中国在科技方面的成就,例如神舟十二号等载人航天工程相关内容,正面报道占比较高。负面报道则集中在环境方面,主要讨论了中国的碳排放量,以及在减排工作上的不足。

(二)南非媒体涉华报道的特征

整体来看,南非媒体的涉华报道处于一种积极友好的发展态势之中,正面报道与并未表现出明显情感倾向的中立报道占多数,这得益于中国与南非两国在多个领域不断加深的合作关系。中国国家形象在南非媒体的涉华报道中整体呈上升趋势,有利于提升南非民众对中国的认同感。

通过对以上几家南非媒体涉华报道的分析,可以发现,这些涉华报道呈现出以下特征。

第一,转载欧美媒体的涉华报道数量较多(见图 5)。这几家南非媒体发布的涉华报道转载来源倾向较为明显,大部分为欧美媒体,例如路透社、法新社、美联社等。这些媒体影响力大,其发布的涉华报道所涉及的话题广泛,数量也多,因而被南非媒体选为主要转载来源。同时,南非媒体也会转载欧美之外其他国家媒体的报道,例如中国的新华社及其他非洲媒体,但转载数量极少。南非媒体自主采写的涉华报道不多,在内容上较多关注中非合作、中非关系等话题,但对中国与第三方国家或地区的互动的报道则更倾向于转载,这与欧美媒体掌握国际话语权有很大的关系,对南非了解程度不够以及传播渠道上的劣势使得中国媒体在南非的影响力不如欧美媒体。

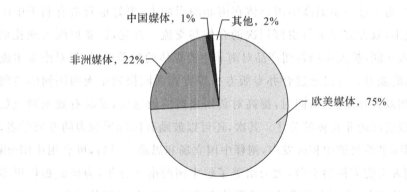

图 5　涉华报道来源占比情况

第二，从整体上看，在报道中非及中南关系相关的新闻时，多数报道着重说明了双方在各领域的合作情况以表明其广阔前景。同时，许多报道也会关注中国对包括非洲国家在内的第三世界国家的经济援助、疫苗援助，以及中国自身在经济、科技甚至是军事领域的成就等。南非媒体涉华的负面报道相对较少，且大多转载自欧美媒体的涉华报道，但这也反映了中国对一些不实论调的回应未能引起南非媒体的关注。

第三，在这些涉华报道中，讨论大多集中在国家及政府层面，因而不论报道本身的情感倾向是正面还是负面的，讨论度很高的仍是政治、经济类新闻，以及受到高度关注的新冠疫情。此外，深入地关注中国民众的社会、文化等方面的报道数量较少，对话题的多方面挖掘倾向目前也并不明显。这体现了政治与经济合作是中南合作的基础，而文化、教育等其他人文交流方面的合作尚待加强。中国是南非最大的贸易伙伴国，两国之间的政治互信是经济往来的必要保障，因而关于中国的政治和经济方面的报道更容易吸引南非社会的关注。

综上所述，从 2021 年南非媒体涉华报道来看，南非媒体对中国的报道整体上较为客观。其中，政治、经济和新冠疫情相关的报道是主流，基础设施、进出口贸易、中非关系、政府治理，以及疫苗捐赠等与非洲相关性较大的话题也是南非媒体的关注重点。从报道情感倾向上看，正面报道要多过负面报道，大多数报道仍依赖对欧美涉华报道的转载，而非以真正的非洲视角去看待中国，由此可见，中国媒体在非洲的影响力及中南两国媒体的互动水平还需要进一步的提升。

近 10 年来,随着"中非媒体合作论坛"的举行①,中南媒体互相交流的机会大大增加,为了进一步提高中国媒体在南非的影响力,更好地营造有利于中国的舆情氛围,双方需要进行更深层次的合作与交流。首先,需要更深入地扎根非洲、融入非洲,扩大中国新闻产品对南非主流媒体的覆盖面,加强对南非主流媒体的影响能力。可以通过合办专版专栏等方式共同报道中南两国间的主题活动,增加双方互动机会;同时,提高对负面报道的敏感度,及时有效地回应负面报道,以引起南非媒体的关注。其次,还可以鼓励有国际影响力的专家学者,在重大国际事件报道中积极发声,阐释中国立场和思路。最后,可利用中国-南非高级别人文交流机制平台,大力培养了解中国的南非青年,为他们提供更多成长成才的机会,从而有效推动南非媒体主动关注中国,加深其对中国人、中国社会,以及中国文化的认知与理解。与此同时,在中国国内也需加大宣传非洲的力度,这不仅可以减少偏见,增强两国在各领域的互动,也可展现中国对加强中非、中南合作的诚意与信心。

三、结　语

截至 2021 年,中国已同 9 个非洲国家建立了全面战略合作伙伴关系,中非关系正朝着构建更加紧密的命运共同体的方向迈进,双方不断推动中非全面战略合作伙伴关系向更高层次、更广领域发展。② 中南两国都是发展中大国和新兴市场国家,发展中南关系是中国对非政策的重要方向和优先战略选择。南非媒体涉华报道不仅会随着中南关系的发展而变化,也将受到其他国家势力的影响,不断呈现出新的态势。南非媒体的涉华报道是能够侧面反映中南关系的温度计、晴雨表,我们需要对南非社会舆情进行深入的研究、分析与总结,在此基础上做出准确研判,了解南非媒体和民众的对华态度和看法,由此,才能有效树立我国在南非的良好形象,推动双方关系发展,维护新时代中非合作可持续发展,为中国在非洲的国家形象建设与中非关系发展做出重要贡献。

---

① 首届中非媒体合作论坛于 2012 年 8 月 23 日在北京举行。这一论坛的举办是在中非合作论坛框架下为加强传媒领域交流合作和共同发展采取的重要举措。

② 朱豫. 新时代的中非合作. (2021-11-26)[2022-01-03]. http://www.gov.cn/zhengce/2021-11-26/content_5653540.htm.

The Image of China Reflected in South African Media Reports—An Analysis of China-Related Reports in South Africa in 2021

LUO Chuyi   XU Wei

Abstract: A good national image is of great significance to create an international environment conducive to a country's development. As China continues to improve its own economic strength and actively develop partnerships with other countries, China's relations with many African countries have become closer and the partnership between China and South Africa has also reached a new level in recent years. This article analyzes the characteristics of China-related public opinion reflected in South African media reports on China in 2021, aiming to provide a reference for effectively maintaining China's good public opinion atmosphere in South Africa, establishing a positive image of China, and promoting the long-term development of China-South Africa relations. The study found that South African media's China-related reports have both positive and negative content, but they generally hold a positive attitude towards China; in addition, South African media's China-related reports mainly focus on politics, the COVID-19 outbreak and economy, and pay little attention on society and culture, etc. In the context of the ever-changing world and the continuous development of China-South Africa cooperation, the two sides need to strengthen media cooperation to actively respond to the West's misinterpretation of China-South Africa relations and even China-Africa relations in terms of public opinion, maintain a good atmosphere of public opinion, and promote the building of a China-Africa community with a shared future.

Keywords: South African media; China-related reports; China's image

About the Authors: LUO Chuyi is a master's student at the Institute of

African Studies, Zhejiang Normal University.

Prof. XU Wei is Deputy Director of the Institute of African Studies, Zhejiang Normal University.

第二部分

中南教育合作

南非职业教育发展和中南职业教育交流与合作

骆行沙　周志发

摘要：南非政府重视职业教育的发展，将其作为促进经济增长的重要手段。南非的职业教育发展可划分为筑基和提升两个阶段。近年南非职业教育在促进教育公平、强化政策支持、完善教育体系方面取得了明显进展。中国与南非通过搭建平台、依托高校和企业参与，极大地促进了双方职业教育交流与合作，但在这方面仍旧存在改善空间，双方需要进一步重视南非当地需求，扩大交流合作范围，促进校企合作，提升数字教育能力，注重双方学生成长，实现可持续发展。

关键词：职业教育；中南职业教育交流与合作；鲁班工坊

作者简介：骆行沙，浙江师范大学非洲研究院硕士研究生。
周志发，浙江师范大学非洲研究院副研究员。

职业教育是国民教育体系的重要组成部分，是经济社会高质量发展的基石。新南非自1994年成立起，就表现出对职业教育的重视；进入21世纪，南非政府加大了发展职业教育的力度，将其视为应对经济社会发展的挑战，以及实现自身可持续发展的重要驱动力。南非是目前唯一与中国建立起高级别人文交流机制的非洲国家，在两国都倡导大力发展职业教育的当下，更应加强双方的交流与合作，促进双方应用技术型人才的培养。本文试图探究近年来南非职业教育的发展状况，以及中南职业教育交流与合作实践状况，并提出建议。

一、南非职业教育的发展历程

与一些非洲国家建立之初教育基础薄弱的情况不同，在新南非成立之前，南非就已拥有相对完备的教育体系，但是种族隔离制度使得教育不平等现象十分严重。在当时南非的教育体系中，高等教育分为普通教育和技术教育，技术学院的地位低于普通教育大学①,中等职业教育机构则分为条件优越的私立学校和资金不足的农场学校。新南非成立之后的职业教育发展可以划分为两个时期。

(一)南非职业教育发展的筑基阶段(1994—1999年)

1995年南非颁布的《教育和培训白皮书》明确了南非职业教育的发展远景,把职业教育定位为服务国家人力资源开发的事业②,同年颁布的《职业教育法》规定职业学校归属政府管理,并明确了职业学校应有的资金供给。同期,南非建立起国家职业资格认证体系,对国民教育体系进行重构。1996年颁布的《南非学校法案》和《国家教育政策法》详细阐述了新政府对职业教育管理的规范化要求。③ 1998年的《国家技能发展法案》为制定和实施国家、行业和具体工作场所的战略以提高劳动力技能提供了体制框架。④ 这一时期,相关法律及政策的相继出台为新南非的职业教育发展奠定了政策基础。

(二)南非职业教育发展的提升阶段(2000年至今)

职业教育在改革中获得提升。首先是整合教育机构。2002年,南非的152所中等技术学校被合并为50所,原有的36所高等学校(21所大学、15所理工学院即技术学院)被合并成23所。⑤ 裁撤冗余有助于提升管理效率,合并学校也有利于南非种族平等的实现。其次,教育内容的重点发生了转变,针对职业教育培养与市场适切性不足的情况,南非推行了2005课程改革,由"知识本位"向"结果本位"转变,更加注重培养职业技术人才的应用性,提升其技能水平。再次,南非政府注意到了职业教育师资的重要性。2013年的《关于职业技术教育教师的专业资格政策》是南非历史上第一个关于职业教育教师专业资格标准的政策文本⑥,这有助于促进师资队伍的建设,提高职业教育教学质量。

---

① 顾建新,牛长松,王琳璞. 南非高等教育研究. 北京:中国社会科学出版社,2010:14-15.
② 朱守信. 南非职业教育体制的重建:改革与进展. 当代教育科学,2012(3):46-48.
③ 陈明昆. 非洲职业教育发展与援助研究. 北京:北京大学出版社,2020:105.
④ 详见:https://www.gov.za/documents/skills-development-act#:~:text=The%20Skills%20Development%20Act%2097%20of%201998%20intends%3A,the%20skills%20of%20the%20South%20African%20work%20force%3B.
⑤ 顾建新,牛长松,王琳璞. 南非高等教育研究. 北京:中国社会科学出版社,2010:165-166.
⑥ 陈明昆. 非洲职业教育发展与援助研究. 北京:北京大学出版社,2020:112.

二、南非职业教育发展现状

近年来,南非政府力图以科技发展带动经济增长,在教育领域,发展方向依照《2030 年国家发展规划》进行,其中涉及职业教育领域的主要愿景有:完善学后教育体系(PSET),增强继续教育和培训学院(FET 学院)的影响,调整行业教育与培训管理局(SETA)的管理体系。[①] 这一规划从政策层面要求扩大职业教育的规模,提升职业教育的质量。近年来,南非在新形势下对职业教育实施的具体改革措施如下。

(一)《2020—2025 年战略计划(修订版)》

南非在 1995—2019 年经济增长缓慢,GDP 年均增长率约为 2.65％,2020年 GDP 的增长率已降至约－6.43％,新冠疫情的影响还可能使经济增长率持续下降。全国范围的封锁迫使校园关闭,进而导致入学率下降。在此情况下,南非高等教育和培训部(简称"高教部")颁布了《2020—2025 年战略计划(修订版)》,这是《2019—2024 年中期战略框架》的实施计划,属于《2030 年国家发展规划》的其中一环。《2020—2025 年战略计划(修订版)》中关于职业教育的部分主要有:扩大职业教育规模,为职业教育提供资金支持,在与德国的合作交流中发展职业教育学校,审查国家技能基金,以技能发展减轻新冠疫情的影响并促进南非经济发展。这一计划主要从实施层面进行规定,用以继续推动国家发展规划的执行,以及解决当前教育发展中出现的问题,具有具体和可实施的特点,如关心学生的住房问题等,总体上有助于在新形势下指导南非职业教育的进一步发展。南非高教部部长恩奇曼迪说:"我们的愿景是建立一个综合、协调和明确的学后教育系统,以改善人们的经济参与和社会发展。"[②]

(二)新冠疫情期间在线课程的支持

截至 2021 年 10 月 1 日,南非的新冠疫情警报级别调整为 1 级,全国处于部分封锁的状态,学生在学校上课时需要保持安全距离。新冠疫情期间,职业教育发展了线上课程以支持学生的学习,保障新冠疫情期间教学的继续进行。学

---

① 陈如愿,陈明昆. 南非 2030 国家发展规划中的职业教育发展愿景. 世界教育信息,2019,32(17):59-62.

② Department of Higher Education and Training, Republic of South Africa. Revised Strategic Plan 2020—2025. (2021-05-01) [2021-12-20]. https://www. dhet. gov. za/SiteAssets/Planing％2cPolicy％20and％20Strategy/DHET％20Revised％202020- 2025％20Strat％20Plan％20. pdf.

生可以在南非高教部的网站上查询到开设的课程和内容,如农业综合企业、应用会计、电子控制和数字电子学等专业下设的诸多课程。这一举措有助于缓解新冠疫情给职业教育带来的阻碍,同时发展数字教育技术,促进南非职业教育的完善与发展。

(三)新时期的课程改革

第四次工业革命使南非和全球其他经济体所需的技能发生了迅速变化,职业教育部门必须相应地调整其课程设置。经过多年改革,南非的职业教育课程制度及职业资格的认定越来越复杂,导致很多学生难以理解和进行资格评估和认定,职业教育课程体系急需改变。于是,高教部于 2020 年 11 月 6 日发布了新的课程改革内容,主要涉及三点:逐步淘汰 N1—N3 计划;将国家职业证书转换为单一的 3 年资格;设置 N4—N6 技术学习计划和国家 N 级文凭。[①] 课程改革催生了新的职业资格认定,拓宽了学生职业教育升学的途径,有助于学生更熟练地掌握技能。总体而言,这一课程改革有助于培养更加符合市场需求的应用型人才,有望改善南非的职业技术人才就业现状。

三、南非职业教育的发展成效及反思

(一)促进了教育公平

新南非自成立之时起就力图构建公平的教育体制,在职业教育领域也是如此。一方面,提倡发展职业教育,使其达到与普通教育平等的地位。新政府废除双轨制教育,淡化职业教育与普通教育的边界,后又建立起国家资格框架,用以贯通中职教育与高职教育阶段,把职业教育和普通教育纳入统一的学制体系中。另一方面,促进职业教育内不同种族、性别和地域学生的受教育公平。1994 年之后,南非种族主义教育制度被废除,所有学生不分种族、性别和宗教都可以入学,种族歧视的观念逐渐改变。2011—2019 年,南非职业教育入学率占中等教育总入学率的比例由 8.2% 逐步上升至 11.9%[②];2017 年,中等职业学校

---

① Department of Higher Education and Training, Republic of South Africa. Proposed Changes to TVET Colleges Programmes. (2020-11-06) [2021-12-20]. https://www.gov.za/sites/default/files/gcis_document/202011/43872gon1177.pdf.

② 详见:http://uis.unesco.org/en/country/za.

的入学人数已达 355.4 万人,其中女性占比 48.5%[①],性别方面的教育公平问题逐渐得到解决。作为世界上教育投入比例最高的国家之一,南非致力于通过经费投入促进教育扶贫,使贫困人口获得更多的受教育机会。南非政府在构建学后教育体系的过程中,关注黑人、女性、残疾人、失业人士和偏远农村居民等社会弱势群体,通过提供受教育机会改善他们的贫困境地。

(二)强化了政策支持

南非职业教育改革是自上而下的,其发展成效有赖于政府力量驱动。一方面是教育改革立法先行。1995 年的《职业教育法》、1998 年的《国家技能发展法案》是早期职业教育领域的重要法律,近些年又有新的法律颁布,2019 年的《国家资格框架修正法案》旨在完善之前的国家资格框架,对专业人员的登记、资格欺诈行为等做出规定,2020 年的《继续教育与培训法》则对课程内容有进一步的改革,这些法律的颁布为南非的职业教育发展与改革打下了基础。另一方面,相关战略计划的制定推动了南非职业教育发展的落实。教育白皮书是南非教育改革与发展的总纲,1995 年的第一份《教育和培训白皮书》从宏观层面总领了南非职业教育的发展,后续出台的 8 份教育白皮书则进一步推动了职业教育发展。2014 年的《学后教育和培训白皮书》对职业教育领域内加强教育与产业的联系做出了行动部署。另外,每五年的战略计划(如《2020—2025 年战略计划》)是为具体落实国家发展规划制定的政策,也是每一时期中期战略框架的实施计划,为职业教育发展实践制定细则,有助于应对在新冠疫情等突发情况下的教育实施问题。

(三)完善了教育体系

南非职业教育体系的完善体现为学校的整合和规模的扩大。南非独立之初的学校实行分类管理,行政效率低下。教育改革之后,政府把高校收归中央进行管理,将高职院校和中等职业院校进行合并,以形成有效管理。2014 年,学后教育体系构建,进一步推动了南非教育的整合与分工协作,改变了职业教育管理混乱的局面,提升了学生学习职业技术的积极性。南非职业教育的规模也在改革下有所扩大。依据南非高教部的数据,自 2010 年至 2016 年,职业技术

---

① UNESCO-UNEVOC. TVET Country Profiles. [2021-12-25]. https://unevoc. unesco. org/home/Dynamic+TVET+Country+Profiles/country=ZAF.

教育和培训学院(TVET 学院)的注册学生人数由 358393 人增至 705397 人。[①]
可见,南非职业教育改革与发展已取得显著成效。

(四)存在的问题与不足

分析南非职业教育发展现状,可以发现还存在不少问题与不足。首先,高
等职业教育入学人数偏少。根据联合国教科文组织的数据,2017 年南非高等教
育院校(包括技术学院)的入学率仅有 11.8%,相较于中等职业院校,该入学率
偏低。[②] 虽然国家为职业教育打通了升学途径,但民众更加看重普通教育的社
会环境依然存在。其次,职业教育培训并未使民众摆脱就业困境。根据世界银
行的数据,南非在 2019 年的青年(15—24 岁)失业率为 32.5%,其中,失业的青
年男性占青年男性劳动力的 53.6%,失业的青年女性占青年女性劳动力的
62.2%。[③] 失业率居高不下主要是由南非整体的不良社会经济环境造成的,而
在职业教育体系内部,教育培训内容落后、偏重知识性也是重要原因,提高职业
教育人才培养与行业需求的适切性刻不容缓。最后,政府对职业教育资金投入
偏少。据联合国教科文组织的数据,2020 年南非政府对职业教育的投入占到教
育投入总额的 19.5%[④],在比普通教育更需要资金进行设备采买的职业教育领
域,政府资金投入仍有不足。在资金来源方面,其他国家和国际组织也有大
量投入,但南非仍需要引入企业、社会团体等各方面的资金,才能获得长足
发展。整体而言,南非的职业教育发展任重道远,达到预设效果仍需多方
共同协作。

四、中南职业教育交流与合作现状

南非职业教育发展紧随时代,改革迅速,意图培养更加"学以致用"的应用
技术型人才,促进职业教育为社会生产力服务。而我国目前更加注重建立职业

① Department of Higher Education and Training, Republic of South Africa. Statistics on Post-School
Education and Training in South Africa: 2016. (2018-03-01) [2021-12-20]. https://www. dhet.
gov. za/DHET% 20Statistics% 20Publication/Statistics% 20on% 20Post-School% 20Education%
20and%20Training%20in%20South%20Africa%202016. pdf.

② UNESCO-UNEVOC. TVET CountryProfiles. [2021-12-25]. https://unevoc. unesco. org/home/
Dynamic+TVET+Country+Profiles/country=ZAF.

③ UNESCO-UNEVOC. TVET Country Profiles. [2021-12-25]. https://unevoc. unesco. org/home/
Dynamic+TVET+Country+Profiles/country=ZAF.

④ UNESCO-UNEVOC. TVET Country Profiles. [2021-12-25]. https://unevoc. unesco. org/home/
Dynamic+TVET+Country+Profiles/country=ZAF.

教育体系,完善职业教育结构,促进职业教育与经济社会发展的有机结合。同为发展中国家,中南两国在职业教育发展领域加强合作,相互借鉴有利于双方合作共赢。

(一)搭建平台保障职业教育交流

1.中国-南非高级别人文交流机制

1998年1月1日,中国与南非正式建交,2010年双方关系升级为全面战略伙伴关系,2017年中国-南非高级别人文交流机制建立,中南关系的发展是迅速且稳定的。2017年4月24日,中国-南非高级别人文交流机制中方主席、国务院副总理刘延东在南非比勒陀利亚召开的首次会议上表示,中南双方要充分发挥人文交流机制的引领作用,加强系统谋划,推动教育、科技、文化、卫生、青年、妇女、体育、智库、媒体、旅游等领域内的交流合作,构建官民并举、多方参与的人文交流新格局,使中南友好合作的"彩虹之桥"更宽广、更牢固。[①] 该机制对于夯实中南友好的社会民意基础,深化中南全面战略伙伴关系,深化中非人文交流合作具有重要意义。同时,该机制也为促进中南教育,包括职业教育的交流与合作,奠定了平台基础,推动了中南职业教育合作联盟、中南大学生创业教育联盟等的成立,为两国培养符合贸易往来及国家发展的应用技术型人才助力。

2.中非(南)职业教育合作联盟

为丰富中国-南非高级别人文交流机制内涵,推动中国与南非及其他非洲国家职业教育合作务实发展,促进中国职业院校和企业联手"走出去",2018年,中国和南非成立了"中国-南非职业教育合作联盟",后更名为"中非(南)职业教育合作联盟"。联盟旨在搭建开放性平台,秉持共商、共建、共享理念,推动中南职教合作,深化产教融合,创新技术技能人才培养模式,发挥教育培训在促进人文交流和经济发展、产业升级中的先导性、基础性和广泛性作用。[②] 在2021年中非(南)职业教育合作联盟年会暨中国-南非产教融合研讨会上,中国教育部中外人文交流中心主任杜柯伟指出,联盟成立三年以来,为推动中非教育合作和人文交流,培养中南技术技能人才,服务"一带一路"建设发挥了应有作用,未来还将为中南两国全面战略伙伴关系发展和中非命运共同体的构建做出新的

---

① 赵熙,田弘毅. 刘延东出席中南高级别人文交流机制首次会议.(2017-04-25)[2021-12-23]. http://www.gov.cn/guowuyuan/2017-04/25/content_5188803.htm.

② 参见:中非(南)职业教育合作联盟. 联盟章程.[2021-12-24]. http://csatveca.ccit.js.cn/lmgk/lmzc.htm.

贡献。① 在新冠疫情背景下,中非稳住了职业教育交流与合作,并且仍在谋求新的发展,体现了中国的使命担当。这次会议内容涉及中南职业教育合作的成效,以及下一阶段职业教育交流与合作的展望,如来华留学质量提升、高职院校境外办学、企业境外人才培训等等。联盟拓宽了成员单位的教育国际合作视野,提升了中外人文交流的意识和能力,有助于打造人文交流品牌,促进服务"一带一路"建设等工作。

(二)依托高校推动职业教育合作

1. 职业教育学生来华留学

我国各高职院校积极响应国家号召,大力推进国际化办学战略,践行校企合作,为南非职业教育留学生落实实习实训工作。无锡职业技术学院于2018年4月接收首批25名南非学生,参加为期一年的学习和实习,学生于2018年6月分别进入松下能源、艾德曼森等多家企业实地学习。杭州科技职业技术学院的南非留学生在合作的日月电器股份有限公司由中国师傅带领进行实践学习,成为"洋学徒"。该校还组织南非留学生进行了多项职业教育活动赛事,例如,组织南非学生参与"2018'一带一路'暨金砖国家首届模具数字化设计与智能制造技能大赛",以提升其职业技能水平,优化职业教育质量。苏州市职业大学的南非留学生则在苏州国际教育园的"大学生汽车维修技能大赛"中获奖。来华南非留学生不仅有技能的增长,还在参与文体活动中感受中华文化,在人文交流中开阔眼界。杭州职业技术学院带南非学生参观杭州市方志馆,以感受中国传统文化和杭州地方文化;浙江机电职业技术学院鼓励南非学生参加校运动会,还组织他们赴历史文化名城绍兴参观。② 在中国各高职院校的努力下,南非来华职业教育留学生拥有了丰富且实用的学习经历,增长了见识,受到了文化熏陶,优化了技能。

2. 职业教育"走出去"

我国各高职院校通过境外办学提升中南职业教育合作的育人成效。常州信息职业技术学院于2019年12月10日在南非成立首家鲁班工坊,努力打造南非职业教育典型,让更多南非学生通过培训,提高技术技能水平,实现理想就业。鲁班工坊聚焦智能制造和信息与通信技术(ICT)领域,为南非培养本土技

---

① 2021年中非(南)职业教育合作联盟年会在常州举行. (2021-12-17)[2022-01-20]. http://csatveca. ccit. js. cn/info/1037/1281. htm.

② 详见:http://csatveca. ccit. js. cn/dfiles/17738/uploadfiles/tpz. pdf.

术技能人才,服务中南企业发展,促进当地产业升级,打造中非职业合作教育品牌,为服务国家"一带一路"倡议贡献力量。① 黄河水利职业技术学院(简称"黄河水院")与南非北联学院合作开办南非大禹学院,学生可在南非北联学院入学,完成两年学习并考核合格后,到黄河水院完成第三年的学习,全部学业完成后可获得黄河水院和南非北联学院两校的毕业证书。项目为南非培养急需的机电一体化、电气自动化、建筑工程等专业技术技能人才,以及国际化技术人才贡献了黄河水院方案和黄河水院智慧。② 海外办学是彰显我国文化自信、促进教育国际化发展的重要体现,职业教育"走出去"有助于我国与南非交流先进的职业教学经验,展示我国的优秀职业教育理念,为两国的职业教育合作与发展增添活力。

3. 职业教育师资培训

合格的师资是职业教育质量提升的保障,但是南非的职业教育教师数量和质量均有不足,面对这一情况,我国的一些高职院校主动为南非提供教师培训。温州职业技术学院是我国第一批为南非政府提供教师培训的高职院校之一,于2017年为南非全国7所高校选派的11名本科和大专院校的教师开展了为期近1个月的智能制造和工业机器人应用培训,当时南非高教部工业和制造业培训署还专门发来感谢信以示肯定。③ 2019年,该校还推动南非中国文化和国际教育交流中心在校内建立"南非温州职业技术学院培训中心",为南非师生开展职业培训。常州信息职业技术学院于2021年7月顺利培训出3位南非教师,他们将会成为南非鲁班工坊的教师,回到南非后将积极投入到鲁班工坊的建设项目中,为中南两国智能制造产业的可持续发展培养优秀人才。④ 为南非培训优秀的职业教育教师有助于提升其专业素质、技术技能和教学技巧,从而进一步提高教学质量,从人才培养上促进南非职业教育的发展。

(三)企业参与促进职业教育发展

中国企业在南非承担社会责任,发挥企业优势,促进了职业教育人才培养。

---

① 吴云飞,吴昊,朱敏. 南非首家!我校南非"鲁班工坊"隆重揭牌. (2019-12-13)[2021-12-23]. http:// ccit. js. cn/info/1055/17460. htm.

② 魏豪. 黄河水利职业技术学院实现海外办学新突破 南非大禹学院隆重揭牌. (2019-12-12)[2021-12-23]. http://edu-gov.cn/edu/5374.html.

③ 中非(南)职业教育合作联盟. 2021中非(南)职业教育合作联盟年会暨中国-南非产教融合研讨会. [2021-12-30]. http://csatveca. ccit. js. cn/szncgtpz.pdf.

④ 周萍. 我校举行2021年度南非鲁班工坊师资培训项目结业典礼. (2021-07-15)[2021-12-23]. http://ccit. js. cn/info/1055/21042. htm.

走入南非千家万户的主要家电品牌海信,在持续为南非市场带来有价值的智能技术的同时,坚持公益,回馈社会,助力当地教育资源。例如,海信实行"职业辅导计划",为南非雇员展开培训,使公司70%的管理岗位由当地员工担任,其高质量的在岗培训使南非的家电行业把是否有海信工作经验作为用人的标准,极大地提升了南非家电员工的技能水平。海信还与南非亚特兰蒂斯中学合作,建立了海信南非技术研究与发展培训基地,已培训1400人次掌握电子技术、软件和设备控制技能。新冠疫情之下,海信与教育应用公司合作打造视频课程,让所有的学生都可以免费观看学习,致力于通过高质量的免费教育让南非年轻人获得成长。另一典型代表企业是华为公司,华为看到了作为未来数字经济发展动力的ICT技术的重要性,在南非建造了创新中心和培训中心,用以培养ICT人才。华为注重联系高校进行合作,截至2021年12月,其ICT学院已为来自20个学院的40名教师提供了培训。① 华为还联合企业与高校举办人才双选会,助力南非学生就业。中国企业作为与就业市场联系更紧密的主体,在培训应用技术型人才、发展职业教育方面有着得天独厚的优势,校企合作,产教融合,促进就业,真正做到了在中南职业教育合作中传播中国方案,贡献中国智慧。

五、推进中南职业教育合作的建议

中南职业教育交流与合作是促进两国民心相通、共同进步的重要途径,目前已取得显著效果。未来的交流合作应更符合两国现实需求,要继续推动应用技术型人才的发展,为国家建设贡献力量。在已取得的成就的基础之上,中南两国的职业教育交流与合作还应考虑以下因素,以进一步提升合作水平。

(一)重视南非当地需求

中南职业教育交流与合作要更加重视当地需求。中国拥有较为先进的职业教育经验,但在"走出去"的同时,也要注意本土化的改良。一方面,南非学生在中国的技术学习是否会在归国后有用武之地,南非设备与中国设备的操作相似度如何,这些都是中国院校需要考量的问题。另一方面,境外办学的实施是否仅仅是自说自话,学院与当地就业市场是否有所割裂,这些也是值得关注的问题。南非职业教育发展具有功利性,目的是解决就业和人口贫困等问题,中

---

① 2021中非(南)职业教育合作联盟年会暨中国-南非产教融合研讨会. (2021-12-14)[2021-12-30]. https://v.ttv.cn/watch/acca2021.

南职业教育合作不仅应该看中方有什么,更要注意南非需要什么,如此才能更好地达成具有适切性的中南职业教育合作。

(二)扩大交流合作范围

中南职业教育交流与合作可以继续扩大范围。在教育阶段方面,不仅应在高等教育阶段开展交流合作,也应重视中等职业教育发展阶段,鼓励两国中职学生相互交流学习,提升中职教育对外交往的质量和能力,做到职业教育合作阶段的全覆盖;还可以鼓励私立学校之间、企业与私立学校间的交往,形成丰富的交流合作形式,促进更多主体参与中南职业教育合作。在地域方面,双方的交流主要集中在中国的江苏、浙江等有中非交流基础的省份,以及南非的3个首都,因此要促进和鼓励其他地区之间的交流,更好地实现职业教育国际化。

(三)促进校企合作

中南职业教育交流与合作应更加重视学校与企业的合作。在2021年中非(南)职业教育合作联盟年会暨中国-南非产教融合研讨会上,华为公司的发言人就强调了校企在海外合作的重要性。企业拥有技术优势,学校拥有教学专业优势,校企合作在国内收效颇丰,但在职业教育合作的过程中,却是"各管各家",这不利于职业教育的效率化发展。中国校企在南非当地开展合作,可以更好地实现产教融合,打通教学到就业的渠道,真正做到学有所用,满足南非市场对应用技术型人才的需求,更好地助力中南合作。另外,中方企业与南非当地学校合作,中方学校为当地企业培养人才,也有助于中南职业教育的交流与合作。

(四)助力中国学生成长

中南职业教育交流与合作应考虑对中国学生的有效提升程度。中南职业教育交流是合作共赢的事业,有助于提升南非职业教育水平和质量,有助于中国职业教育国际化。但是,在实际实施过程中是否对中国学生的学习有所促进却值得商榷。有些学校把接收南非留学生更多地看作一种教育援助,在促进南非学生技能增长的同时将其作为学校的优势进行宣传,这在一定程度上可以收获良好的效果,但是实际在校的大部分中国学生却几乎感受不到中南职业教育交流的存在。职业教育国际化有助于塑造学校良好声誉和提升学校办学能力,但与此同时,还应重视我国应用技术型人才的成长。

(五)提升数字教育能力

中南职业教育交流与合作过程中应重视提升数字教育能力。新冠疫情加速了数字经济的发展,数字技能成为劳动力核心技能的一部分。在职业教育领域,需要培养学生的数字技能——既要满足行业需求,又要实现持续学习。新兴的数字经济创造了新的机遇,但也有可能扩大就业能力差距,中南职业教育合作需要重点关注数字教育领域。根据2020年5月开展的一项调查,非洲的职业教育教师认为,缺乏基础设施和设备及缺乏数字技能是他们最大的问题。[①]而覆盖广泛的职业教育如何开发在线内容,如何在线上教授职业教育课程的实用部分,也值得关注。中南职业教育合作应保障职业教育线上教学所需的设施设备,增加职业教育数字教学的资金投入,探索线上人才培训新方法,为教师提供数字教学的培训,同时提升学生的基本技能和数字技能,提升中南职业教育人才应对未来各种挑战的能力,以实现可持续发展。

习近平主席在中非合作论坛第八届部长级会议开幕式上提出,要实施"未来非洲——中非职业教育合作计划",开展"非洲留学生就业直通车"活动。[②] 职业教育是利国利民的事业,其发展有望推动南非乃至非洲的社会经济繁荣,缓解其就业与贫穷问题,也可以使中国在经济的转型上升期保障应用技术型人才供给。对中南两国来说,发展职业教育都是迫切且永恒的事业,进行职业教育交流与合作更是双赢,期待中南职业教育合作在未来大放异彩。

① ADEA, AU/CIEFFA and APHRC. Teacher Training and Support in Africa During the COVID-19 Pandemic. (2022-01-20)[2022-10-11]. https://www.adeanet.org/en/publications/kix-observatory-teacher-training-support-africa-during-covid-19-pandemic.

② 习近平. 同舟共济,继往开来,携手构建新时代中非命运共同体——在中非合作论坛第八届部长级会议开幕式上的主旨演讲. (2021-11-29)[2021-12-26]. http://focac.org.cn/ttxxsy/202111/t20211129_10458625.htm.

The Development of TVET in South Africa and the China-South Africa TVET Exchanges and Cooperation

LUO Xingsha　ZHOU Zhifa

Abstract: The South African government attaches importance to the development of Technical and Vocational Education and Training (TVET) and sees it as an important means to promote economic growth. The development of TVET in South Africa can be divided into two stages: foundation and promotion. In recent years, TVET in South Africa has made significant progress in promoting education equity, strengthening policy support and improving the education system. TVET in China and South Africa has greatly promoted exchanges and cooperation by building platforms, relying on participation of universities and enterprises, but there is also space for improvement. The two sides need to pay more attention to the local needs of South Africa, expand the scope of exchanges and cooperation, promote school-enterprise cooperation, improve the level of digital education, and focus on the growth of students from both sides to achieve sustainable development.

Keywords: TVET; China-South Africa TVET exchanges and education; Luban Workshop

About the Authors: LUO Xingsha is a master's student at the Institute of African Studies, Zhejiang Normal University.

ZHOU Zhifa is an associate researcher at the Institute of African Studies, Zhejiang Normal University.

冲突视域下的南非和平教育报告

周　航　欧玉芳

摘要: 从1976年的索韦托起义到2015年的"学费必须下降"运动,再到2021年3月金山大学学生的暴力抗议运动,南非校园内外始终充斥着各种形式的暴力冲突,尤其是学生的抗议运动往往会转变成以暴力形式进行的活动。1994年,新南非政府成立,针对暴力问题,政府采取了将和平教育理念通过学校课程改革和治理改革渗透进学校教育的方法。宏观上,南非进行了"结果本位教育"课程改革;微观上,学校生活导向课程中的公民教育主题与南非和平教育直接相关。然而,南非的和平教育在学校教育中仍然缺乏系统性安排。

关键词: 南非;和平教育;课程改革;校园暴力

作者简介: 周航,浙江师范大学非洲研究院硕士研究生。
欧玉芳,浙江师范大学非洲研究院助理研究员。

南非于1996年颁布的《南非共和国宪法》中写道:"新南非要弥合过去的分裂,建立一个以民主价值观、社会正义和基本人权为基础的社会;政府将通过尊重人民意愿和保障公民法定权利来奠定一个民主开放的社会基础,最终建立一个统一民主的并且能够屹立于世界民族之林的南非。"①《南非共和国宪法》表现出了对和平议题的关切,强调人权、民主与平等,尊重个体的多样性,奠定了南非教育改革追求和平及建立民主平等国家的基调。

南非暴力冲突由来已久且仍在继续。南非社会存在的种种暴力根源于西方殖民历史和种族隔离制度。虽然南非在法律上废除了种族隔离制度并承诺了和平发展的愿景,还通过成立真相与和解委员会(Truth and Reconciliation Commission)实现了恢复性正义,但种族隔离时期的不平等影响依然存在。在澳大利亚经济与和平研究所的全球和平指数排名中,南非的和平指数排名一直

---

① Republic of South Africa. *The Constitution of Republic of South Africa*. Pretoria: Government Printer, 1996.

较低。在统计的 163 个国家中，南非 2018 年排名为 125，2019 年排名为 127，2020 年和 2021 年排名均为 123。南非社会充斥着各种形式的暴力，包括结构性暴力、身体暴力、性别暴力、政治暴力和校园暴力。①

在南非教育部的表述中，"和平教育"是一个试图通过发展，建构关于和平的知识、技能和态度来解决冲突的过程，其目的是使儿童和教育工作者能够履行他们的责任，并且能够和平、独立和负责任地生活在一个以暴力为特征的多样化社区中。和平教育不仅要教育人们获取知识，而且要教育人们获得建构和平的态度和价值观。② 通过南非教育部对和平教育的描述可以发现，南非的和平教育承认暴力的存在，并且要求通过教育使人们能够在以暴力为特征的社区中生存。南非的和平教育不仅要消除战争，实现消极的和平，而且要在暴力的环境中，培养人的和平情感、态度和价值观，实现积极和平。南非的和平教育对教育改革的要求是：弥合南非不同种族之间的间隙，增强南非人民的国家认同，以及各民族间的凝聚力。

一、南非校园领域内外的暴力和冲突

南非暴力事件层出不穷，约翰内斯堡甚至被称为"犯罪的天堂"。在南非，不管是校园外还是校园内，暴力事件都十分猖獗。校园外的暴力事件形式多样、情节严重，并且缺乏能够进行管控的有效政策措施；校园内发生的暴力事件则让学生和家长对校园安全感到担忧。

(一)校园领域之外的暴力

1. 结构性暴力

结构性暴力(structural violence)是指以一种结构性的方式不平等、不公正地分配社会资源，从而使普通百姓无法满足自身的基本需求。③ 当贫民窟里的孩子面临着教育资源不均衡导致的就学困难时，当有些工人还不得不在非人道的环境下工作时，那就说明结构性暴力依然存在。④ 南非非洲人国民大会(简称"非国大")上台之后承诺"让所有人都过上更好的生活"，但是当下南非的失业率和贫困率仍旧非常高。南非国家统计局发布的最新数据显示，2006 年到

① 详见：https://www.economicsandpeace.org/? s=Global+Peace.
② South Africa Government. Manifesto on Values，Education and Democracy. (2001-07-01)[2022-01-04]. https://www.gov.za/sites/default/files/gcis_document/201409/manifesto0.pdf.
③ 加尔通. 和平论. 陈祖洲，等译. 南京：南京出版社，2006.
④ 西瓦拉克沙. 可持续的是美好的. 任建成，译. 海口：海南出版社，2012.

2011 年,南非贫困率从 66.6% 下降到 53.2%,但是 2015 年南非的贫困率又回升至 55.5%,2015 年极端贫困线以下的人口为 1379 万。[①] 此外,南非 2021 年的极端贫困线为 624 兰特(约合人民币 284 元)。[②] 基尼系数可以用来衡量一个国家的结构性暴力,世界银行的调查显示,南非 2014 年的基尼系数为 63.0%,是世界上基尼系数最高的国家。[③] 瑞士信贷银行统计数据显示,2021 年南非基尼系数上升至 88.6%。[④] 南非统计局的数据显示,南非 2021 年第二季度总体失业率为 34.4%,其失业率从 2013 年第二季度开始到 2021 年第二季度期间呈波动上升的趋势,并且女性失业率始终高于男性。[⑤] 这些数据显示,南非的经济不平等问题仍然十分严重,并且贫富差距巨大。

2. 身体暴力

南非警察局会定期发布有关身体暴力的犯罪统计数据。2020 年 4 月到 6 月的数据显示,暴力犯罪事件数量相比 2019 年同一时间段下降了 37.0%。下降的原因也许是南非政府在新冠疫情下对社会活动的严格管控。但随着管控的放松,恶性暴力犯罪事件数量又开始上升。与 2011/2012 年度的数据相比,2020 年南非的谋杀率上升了 20.0% 以上。在 2021 年前 3 个月的谋杀案中,有 40.0% 的案件可以明确锁定作案动机。在这 40.0% 中,熟人之间的争吵和误解导致的谋杀案占到了 39.0%,此外,抢劫谋杀案占 19.0%,私刑行为占 15.0%,帮派纠纷占 12%,仇杀占 5%,出租车冲突占 5%,安保谋杀占 2%,奸杀占 2%,非法采矿暴力纠纷占 1%。[⑥] 针对谋杀案件泛滥的问题,南非并没有出台明确的政策来解决。从以上数据可以看出,南非的暴力犯罪事件数量一直呈上升趋势,由此可见,南非在解决冲突方面存在明显的问题,尤其是在社区矛盾和人际

① Statistics South Africa. Poverty Trends in South Africa: An Examination of Absolute Poverty Between 2006 and 2015. (2017-08-22)[2022-02-21]. http://www. statssa. gov. za/publications/Report-03-10-06/Report-03-10-062015. pdf.

② Statistics South Africa. National Poverty Lines 2021. (2021-09-09)[2022-03-28]. https://www. statssa. gov. za/publications/P03101/P031012021. pdf.

③ World Bank. Gini Index—South Africa. (2014-01-01)[2021-12-18]. https://data. worldbank. org/indicator/SI. POV. GINI? end=2014&locations=ZA&start=1993.

④ Credit Suisse Research Institute. Global Wealth Report 2022. (2022-09-01)[2023-3-28]. https://www. credit-suisse. com/about-us/en/reports-research/global-wealth-report. html.

⑤ Statistics South Africa. Latest Trends Quarterly Labour Force Survey Quarter 2: 2021. (2021-08-24)[2022-01-04]. http://www. statssa. gov. za/publications/P0211/P02112ndQuarter2021. pdf.

⑥ Lancaster, L. The Latest Trends Suggesta Violent Future for the Country, Which Still Has no National Planto Tackle Murder. (2021-06-14)[2022-01-04]. https://issafrica. org/iss-today/southafrica-needs-a-murder-reduction-strategy.

关系方面。

3. 性别暴力

性别暴力根源于南非长期存在的父权制度,这一制度将女性视为屈从于男性的财产。性别暴力发生在家庭、社区和学校等生活中的各种场域。在南非,强奸和其他形式的性暴力是普遍存在的问题。南非的人口调查显示,亲密伴侣暴力和非伴侣性暴力发生率非常高。在南非 2009 年被谋杀的女性中,有 56%是被亲密的男性伴侣杀害的。[①] 非伴侣性暴力尤其常见,但是受害者一般不报警,一方面是担心报复,另一方面是担心隐私泄露。研究发现,豪登省 13 名被非伴侣强奸的女性中,只有一名女性选择报警。[②] 由此可见,在解决性别暴力问题上,南非的校园教育大有可为,可以针对父权社会的弊病,增强女性的权力意识,教育男性尊重他人并且学会使用非暴力手段解决冲突。

4. 政治暴力

南非政治斗争的传统导致担任南非领导人成为一件风险性极高的事情,这些领导人面临着不确定的政治暴力。南非政党之间的冲突有时候并非用投票的方式解决,政党会采取恐吓、抗议活动和暗杀等途径来解决冲突以夺取权力。夸祖鲁-纳塔尔省多年来一直存在着出于政治动机的谋杀案,20 世纪 80 年代到 90 年代,大约有 7500 人死于政治谋杀案,当时所谓的"纳塔尔战争"给很多人留下了内心的创伤。[③]

从上面四种暴力的泛滥程度来看,南非的学生在其家庭和社区都面临着潜在的暴力危害。学生们如果长期处于充斥着暴力的环境中,则很可能会缺乏安全感。在这种情况下,南非的学校理应充当学生们最后的避风港,但事实却不那么乐观。

(二)校园领域的持续冲突

南非当前的校园暴力依然严重,校园安全环境令人担忧。此外,南非的学生暴力抗议运动由来已久,从 1979 年的索韦托起义到 2021 年的金山大学抗议运动,学生们都倾向于使用暴力形式来争取自身群体的利益。

---

① Naeemah, A. Intimate Partner Femicide in South Africa in 1999 and 2009. *Plos Medicine*, 2013, 10 (4): 3.

② Reid-Henry, S. *The Political Origins of Inequality: Why a More Equal World is Better for Us All*. Chicago: University of Chicago Press, 2015.

③ Greenstein, R. (ed). The Role of Political Violence in South Africa's Democratisation. Johannesburg: Community Agency for Social Enquiry, 2003.

1. 日常校园暴力

根据尤里·布朗芬布伦纳的生态环境理论[1]，南非的家庭和社区中暴力事件层出不穷。生态系统之间的相互影响势必会将暴力信息传递到校园领域，那么南非校园成为潜在的危险环境也就不足为奇了。

南非一项探究教师对校园性暴力的看法的研究显示，学校发生的性暴力事件涉及教师对教师的性暴力、学生对学生的性暴力，以及教育部官员对教师的性暴力，大多数性暴力实施者为男性。这些性暴力事件不仅伤害了被害者个体，而且对整体的职业环境也产生了消极影响。一些受害者选择不报案的原因是害怕报复和泄露隐私。针对此类暴力，校方并没有出台相关政策来保护人们免受性暴力的侵害。[2] 一项2017年的调查显示，南非15.3％的中小学生曾遭受过校园暴力或校园外暴力。教师与学生之间互相施加暴力也是一个相当严重的问题：有25.0％的中学报告称学生对教师施加暴力；尽管南非明令禁止体罚学生，但还是有25.0％的学校报告称教师对学生进行体罚。[3] 2012年，南非在全国范围内随机抽取了5939名学生、121名校长和239名教师进行了一项校园暴力调研。调研发现，22.2％的高中生称自己的学校在过去一年里发生过暴力威胁或袭击事件，以及抢劫和性侵事件；约有4.7％的学生曾经遭受过性侵。[4] 学校里的暴力事件使得学生认为学校并不安全，学生不愿去学校，家长也不愿送孩子去学校，以至于学校教学质量低下，最终导致学生的学业完成率降低。学校本身也没能为和平教育提供良好的环境，学校教育的组织形式强调认知学习，提倡竞争，而非注重人际关系的和谐和个人情感的发展，因而不利于学生培养和平解决冲突的技能和价值观。

2. 学生抗议运动

1976年，南非黑人中小学爆发了抗议使用阿非利卡语作为黑人教学语言的学生运动——索韦托起义。这次运动中，南非警察使用实弹枪杀了13岁的男孩海克特·彼得森，男孩成为第一位牺牲者，随后数百名学生在抗议中被杀害。南非政府的暴力镇压激起了广大黑人的愤怒情绪，随后抗暴力镇压斗争扩展到

---

① Bronfenbrenner, U. *Ecological Systems Theory*. Philadelphia: Jessica Kingsley Publishers, 1992.

② Mabaso, B. P. An Exploration of Teachers' Understandings of Sexual Violence Practices in Schools. Durban: University of Kwazulu-Natal (Master's Dissertation), 2015.

③ Gershoff, E. T. School Corporal Punishment in Global Perspective: Prevalence, Outcomes, and Efforts at Intervention. *Psychology, Health & Medicine*, 2017, 22(sup1): 224-239.

④ Burton, P. & Leoschut, L. School Violence in South Africa: Results of the 2012 National School Violence Study. Cape Town: Centre for Justice and Crime Prevention, 2013(12): 12-30.

了南非大部分地区。在这次运动中,教育系统已然成为暴力实施的场域。1986年,索韦托起义 10 年后,当时索韦托的学生为了纪念索韦托起义,再一次集结起来反对"班图教育"①和"种族隔离制度"。

1994 年,非国大上台执政,并通过建立真相与和解委员会的方式解决过去的不公正问题,而不是采用类似纽伦堡审判的方式或者"集体遗忘"的方式。这种用真相换取正义的方式使得南非很快废除了支持种族隔离制度的相关法律,但是种族隔离制度的恶果和结构性暴力并没有因为种族隔离制度在法律上的废除而彻底消失。

2015 年 10 月,由金山大学的学生发起的"学费必须下降"(Fees Must Fall)抗议运动蔓延到了开普敦大学和罗德斯大学,之后又迅速扩展至全国其他大学。该运动的宗旨是解构南非大学的制度性种族主义,其直接原因是金山大学宣布 2016 年学费将增加 10.5%。该大学首席财务官解释学费上涨的理由是:(1)兰特兑美元的汇率下跌了 22.0%,导致大学的采购成本上涨;(2)为了留住高校人才,学校需要对在校学者进行周期性加薪;(3)南非 6.0% 的通货膨胀率增加了大学各项支出的成本;(4)学校公共事务的增长速度远高于通货膨胀导致的高校支出成本上升速度。此外,还有一些更深层次的原因,如南非贫困学生支付不起接受高等教育的学费,大学管理人员收入过高,政府对高等教育的预算下降,社会转型不成功,以及经济与种族不平等问题。抗议运动初期,学生采用了不同的形式进行示威活动,从静坐到游行,再到将大学的工作人员锁在校园里,这一阶段的"学费必须下降"运动获得了民众的支持。"学费必须下降"运动的直接结果是南非前总统祖马宣布 2016 年学费不会上涨,并且南非在该次抗议运动后成立了高等教育和培训调查委员会,其目的在于评估南非实施免费高等教育的可行性。

2019 年 2 月,以金山大学、夸祖鲁-纳塔尔大学、德班理工大学和约翰内斯堡大学的学生为主要力量的学生群体举行了示威活动。这次示威活动呼吁免除贫困学生的住宿费用,这一阶段南非学生的抗议开始通过绝食的方式进行。2021 年 3 月,金山大学拒绝为拖欠上一年学费的数千名学生注册 2021 年的学籍,这又导致了金山大学的学生抗议运动。这一次学生的诉求是允许拖欠学费的学生注册学籍,并要求政府增加资助。这一阶段学生开始使用暴力的形式进行抗议,他们用石头和燃烧的轮胎封锁了整个校园,这次抗议导致了一人被警

---

① 1953 年,南非颁布了《班图教育法》(后称为《1953 年黑人教育法》),其目的在于通过教育系统将南非的种族隔离制度合法化。班图是当时南非政府对黑人的称呼。

察射杀。这一阶段的抗议运动使得金山大学为学生提供了新冠疫情相关救助基金,并修改了学籍注册的相关政策。

学生抗议运动的方式从和平形式转变为暴力形式,引发了各方对其诉求正当性的争议,与此同时,抗议运动失去了民众的支持。自2015年以来,南非警方对学生抗议运动的控制已导致至少两人死亡,南非政府方面目前还是没能为高昂的学费出台一个可持续性的解决方案,"学费必须下降"抗议运动仍在进行。

二、和平教育实践——连接南非的和平与暴力

按照克莱夫·哈伯的观点,学校教育的作用具有两面性:一方面学校教育促进了社会民主转型,另一方面学校教育又复制了社会的种种暴力,因此,南非的和平教育如果要落实到学校教育中并且要实现其目标,就要将学校的权威氛围转变成民主氛围。① 1997年的"结果本位教育"(Outcome Based Education)课程改革淡化了学校教育的权威色彩,给予学生更多自由学习的空间,再配合1996年颁布的第84号《南非学校法》(The South Africa School Act 84 of 1996),课程改革与学校治理双管齐下,南非政府力图将教育系统朝着充满自由民主的氛围转变。

(一)课程设置中的和平教育

针对暴力问题,南非只是将和平教育理念通过课程改革和学校治理改革渗透进学校教育中。宏观上,南非进行了结果本位教育课程改革;微观上,生活导向课程中的公民教育主题与南非和平教育直接相关。

1."结果本位教育"课程改革

为了淡化学校教育的集权色彩,营造学校教育的民主氛围,20世纪90年代初,南非对种族隔离教育体系进行了改革,改革领域集中在课程改革。基于1996年颁布的《南非共和国宪法》,新南非的教育部门在1997年颁布了结果本位教育的政策文件《2005课程:21世纪的终身教育》(Curriculum 2005: Lifelong Learning for the 21st Century,简称《2005课程》)。结果本位教育课程改革的宗旨是创建民主的南非,以改革措施促使南非课程由内容本位课程向结果本位课程的转变。内容本位课程以教师为中心,强调教师教学的单方面

---

① Harber, C. *Schooling for Peaceful Development in Post-Conflict Societies: Education for Transformation?*. Cham: Springer, 2019.

"输出"和受教育者的"输入",忽视学习者自身的经验;结果本位课程强调以学习者为中心,将学习建立在学习者已有的经验基础上。在学习方式上,前者注重教师权威,主要通过讲授法传递知识,并且有严格的教学进度安排,容易忽视学生的学习进度;后者鼓励学生进行团体合作,积极主动地进行学习,可以根据学习者的学习进度灵活调整教学安排。在评价方式上,前者通过测验和期末测试评价学生对知识的掌握情况,其目的是将学生按照成绩分为不同等级,这体现了该评价方式具有结构性暴力的特点。后者的评价是连续性的,既有教师的评价也有同伴的评价,评价的目的是更好地判断学生真真切切学到了什么,同时帮助教师制订接下来的教学计划。南非引入结果本位课程不仅是对教育系统变革的一种尝试,还是改变社会的一种探索。在《2005 课程》改革实施之后,南非颁布了《国家课程声明》(修订版),计划将课程改革在不同年级进行阶段性实施。《国家课程声明》(修订版)引入了平等主义的教育体系理念,这一体系的目标是建构一种新的具有批判意识的南非身份,将南非社会转变成民主和平的社会,同时扩大受教育范围,提高南非的入学率,从教育层面促进社会问题的解决。①

2. 生活导向课程

在具体的课程安排上,生活导向课程与和平教育目标最为接近。生活导向课程是指促进学生探究自身与社会之间关系的课程,其目标是使学习者知道如何行使宪法赋予他们的权利和履行相关的义务,尊重他人的权利,尊重个体多样性。该课程可以培育学习者的知识、技能、态度和价值观;使学习者能够解决问题,做出明智的决定,并且采取适当的行动,为未来生活的挑战做准备;使学习者能够在一个快速变化的社会中过上有意义的生活,并在社会生活中发挥积极作用。生活导向课程承认个体的多样性,以及人权、性别、环境、各种形式的暴力、虐待和艾滋病等问题。这些问题被分为四个主题,分别是个人幸福、公民教育、娱乐和体育活动、职业和职业选择。在这四个主题中,与和平教育紧密相关的是公民教育主题。公民教育主题提到,在一个转型和民主的社会中,必须将个人的需要置于社会环境中,以鼓励人们接受多样性,并促进学生拥护宪法的价值观和原则;解决基于种族、宗教、文化、性别、年龄、能力和语言的歧视问

---

① Msila, V. From Apartheid Education to the Revised National Curriculum Statement: Pedagogy for Identity Formation and Nation Building in South Africa. *Nordic Journal of African Studies*, 2007, 16(2): 146-160.

题,如仇外心理和其他形式的歧视问题。[1]

同时,在结果本位教育课程改革的大背景下,生活导向课程明确了学习的结果,即在公民教育主题下,学习者为了能够实践负责任的公民身份,加强社会正义和保持一种可持续的生活,认同并拥护宪法的价值观。在这一主题下,学习者需要为成为社区生活中积极的参与者和扮演负责任的公民角色做好准备。该课程要求学习者在解决歧视问题的能力和对社会正义的意识方面进一步发展。学习者还将接触到不同的宗教,以提高自身在多宗教社会的生存与发展能力。除此之外,学习者还要明确自己的价值观和信仰。

生活导向课程针对不同年级的学习者提出了更加细化的学习结果的评价标准。在十年级的公民教育主题下,学习者需要:确定一个自己感兴趣的社会或环境问题,并参与一个解决该社会或环境问题的小组项目;解释多样性的价值,并讨论个人和群体在解决歧视和侵犯人权方面的贡献;参与一个民主机构,了解这种机构的运行原则、发挥作用的方式,以及发展变化的过程;展示对南非主要宗教、传统伦理和土著信仰体系的理解,并探讨它们如何为一个和谐社会做出贡献。在十一年级的公民教育主题下,学习者需要:参与解决社会或环境问题的社区服务;尝试根据国家和国际文本模拟制定干预人权问题的策略;参与并分析民主生活的原则、程序;思考在主要宗教、传统伦理和土著信仰体系中获得的知识和观点,并阐明自己的价值观和信仰,辨析当代的道德和精神问题及困境。在十二年级的公民主题教育下,学习者需要:评估社区针对当代社会或环境问题提供的服务项目,并评估自己对项目的贡献;根据《人权法案》,评估自己在处理歧视和侵犯人权问题时所采取的立场;辨析媒体在民主社会中的作用;思考并解释如何基于个人哲学、价值观、信仰、宗教和意识形态明确个人使命,以及如何将这一使命用以指导生活和指导行动,对社会做出有意义的贡献。[2]

(二)学校治理中的和平教育

在学校治理方面,南非面临着众多挑战。南非民族众多,各民族之间存在

① DoE RSA. National Curriculum Statement Grades 10—12 (General): Life Orientation. (2003-01-01)[2022-03-10]. http://www.wcedcurriculum.westerncape.gov.za/jdownloads/GET%20Life%20Orientation/Policies/ncs_life_orientiation.pdf.

② DoE RSA. National Curriculum Statement Grades 10—12 (General): Life Orientation. (2003-01-01)[2022-03-10]. http://www.wcedcurriculum.westerncape.gov.za/jdownloads/GET%20Life%20Orientation/Policies/ncs_life_orientiation.pdf.

着不小的差异。虽然南非 1997 年颁布的《教育语言政策》(Language in Education Policy)计划促进多语言和 11 种官方语言的发展,但是学习英语能为学生在经济和教育方面提供更多的机会。一旦实行统一的教育语言,南非就违背了尊重南非语言多样性的初衷,因此,在学校教育中选择哪种语言作为教学语言成为南非学校治理面临的重要挑战。类似的挑战也出现在宗教信仰的处理上,如何尊重不同宗教信仰的个体,使其能够互相理解并和谐相处,也是南非学校治理面临的挑战。因此,在进行教育重建的过程中,新南非在学校治理方面采取了民主管理的方式,力求避免冲突,培养国民对多样性的尊重。

1996 年,《南非学校法》对学校管理方式进行了改革。为了彻底解决遗留的分裂和种族歧视问题,南非在该法案的基础上制定了一个全面而复杂的政策框架,该框架的核心思想是将权力下放给基层教育的利益相关者。^① 该法案规定,南非要建立一个统一的学校教育制度,在管理上实行学校民主管理,所有公立学校都要通过"校领导机构"进行管理。"校领导机构"的成员通过选举的方式选出,包括家长、教师、行政人员和中学八年级以上的学生。该机构主要职能包括制定入学标准、教学语言和宗教政策,协助专业人员管理学校财务。^② 这一机构试图通过民主管理,将学校利益最大化,进而为学生提供高质量的教育。该机构还能够向教育部门提出自己的建议,以任命教师和其他工作人员。

三、结　语

南非的学校民主治理与"结果本位教育"课程改革相互配合,在营造民主的学校教育氛围方面,从法理上给予了充分的保障。在宏观上,南非虽然没有明确的和平教育课程安排,但是南非将和平教育的理念渗透进了改革的过程中,尤其是对生活导向课程的安排,在其公民教育主题中,明确了学习者在不同阶段针对社会生活冲突应发展的技能及需要完成的学习项目。我们可以明显感知到,南非正在努力培养推动国家和平稳定的参与者,但是在具体的落实过程中仍然存在一些问题。

南非在法律层面并未针对和平教育进行系统性的安排。在与和平教育目

---

① Bray, E. & Joubert, R. Reconciliation and Peace in Education in South Africa: The Constitutional Framework and Practical Manifestation in School Education. In Bekerman, Z. & McGlynn, C. (eds). *Addressing Ethnic Conflict Through Peace Education*. New York: Palgrave Macmillan, 2007: 49-59.

② Department of Basic Education. South African Schools Act No. 84 of 1996. (1996-11-01)[2021-12-23]. https://www.education.gov.za/LinkClick.aspx? fileticket=aIolZ6UsZ5U%3D&tabid=185&.

标联系最为紧密的生活导向课程的四个主题中,与和平教育直接相关的只有公民教育主题一个,并且在该课程的实践中,由于教师缺乏生活导向知识相关的培训且学生缺乏动力,这个项目并不成功。除了正规教育系统的少数课程安排外,南非有较多的非正规教育项目正在积极地实施和平教育。例如,夸祖鲁-纳塔尔大学成人教育中心的和平教育项目(the Peace Education Program in the Centre for Adult Education at the University of KwaZulu-Natal)、暴力替代计划(Alternatives to Violence Project)、社区和平计划(Community Peace Program)等。

和平教育的定义和实施形式在许多学者看来缺乏统一性,和平教育意图解决冲突、实现和平,而不同国家存在的具体冲突的背景千差万别,以至于不同冲突视域下的各国的和平教育的定义、课程安排、教学方法都有着各自的特点。因此,和平教育的实施极度依赖环境,和平教育的方案制定、行动实施以及效果评估都需要因地制宜。南非教育部已经开始重视和平教育,并将其系统性地纳入课程设计之中。[①] 然而,除了课程外,还有许多因素影响南非和平教育的成功推行,南非的和平教育任重而道远。

从更加宏观的视角来看,当下中国与南非的职业教育合作或许可以为南非的和平教育提供一种新的思路。除了课程设计缺乏系统性之外,南非和平教育还面临着经济发展迟缓、社会不平等、种族和文化分歧等外部消极因素。而中南职业教育合作遵循实用主义价值观,不涉及意识形态方面的条件,旨在解决南南合作的发展问题,有利于促进两国经济发展,从而降低南非居高不下的失业率,减少其外部消极因素,进而为南非和平教育课程的实施提供良好的外部经济环境。此外,在中南职业教育合作的过程中,双方来往的人员互为高异质性群体,不同群体的频繁接触能够为南非的学生、教师和企业人员等相关人员提供更为宏大的群体视野,有利于他们将接触高异质性群体后的认知内迁到国内的种族与文化分歧问题上,使他们更加开放包容,进而加速南非种族与文化分歧问题的解决。从这一角度而言,中国与南非的职业教育合作也推动了南非和平教育的发展进程。

---

① Hariram, H. R. Implementing Peace Education as a Part of the South African School Curriculum for Learners in the Intermediate Phase (Grades 4—6). Durban: University of Natal(Master's Dissertation), 2003.

South Africa's Peace Education Report from the Perspective of Conflict

ZHOU Hang　OU Yufang

Abstract： From the Soweto Uprising in 1976 to the "Fees Must Fall" protest in 2015, and to the violent student protests at the University of Witwatersrand in March 2021, there are always various forms of violent conflicts inside and outside South Africa's campuses, especially student protests that often turn into violent activities. After the establishment of the new government in 1994, in response to violence, the government adopted the method of infiltrating the concept of peace education into school education through school curriculum reform and governance reform. On the macro level, South Africa has carried out the curriculum reform of outcome-based education; on the micro level, the theme of civic education of the life orientation curriculum is directly related to peace education in South Africa. However, peace education in South Africa still lacks systematic arrangements in school education.

Keywords： South Africa; peace education; curriculum reform; school violence

About the Authors： ZHOU Hang is a master's student at the Institute of African Studies, Zhejiang Normal University.

OU Yufang is an assistant researcher at the Institute of African Studies, Zhejiang Normal University.

南非职业教育法律制度体系

杨 惠

摘要:1994 年以来,南非逐步建立起了较为完善的职业教育法律制度体系。特别是南非教育部机构改革和职能重组以来,南非高教部把建立"统一、协调、多样化、高度灵活的学后教育和培训体系",加快推动职业教育的发展作为主要任务。扩大职业教育规模,重点发展公立职业教育和培训学院,提高职业教育的质量和效率,增强职业教育对社会需求的反应能力,加快推进符合第四次工业革命要求的技术创新课程建设,支持需求导向的职业教育国际合作项目均为南非职业教育领域的发展重点。

关键词:南非;职业教育;法律制度

作者简介:杨惠,云南大学非洲研究中心副主任,讲师。

1994 年,新南非成立,南非职业教育的发展迎来了新的历史时期。南非是世界上职业教育法律制度较为完善的国家之一,其教育体系基本沿袭了西方国家的教育传统,教育立法体系较为完备。但由于历史、观念、资金、管理、执行等方面存在的问题和挑战,南非的职业教育发展水平仍远落后于南非经济社会发展的需求。

一、新南非成立初期职业教育的立法改革和政策演变

南非的职业技术教育和培训(Technical and Vocational Education and Training, TVET),旧称继续教育和培训(Further Education and Training, FET),形成于 20 世纪南非种族隔离时期。长期以来,南非的职业技术教育主要服务于白人。在严格的种族隔离制度下,以种族为标准的教育资源分布极为不公,政府对有色人种的教育投入很低,导致他们受教育程度低、水平差,接受的技能培训也很简单。这种不公平的教育体系,至今仍困扰着南非。1994 年,南非第一个民主政府成立,新政府开始实行一系列旨在解决种族隔离遗留问题

的改革措施和新政策,这为新南非职业教育发展奠定了体制和制度基础。

(一)教育管理体制改革

新南非成立初期,为稳定政局、消除社会经济方面的种族差距和鸿沟,南非新政府开始实施"重建与发展计划"(Reconstruction and Development Program),该计划最重要的任务之一就是改造种族隔离制度影响下的法律体系和国家机构。1996 年,南非颁布新宪法,各领域的民主化改革随之逐步推进。其中,教育领域的改革成为民主化改革的重要内容,其首要目标就是建立全国性的、统一的教育体系,提供面向每个人的公平教育机会。因此,教育领域的改革从体制入手,全面改组国家教育体系,取消了原先分管不同种族的十几个教育局,建立了一个全国性的统一体系,成立了国家教育部和 9 个省级教育部门。其中,高等教育归国家教育部直接管理,包括职业教育在内的其他层次的教育由各省级教育部门负责管理。

(二)教育政策与立法

1995 年,南非新政府颁布了《教育和培训白皮书》(White Paper on Education and Training),这是南非实行民主制度后推行的第一项教育政策。《教育和培训白皮书》明确区分了教育和培训,规定教育部负责管理中小学、各类学院,以及大学,劳工部负责工作场所的技能发展,强调教育部与劳工部的密切合作。同年,南非政府宣布将实施统一的国家资格框架(National Qualifications Framework,NQF),并颁布《南非资格署法》(South African Qualifications Authority Act),将学校和工作场所提供的教育和培训纳入 8 级资格框架中。NQF 的主要目标是促进教育和培训体系的一体化,消除种族隔离遗留下来的教育不公平问题,提升人力资源开发质量。1996 年出台的《国家教育政策法》(National Education Policy Act)和《南非学校法》(South African Schools Act)都明确禁止教育领域的种族歧视。其中,《国家教育政策法》明确了国家教育部和省级教育部门之间的关系。《南非学校法》将南非教育主要分为 3 个层级,即基础教育和培训、继续教育和培训及高等教育。

1996 年 9 月,南非成立全国继续教育委员会并于次年 8 月发布调查报告,为 1998 年先后颁布的《继续教育和培训绿皮书》(Green Paper for Further Education and Training)、《继续教育和培训白皮书》(White Paper on Further Education and Training)和 1998 年第 98 号《继续教育和培训法》(Further

Education and Training Act)三部政策和法律的出台奠定了基础。1998 年的《继续教育和培训法》取代了之前南非继续教育和培训部门相关的立法。《继续教育和培训白皮书》和《继续教育和培训法》都是围绕继续教育与培训部门转型制定的关键立法框架,其目的是使该部门更好地回应南非人力资源、经济和社会发展需求,建立由国家统一协调的继续教育和培训体系,促进合作治理。

此后,1998 年第 97 号《技能发展法》(Skill Development Act)、2001 年第 58 号《普通和继续教育、培训质量保证法》(General and Further Education and Training Quality Assurance Act)、2006 年第 16 号《继续教育和培训学院法》(Further Education and Training Act)等陆续出台,南非职业教育新法律体系初步形成。

(三)公立继续教育和培训学院政策

改革南非的技术学院并建立公立的继续教育和培训学院(FET College)是新南非教育部门教育培训政策的重点。从 1998 年起,政府就开始对国内 152 所技术学院进行改革。这 152 所技术学院原隶属于按种族划分的不同教育部门,其管理、资助方式都不相同。2006 年,《继续教育和培训学院法》通过,正式将 152 所技术学院合并为 50 所公立的继续教育和培训学院(即 TVET 学院),旨在将按种族划分的技术学院组织为一个能够适应 21 世纪职业教育和培训需要的统一体系。

根据《继续教育和培训学院法》,FET 学院提供的教育和培训是指义务教育之后、高等教育之前的中间阶段的教育,它在国家资格框架中的级别为 2—4 级(10—12 年级),相当于正式中学教育的最后 3 年(即高中水平)。公立 FET 学院并没有自己制定发展方案的自主权,各省教育部门才有决定权。据估计,2005 年,南非有近 40 万学生在公立 FET 学院学习,另外约有 70 万学生在私立继续教育机构学习。[①]

2007 年,教育部向公立 FET 学院引入了国家职业证书[National Certificate (Vocational),NC(V)]项目课程,这些课程的目的是取代过时的国家技术文凭课程(National Accredited Technical Education Diploma,NATED)。NC(V)课程主要是理论性的,如学习者要达到 NQF 的第 2 级到第 4 级,需要在 3 年内每年通过 7 门课程。教育部引入 NC(V)课程的理由是试图

---

① OECD. Reviews of National Policies for Education：South Africa. Paris：OECD Publishing，2008.

将 NC(V)资格与高中毕业可以获得的国家高级证书(National Senior Curtificate,NSC)相结合,从而使毕业生获得高等教育资格和就业机会。然而,公立 FET 学院在引进 NC(V)课程的过程中配套不良、准备不足,导致参与该项目课程的学生比例不高。

截至 2009 年,针对南非 FET 学院所进行的政策改革已经明确将公立 FET 学院定位为中等教育和培训的提供者,局限在相当于中学最后 3 年教育和培训的狭窄范围内。作为改革的一部分,公立 FET 学院取消了学徒制和技工培训,越来越注重理论教学,大大削弱了职业教育与产业的联系。此外,在技术学院合并过程中,教育部试图按照市场原则对公立 FET 学院的管理体制进行改革,也降低了教职员工的服务意愿。

(四)技能发展政策

1998 年的《继续教育和培训白皮书》发表后不久,南非政府于同年发布了《技能发展法》,目的是提升南非劳动力的技能,在教育机构与工作场所之间建立紧密联系,促进高质量的学习,为南非经济社会发展提供受过教育、有技能、有就业能力的劳动力。《技能发展法》在南非职业技术教育中具有重要意义,它的一些规定对南非职业教育和技能培训产生了深远影响。

1. 成立技能发展相关机构

根据《技能发展法》,南非成立了国家技能署、行业教育和培训署、国家技能基金等。这些机构均由负责技能开发和培训的劳工部管辖。2000 年 3 月,劳工部在原 33 个产业培训委员会的基础上成立了 23 个行业教育和培训署。2009 年高等教育部接管该局后,将 23 个行业教育和培训署改为 21 个,其主要职能是执行"国家技能发展战略",向本行业雇主征收技能税,用于教育和培训,提高本行业从业人员的技能。国家技能基金也被称为"催化基金",主要致力于建立从课堂到工作场所的通道,注重技能的开发与应用,支持需要优先发展的技能和高水平职业指导课程创新研究,促进技能向有能力的劳动力转化。

2. 实行学习实训项目

《技能发展法》引入了"学习实训"这一新的项目。这是一种基于工作实践的学习方案,旨在提供一种结构化的工作场所学习形式,整合理论教育和工作技能培训,使参与者最终获得国家认可的资格证书。学习实训项目是由培训机构、雇主和学习者之间签订合同建立学习关系,行业教育和培训署负责管理的并对具体的行业部门的技能优先事项做出安排。该项目以国家资格框架注册的资格为基础,致力于帮助学习者取得与特定职业或经济部门相关的资格证书。该项目作为一种政策工具,旨在将过去由培训提供者驱动的培训体系,转变为与特定行业的技能需求相一致并由其驱动的体系。[①] 2001 年 4 月到 2005年 3 月,已有 13.4 万余名学习者注册了该项目,其中,45813 人为企业雇员,88410 人为失业人员。[②]

《技能发展法》提议将原来的学徒制纳入学习实训项目,但由于人们日益认识到南非劳动力市场缺乏具有中级(2—3 级)职业技能的劳动力,因此,学徒制继续依照 1981 年的《人力培训法》(Manpower Training Act)生效。

3. 公立 FET 学院边缘化

《技能发展法》及相关政策的实行,使公立 FET 学院更加边缘化。《技能发展法》宣布逐步取消公立 FET 学院提供的学徒制项目,代之以学习实训项目。在此之前,所有的学徒制项目都是由公立 FET 学院提供的,学徒与雇主及培训机构签订合约以完成学徒计划,一般为 3 个月或 1 个学期,完成课程后,熟练工可到技能测试中心申请参加技能测试,通过后就可成为合格的工匠。学徒制项目与学习实训项目类似,不同之处在于,学徒制专注于一门手艺,而学习实训项目更具有包容性,更多样化,它关注多方面的技能,针对不同年龄人群,服务于所有行业。比如,针对未完成学业的人,学习实训项目主要助力他们提高国家资格框架中等级较低的基础能力;该项目也可以和高等教育机构合作,提高学生专门的准专业和专业能力。《技能发展法》将学徒制和技工培训从公立 FET学院中剥离出来,把所有的职业继续教育和员工培训都置于学习实训项目体系之下,并使公立 FET 学院只承担初级职业教育和培训的责任。2001 年,南非劳工部推出第一个五年期的"国家技能发展战略"(National Skills Development Strategy Ⅰ, NSDS Ⅰ),将私立机构列为提供学习实训项目和技能培训的优先对象,公立 FET 学院被边缘化。此外,由于能力限制,分配给公立 FET 学院的少量学习实训项目也被外包,这是以牺牲公立 FET 学院能力建设为代价的。

4. 征收技能税

1999 年,南非通过了强制征收国家技能税的法令,即《技能发展税法》(Skills Development Levies Act)。该法令规定,所有的雇主都必须被划归在相

---

① Visser, M. & Kruss, G. Learnership and Skills Development in South Africa: A Shift to Prioritise the Young Unemployed. *Journal of Vocational Education and Training*, 2009, 61(3): 357-374.

② Needham, S. TVET Policy in South Africa: Caught Between Neo-liberalism and Privatization. *Journal of Vocational, Adult and Continuing Education and Training*, 2019, 2(2): 82-101.

应的行业教育和培训署的管辖内,各行业的雇主要向南非税务局缴纳其工资总额的1%作为技能税。其中,80%的技能税由行业教育和培训署支配,包括向雇主提供资助,鼓励其开展员工培训和员工发展项目,目的是满足以需求为导向的技能发展和培训。雇主如果能够向行业教育和培训署提交工作场所技能计划和年度培训报告,则可收到其中的20%作为培训经费。雇主提交的报告也有助于行业教育和培训署收集有关经济领域培训需求的数据。另外20%的技能税则划拨给国家技能基金,以资助新技能发展框架实施,资助技能战略优先事项。《技能发展法》和《技能发展税法》两项立法引入了旨在增加技能发展投资的新机构、实施方案和筹资政策,为南非的技能发展提供了法律和资金保障。

5. 实施"国家技能发展战略"

"国家技能发展战略"是南非劳工部根据国家技能署的建议,为提高国家的技能发展水平而发布实施的战略规划。"国家技能发展战略"从2001年开始实施,五年一期,目前已实施三期。第一个"国家技能发展战略"提出实施学习实训项目,并设定了到2005年3月,该项目要在行业教育和培训署管辖的所有行业中全面展开,并招收8万名失业的南非年轻人。但随着学习实训项目的扩大,大量私营机构参与进来,并主要从供应方的需求出发来提供服务,而不是回应雇主和就业市场的培训需求,导致第一个"国家技能发展战略"执行期间,大部分学员的教育和培训效果都不理想,不能满足市场需求。而且,由于第一个"国家技能发展战略"支持私营机构提供的职业教育和培训,包括学徒制和技工培训,公立FET学院逐渐被排除在以工作场所为基础的教育和培训之外。2005年推出的第二个"国家技能发展战略"同样强调私营机构的工作场所培训。从2005年到2009年,共有74244名学员参加了学习实训项目。[1]

综上,"国家技能发展战略"及相关立法对于提高南非国民的技能水平,服务社会、经济和个人发展具有重要意义。但由于"国家技能发展战略"支持私营机构参与职业教育和培训,教育部管辖下的公立FET学院被边缘化,学校教育与工作场所之间的联系也被大大弱化。教育部和劳工部分别主管的教育和培训系统之间的分割状态阻碍了南非职业教育和培训的发展,也遭到了南非各界的批评。虽然劳工部和教育部试图建立部门联系和协调机制,共同研究、制定人力资源发展战略等政策,但教育与培训之间的隔阂问题仍旧未能有效得到解决。

---

[1] Needham, S. TVET Policy in South Africa: Caught Between Neo-liberalism and Privatization. *Journal of Vocational, Adult and Continuing Education and Training*, 2019, 2(2): 82-101.

二、教育部机构改革以来南非的职业教育和培训政策

2009 年,南非政府对教育部进行机构改革,成立了高等教育和培训部(即高教部)和基础教育部,所有的成人教育、TVET 学院和大学都属于高教部。另一个重要的转变是行业教育和培训署和国家技能基金也转到了高教部,劳工部不再承担职业培训的责任。在部门调整的基础上,高教部进一步提出要建立"统一、协调、多样化、高度灵活的学后教育和培训体系"。围绕学后教育和培训战略,加快推动职业技术教育的发展,加强教育培训与市场需求、工作场所的对接,成为近年来南非高教部面临的主要任务。

(一)教育部机构改革和职能重组

2009 年南非政府对教育部进行职能重组,将基础教育与学后教育职能分开,分别成立了基础教育部和高教部。基础教育部主要负责学前 R 级到 12 级的普通教育,高教部负责学后的所有教育与培训。在此基础上,原来由劳工部负责的技能开发和培训职能被纳入高教部统一管理,原劳工部下属的行业教育和培训署、国家技能署和国家技能基金等相关管理机构也转移到了高教部。高教部全面承担起了高等教育、职业技术培训、成人基础教育和培训的管理职能,结束了过去职业技术教育多头管理的格局,为职业教育的发展奠定了体制基础。

2012 年,职业技术教育和培训(TVET)的名称被高教部正式引入南非教育系统,替代了原来的继续教育和培训(FET)这一名称。2015 年 4 月 1 日起,过去由各省级教育部门主管的职业技术学院正式移交给高教部直属管理,公立TVET 学院教职工的就业处境得到了改善。这些变化标志着公立 FET 学院私有化改制遭到了否定,也导致公立职业技术学院的管理模式从分散化转变为集中化管理。[①] 高教部成为南非公立及私立职业技术学院、社区教育培训中心和成人教育中心的管理部门,所有的私立职业技术学院必须在高教部登记注册后才合法,各学校开设的课程也需经高教部认可。

在高教部统筹下,行业教育和培训署和国家技能基金继续发挥重要作用。与此同时,政府宣布公立 TVET 学院成为所有职业培训的首选提供者,它们将提供由行业教育和培训署资助的学习实训项目和技能课程。2009 年,公立机构

---

① Needham, S. TVET Policy in South Africa: Caught Between Neo-liberalism and Privatization. *Journal of Vocational, Adult and Continuing Education and Training*, 2019, 2(2): 82-101.

从技能税资金中得到的资助不足 10%，绝大多数资金都分配给了私立机构。[①]随着教育部门的改革和政府对公立 TVET 学院政策的重大转变，公立 TVET 学院将成为资助的重点。

（二）学后教育和培训政策

21 世纪，科学技术飞速发展，但也给各国教育系统带来了极大的压力，教育必须适应这些变化，努力培养更有创造力、更有效率和更能适应新环境的人才。面对挑战，南非迫切需要一套新的教育培训体系，提供高质量的教育，以响应外部环境不断变化带来的挑战，促进国家终身学习体系的构建和发展。因此，建立"统一、协调、多样化、高度灵活的学后教育和培训体系"，是南非教育部职能重组后的一项重大工作。

学后教育体系涵盖了 9 年级义务教育之后，除 10—12 年级普通高中教育之外的所有类型和层次的教育与培训，突出了教育、培训与就业之间的关系。继 2012 年 1 月发布《学后教育和培训绿皮书》（Green Paper on Post-School Education and Training）后，南非高教部在吸取各方对绿皮书的意见和建议的基础上，于 2014 年 1 月正式发布《学后教育和培训白皮书》（White Paper on Post-School Education and Training，简称《白皮书》），制定了到 2030 年学后教育和培训发展的整合战略，包括扩大学后教育的规模，提高质量，创办社区学院以增加学后教育的多样性，加强学后教育体系与职场的联系与合作，以及一些更为广泛的社会发展目标。

《白皮书》提出，要扩大规模，增加学后教育和培训的机会，将学后教育和培训体系的建设作为应对国家面临的贫困、不公平和失业三大挑战的有效途径。南非高教部部长恩齐曼德曾说："要通过扩大学后体系来满足南非 340 万年龄在 15—24 岁，既没有就业，也没有接受教育和培训的年轻人的需求。"[②]《白皮书》提出，到 2030 年，南非公立大学的招生规模要扩大到 160 万人，职业技术学院的招生规模要扩大到 250 万人，社区学院的招生规模要扩大到 100 万人，还提出，到 2030 年实现每年培养 3 万名技工的目标。《白皮书》引入了社区学院作为学后教育培训体系中的新机构，社区学院是在原成人学习中心基础上转化

---

① Needham, S. TVET Policy in South Africa: Caught Between Neo-liberalism and Privatization. *Journal of Vocational, Adult and Continuing Education and Training*, 2019, 2(2): 82-101.

② Motala, E. On the White Paper: Post-school Education and Socially Useful Employment. *Post-School Education Journal*, 2014, 1(1): 5.

而来的。《白皮书》希望社区学院能吸收大量没有上过学或辍学的南非劳动力，为他们提供教育和培训机会，并提出到 2030 年，社区学院的招生规模要从 2011 年的 26.5 万人扩大到 100 万人。

发展职业技术教育是南非政府的优先事项。《白皮书》和《2030 年国家发展规划》将公立 TVET 学院视为南非学后教育体系的基石和实现包容性增长的支柱，并建议扩大职业教育规模和提高 TVET 学院的能力。职业技术学院主要提供中级技术和职业资格的教育，旨在为年轻人提供直接就业的能力和技术，从而缓解南非高等教育的压力。《白皮书》指出："高教部的首要任务是发展公立 TVET 学院，使它们成为大部分离校者的首选机构。"[①]白皮书还提出了一系列相关关键目标，包括扩大规模，提高通过率，加强管理能力，改善基础设施，与雇主和其他利益相关者建立伙伴关系，提高对当地劳动力市场的响应能力，创建一系列课程和资格证书，满足学生的需求，等等。

教育质量是《白皮书》非常关注的问题，《白皮书》对 TVET 学院课程的质量和学生的学习效果表现出了极大担忧。为了解决这一问题，《白皮书》中提出建立"南非职业和继续教育培训研究院"，以支持 TVET 学院的质量改进。它的职责包括为 TVET 学院和社区学院的发展创新、课程改进提供支持，与大学、企业雇主和专家合作，提升职业教育学院教师的专业技术知识和教学技能。高教部公布了该研究院 2017—2020 年的相关研究议题，包括学后教育与培训的入学率、质量与效率、教育与就业、国家的技能需求、管理、教师发展，以及课程、项目和资格证书等较为迫切的问题。此外，提升教育质量的其他重要措施还包括对 TVET 学院和社区学院的教师实行最低资格规定。2013 年，南非政府发布了《职业技术教育和培训讲师的专业资格政策》(Policy on Professional Qualifications for Lecturers in Technical and Vocational Education and Training)，提出在国家资格框架的高等教育子框架下，选择适合的资格框架用于 TVET 学院教师的教育和发展。《白皮书》还提出，要提供必要的基础设施和设备来支持这些教师的教学实践，为其提供工作场所的实践机会，等等。

衔接问题也是《白皮书》关注的学后体系中的一个薄弱环节。首先，许多大学不承认其他大学的课程，有时同一所大学某院系的课程不被其他院系认可，

---

① Department of Higher Education and Training. Government Notice: White Paper for Post-School Education and Training. (2014-01-15)[2022-10-10]. https://www.gov.za/sites/default/files/gcis_document/201409/37229gon11.pdf.

学分不能被接受和实现转移,等等。其次,学生在 TVET 学院与大学之间的转换和升学受限。再次,国家资格框架中,不同资格类型和级别之间的转换和衔接不畅。最后,教育与工作场所之间联系不紧密。《白皮书》对行业教育和培训署和国家技能基金发挥的作用进行了评估,认为两个机构在找准国家技能需求,制定可靠的技能发展计划和促进教育培训与工作场所之间的联系方面做得不够,没有达到预期目标,特别是行业教育和培训署有待改进和提升的管理体系和治理能力。《白皮书》还提出,行业教育和培训署的改革将在之后制定的《学后教育和培训国家计划》中得到充分体现。

(三)国家职业资格

南非是世界上众多建立国家资格框架的国家之一,它建立统一的国家资格框架的目的是纠正长期以来存在的教育不公平问题,让所有的学习者通过学习和培训获得的技能和知识都能够在一个统一的框架中得到国家承认。南非在很大程度上借鉴了新西兰、英国和澳大利亚的经验,早在 1995 年就颁布了《南非资格署法》,通过立法手段设立法定专门机构,开启了开发和实施国家资格框架的进程。根据 2008 年的《国家资格框架法》,南非正式建立了国家资格框架。国家资格框架涵盖了南非的整个教育和培训体系,目的是希望通过创建一个综合的、一体化的学习成果框架,促进普通教育、职业培训和继续教育之间的相互沟通和衔接,提高教育和培训的质量,加快纠正过去在教育、培训和就业方面的不公平和歧视现象。

2006 年 3 月,南非教育部出台了《国家职业资格:国家资格框架 2—4 级资格》[(National Certificate (Vocational):Qualification at Levels 2 to 4 on the NQF]。文件详细规定了国家职业资格的项目标准与规范、获得证书的学习内容和要求,以及考核评价方式,等等。

南非国家资格框架由高等教育资格框架、普通和继续教育与培训资格框架及职业资格框架等 3 个子框架构成,共 10 个级别(见表 1)。3 个子框架的资格标准制定、管理和质量监督分别由高等教育质量委员会(OCHE)、普通和继续教育与培训质量委员会(Umalusi)以及行业和职业质量委员会(QCTO)等 3 个质量委员会来负责。

表 1　南非国家资格框架①

高等教育资格框架	级别	职业资格框架
博士学位	10	
硕士学位	9	
荣誉及研究生文凭	8	专业职业证书
学士学位	7	专业职业证书
高级证书/文凭	6	高级职业证书/职业文凭
高等证书	5	高等职业证书
普通和继续教育与培训 资格框架		
国家高级证书/国家高级技术证书/ 国家成人高级证书/国家职业证书	4	国家职业证书 4 级
11 年级	3	职业证书 3 级
10 年级	2	职业证书 2 级
普通教育和培训证书(9 年级)	1	

为了补充和完善国家资格框架,南非资格署还颁布了一系列政策文件,包括:《南非国家资格框架的等级描述》(Level Descriptors for the South African National Qualifications Framework)、《学分积累和在国家资格框架内的转移》(Credit Accumulation and Transfer within the National Qualifications Framework)、《设计和实施 NQF 资格、部分资格和专业认证评估的南非国家政策和标准》(National Policy and Criteria for Designing and Implementing Assessment for the NQF Qualifications and Part-Qualifications and Professional Designations in South Africa)、《资格注册的政策和标准及国家资格框架中的部分资格》(Policy and Criteria for the Registration of Qualifications and Part-Qualifications on the National Qualifications Framework)、《专业机构认定和专业职称注册的政策和标准》(Policy and Criteria for Recognizing a Professional Body and Registering: A Professional Designation for the Purposes of the National Qualifications Framework Act)、《在 NQF 的背景下实施"先前学习的认可"的政策》[Policy for Implementing Recognition of Prior Learning (RPL)

---

① Department of Higher Education and Training. Draft National Plan for Post-School Education and Training. (2017-11) [2021-12-30]. http://www. sun. ac. za/english/management/wimde-villiers/Documents/NPPSET%20consultation%20draft_16%20November%202017%20RR. pdf.

in the context of the NQF]等。为了解决学后教育和培训体系中的衔接和整合问题，2017 年南非高教部还发布了《南非学后教育和培训体系的衔接政策》(The Articulation Policy for the Post-School Education and Training System of South Africa)。

公立 TVET 学院的职业证书和文凭认证范围主要位于国家资格框架的 2—4 级，但也有一些学院提供 5 级的课程。2007 年 1 月起，南非开始在职业技术学院实施国家职业资格证书 NC(V)制度，并计划逐步取消此前实行的国家技术文凭课程(NATED)。但由于 NC(V)项目的毕业生的就业能力遭到广泛批评，NATED 项目仍然被保留下来，实际上两种体系并行存在。尽管 NC(V)课程设计了理论和实践两部分，但实际上，公立 TVET 学院提供的 NC(V)课程并未对工作场所实践做出要求，其课程设计所要求的实践并非基于工作场所，而是基于工作坊(workshop)的实训。缺乏工作场所的实践可能是 NC(V)项目受到批评的重要原因。有学者认为，NATED 的文凭可以被归类为职业教育，而 NC(V)或许只是以职业为导向的教育。① 此外，NC(V)课程原本是为完成 9 年级教育的年轻人准备的，但现在也招收那些完成了 12 年级教育甚至获得了国家高级证书的学生。面对同一个班级里受教育水平参差不齐的学生，教师的教学工作很难开展，这也导致了学生的不满，因为许多人不得不重复学习之前在学校里学过的内容。

目前，职业技术学院提供三种类型的学习课程，对应不同的资格证书。学生如果选择 NC(V)课程项目，学制 3 年，分别对应国家资格框架的 2—4 级，学生每完成一年，可获得相应级别的资格，完成 4 级，可获得职业资格证书，可以直接就业，也可以用职业资格证书来申请大学。第二种是 NATED，分为 6 级，原则上每一级需要花一个学期时间完成，全部完成需要 3 年。但除了要完成 18 个月的理论课程学习之外，学生还必须有 18 个月或 2000 个小时的工作经历，才能最终拿到国家技术文凭。第三种是行业教育和培训署与国家技能基金资助的职业和技能培训，这种培训强调的是基于工作场所的学习。2015 年职业技术学院学生中，70.4％的学生选择了 NATED 课程，22.4％的学生选择了 NC(V)课程，2.8％的学生参加了职业和技能培训，其他学生参加了各类

① Kuehn, M. The South African Technical and Vocational Education and Training System from a German Perspective, 9th Balkan Region Conference on Engineering and Business Education and 12th International Conference on Engineering and Business Education, Sibiu, Romania. (2019-10)[2020-12-01]. https://www. researchgate. net/publication/341646223_The_South_African_Technical_and _Vocational_Education_and_Training_System_from_a_German_Perspective.

技能发展项目。[1]

三、南非职业教育发展的政策重点

南非职业教育的政策重点和改革趋势是根据南非经济社会发展目标和职业教育领域的挑战来制定和调整的。目前,南非职业教育发展面临内部和外部、长期和短期的多重挑战,围绕学后教育和培训战略,加快推动职业技术教育发展,提高职业教育质量,加强教育培训与市场需求、工作场所的对接是南非高教部面临的主要任务。

近年来,南非政府相继发布《2030 年国家发展规划》(National Development Plan 2030)、《新增长路径》(New Growth Path)、《产业政策行动计划》(Industrial Policy Action Plan)、《人力资源开发战略》(Human Resource Development Strategy)、《2030 年国家技能发展计划》(National Skills Development Plan 2030)、《中期战略框架(2019—2024)》(Medium Term Strategic Framework:2019—2024)等国家发展战略和政策文件。在教育领域,高教部以《2030 年国家发展规划》《中期战略框架(2019—2024)》和《学后教育和培训白皮书》为主要政策制定依据,以建立"统一、协调、多样化、高度灵活的学后教育和培训体系"为重要目标,发布《高等教育和培训部 2020—2025 年战略计划》(DHET Strategic Plan:2020—2025,简称《战略计划》)作为学后教育系统到 2025 年的行动指南。其中,职业技术教育领域的发展重点如下。

1. 扩大职业教育规模

《白皮书》提出,到 2030 年,南非公立大学的招生规模要扩大到 160 万人,职业技术学院的招生人数要达到 250 万人,社区学院的招生人数要达到 100 万人,预计公立 TVET 学院将成为规模最大的部门。2020—2025 年,由于平均每年有 8 亿兰特的资金缺口,公立 TVET 学院的招生人数预计保持在 71 万左右。为了确保公立 TVET 学院实现规模扩大,高教部提出了针对性的支持措施,包括继续实施国家学生资助计划(National Student Financial Aid Scheme, NSFAS),通过资助计划使获得资助的学生人数到 2024 年要达到 40 万;鼓励行业教育和培训署提供更多的工作机会;鼓励年轻人选择手工业作为职业;加强专

---

[1] Department of Higher Education and Training of South Africa. Statistics on Post-School Education and Training in South Africa: 2015, Released in March. (2017-03-01)[2021-02-20]. https://www.dhet.gov.za/DHET%20Statistics%20Publication/Statistics%20on%20Post-School%20Education%20and%20Training%20in%20South%20Africa%202015.pdf.

业化中心建设,到 2024 年为公立 TVET 学院残疾学生设立的专业化中心达到 4 个;等等。

2. 提高职业教育的质量和效率

《白皮书》和《战略计划》指出,需要在教学改革、师资队伍、课程建设、质量保证、管理水平、技术应用、基础设施等方面提高学后体系和职业技术教育的质量。其中,师资队伍的优化是重点。专业教师的人数、资格和专业知识是公立 TVET 学院教学质量提升的关键。高教部提出 2020—2025 年的 5 年内要加强 TVET 学院讲师的能力,将提供公立 TVET 学院讲师资格认证的大学数量从现在的 5 所增加到 10 所。教师的教学、课程开发和研究能力得到提升后,他们利用数字技术和多种方法,以创新方式支持教学的能力也将得到提升。高教部还指出,要支持数字教学的发展,以适应技术发展的趋势。另外,高教部提出要尽力消除公立 TVET 学院的 NATED 和 NC(V)认证积压的问题,以解决过去困扰该体系的低效率问题。

3. 加强职业教育对社会需求的反应能力

《战略计划》指出,学后教育培训体系是一种必须适应社会需要的重要机制。适应社会需要必须更好地了解供求关系,也需要加强学后教育培训体系与地方、区域和国际各层面的联系和接触,要加强研究、协作和能力建设,从而提升对社会需求的反应能力。职业教育的直接目标是提供符合职业、社会和学生需要的资格认证课程。因此,加强公立 TVET 学院与工作场所之间的联系和互动是至关重要的。在制度层面加强基于工作场所的学习,鼓励用人单位参与职业教育,将有助于改善教育和就业的成果。南非高教部提出,将为公立 TVET 学院的讲师提供更多的工作机会,将 TVET 学院讲师在行业或交换项目中的比例从 2019 年的 8.8% 提高到 2024 年的 33.0%;建立产业伙伴关系,确保课程满足产业需求;通过建立创业就业中心来促进公立 TVET 学院的创业能力;通过公立 TVET 学院的专业化中心培训年轻的工匠,每年在中心接受培训的技工学员要达到 700 名;引入专门针对 TVET 学院课程的强制性数字技能培训。

4. 加快推进公立 TVET 学院提供符合第四次工业革命要求的技术创新课程

当前,南非政府非常重视第四次工业革命及其带来的机遇和挑战,在拉马福萨总统的大力倡导下,将科学技术发展和第四次工业革命作为核心国策。高教部提出要加快和扩大职业技术学院课程技术创新的步伐和范围,迎接第四次工业革命的挑战;同时,在公立 TVET 学院的课程中要注入人工智能、机器人、物联网、3D打印、基因工程、量子计算和其他技术的内容。[1] 高教部还建议公立TVET学院与大学,特别是理工大学合作建立创新平台。高教部部长恩齐曼德还特别强调,中国华为公司和南非当地公立TVET学院之间合作的重要性。已有20多所公立TVET学院被认证成为华为ICT学院,200多名教师在接受培训,以实现在公立TVET学院提供华为认证的课程。[2]

5.支持需求导向的职业教育国际合作项目

为了应对职业教育领域面临的巨大挑战,南非政府表示将主要对以下几个领域的国际合作给予重点支持:支持能够促进私营企业和职业技术学院之间建立紧密合作伙伴关系的项目;支持职业教育和培训的课程改革、开发,使之与国家的技能发展和产业需求相结合的项目;支持有助于职业教育和培训领域教师能力提升的项目。在上述领域中,德国、中国、英国、日本都是南非的重要合作伙伴。其中,德国职业教育的双元制在南非备受推崇,两国职业教育合作最为紧密,合作内容主要是加强教育培训与工作场所的联系、提高教师能力和促进技能发展方面的项目,如近年来实施的"TrainMe"项目。此外,中国和南非近年来开展的"南非学生来华学习实训"项目也取得了积极的成效,该项目自2016年启动以来,已有千余名南非学生被选送到中国职业技术院校进行学习。该项目采取半年在职业技术院校学习,半年在企业实习的模式,将理论学习与实践操作相结合,培训成效显著,受到了南非行业教育和培训署及南非学生的欢迎。

四、结　语

新南非自成立以来,逐步建立起了较为完善的职业教育法律制度体系。特别是教育部机构改革和职能重组以来,南非高教部致力于建立"统一、协调、多样化、高度灵活的学后教育和培训体系",加快推动职业教育的发展,加强教育培训与市场需求和工作场所的对接。扩大职业教育规模,重点发展公立职业教育学院,提高职业教育的质量和效率,加强职业教育对社会需求的反应能力,加快推进符合第四次工业革命要求的技术创新课程建设,支持需求导向的职业教育国际合作项目成为南非职业教育领域的发展重点。近年来,中国已成为南非职业教育合作的重要伙伴,两国职业教育合作成果显著。中国-南非职业教育

---

[1] Nzimande, B. Partnerships That Matter, Extracts of Speech Delivered by the Minister of Higher Education, Science and Innovation. *TVET College Time*, 2020, 61(9): 5.

[2] Huawei Partners with Local TVET Colleges to Launch Its ICT Academy. (2020-06-19)[2021-10-05]. https://htxt.co.za/2020/06/19/huawei-partners-with-local-tvet-colleges-to-launch-its-ict-academy/.

合作联盟的成立,联盟机制下"南非学生来华学习实习"项目的品牌效应的不断显现,以及以"鲁班工坊"为代表的中国职业教育对南非产教融合项目的积极影响,都表明中南职业教育务实合作不断取得新进展,并且有效推动了南非职业教育的发展,成为中南人文交流的重要成果,极大地丰富了中南人文交流机制的内涵。

Legal System of TVET in South Africa

YANG Hui

Abstract：Since 1994，South Africa has gradually established a relatively complete legal system of Technical and Vocational Education and Training (TVET). Especially since the reform and functional reorganization of the Ministry of Education，it has become a major task for the Ministry of Higher Education in recent years to establish a "unified，coordinated，diversified and highly flexible post-school education and training system"，and accelerate the development of vocational education. The main focuses of TVET development are as follows：expand the scale of TVET and focus on developing public TVET colleges，improve the quality and efficiency of TVET，strengthen the ability of TVET to respond to social needs，accelerate the provision of technological innovation courses that meet the requirements of the fourth industrial revolution，support demand-oriented international cooperation projects of TVET.

Keywords：South Africa；TVET；legal system

About the Author：YANG Hui is a lecturer and Deputy Director of the Center for African Studies，Yunnan University.

新冠疫情下的南非高等教育国际化发展报告

欧玉芳　　王瑞朵

摘要：高等教育国际化是高等教育发展的必然趋势,是国家参与国际竞争、提升国际话语权和影响力的必然途径。南非高等教育国际化的起步和发展都与其被殖民的历史息息相关。当今世界的经济发展促使教育、人才和知识在全球范围内相互交融,高等教育国际化在随之快速发展的同时也面临多方面的挑战。新冠疫情背景下,原本发展不均衡、体系有待完善的南非高等教育国际化进程更是频繁受挫。因此,南非政府采取了加强非洲内部合作、积极发展在线教育的措施来应对新冠疫情下南非高等教育国际化面临的新问题。

关键词：南非;高等教育国际化;新冠疫情

作者简介：欧玉芳,浙江师范大学非洲研究院助理研究员。
王瑞朵,浙江师范大学非洲研究院硕士研究生。

高等教育国际化是高等教育参与国际竞争而产生的必然趋势,源于国家参与国际竞争的需要。由于种族背景的特殊性和文化环境的复杂性,1994年之前的南非高等教育国际化具有非系统性、不自觉性等特点,高等教育国际流动方式主要是南非学者和学生到国外学习和工作,这种小范围的国际流动受到了本国政治和文化背景的影响。1994年新南非的成立创造了新的政治经济环境,为了更好地融入全球化体系中,南非将高等教育国际化作为重要突破口,在国家、社会和院校层面不断进行改革深化,以满足本国发展需要,应对不断变化的国际考验。[①] 南非高等教育国际化的历史进程和表现特点深受国家殖民历史和种族隔离制度的影响。

---

① 乔斯特,吕耀中,赵爱惠. 南非高等教育国际化发展概况. 世界教育信息,2021,34(5):72-74.

一、南非高等教育国际化的发展进程

17 世纪中叶和 18 世纪初,荷兰和英国先后在南非开展殖民活动,并将各自的教育模式也带入南非。1658 年,荷兰殖民者按照本国教育模式在南非建立了第一所西式学校,以荷兰语为教学语言传播基督教教义,以此来服务殖民统治。[①] 一直到南非民主政府成立之前,南非的高等教育一直处于种族隔离的状态中,《班图教育法》的颁布更是从立法上直接规定了教育受肤色和人种的约束,导致黑人被置于教育资源的边缘地带。被排挤在南非早期高等教育体系之外的黑人学生不得不远走他乡,在其他国家的高等教育机构继续接受教育。不过,殖民统治给南非高等教育系统留下了相对完备的体系和运行机制,使得南非高等教育系统在课程设置、教学模式及学生构成等方面初具国际化特征,但也留下了教育失衡的隐患。

1994 年,新南非成立后出台了一系列高等教育改革措施,其中的很多措施涉及了高等教育国际化的改革与重建。1997 年,南部非洲发展共同体(简称"南共体")的成员签订了《教育与培训议定书》,承诺为共同体内其他国家保留 5% 的高等教育入学名额。1999 年,南非教育部制订了一项旨在扩大非洲各国留学生规模的计划,以吸引非洲其他国家的青年赴南非深造,从而扩大南非高校在非洲大陆的影响力。2001 年,南非《国家高等教育规划》进一步明确提出要扩大留学生数量[②],吸引更多人才扎根南非、建设南非。随着越来越多的留学生涌入南非求学,许多南非高校审时度势,成立了国际交流处和留学生中心,以对接规模不断增大的留学生群体。南非的对外学术交流也因此空前繁荣,高等教育国际化在深度和广度上都得到了发展,国际上随处可见南非的身影。[③]

虽然南非高等教育国际化在其实现过程中,不断地受到殖民历史和种族隔离时期遗留问题的干扰,但是南非社会各界并没有停下探索的脚步,各种机构和区域组织的设置为南非高等教育国际化提供了平台和发展动力。南非国家机构、非洲区域组织和国际组织都在南非高等教育国际化发展中发挥了重要作用。

南非教育部、科学与技术部、内政部及外交部等国家机构都积极支持和推动其高等教育国际化。南非教育部为高等教育发展规划路线,提供政策指导,允许高校在指导性原则的框架内进行学术交流和对外发展。例如,1999 年,南

① 张冰. 本土化视野下的南非高等教育国际化. 世界教育信息,2018,31(7):30-35.
② 张冰. 本土化视野下的南非高等教育国际化. 世界教育信息,2018,31(7):30-35.
③ 顾建新,牛长松,王琳瑛. 南非高等教育研究. 北京:中国社会科学出版社,2010:260-275.

非教育部制订了一项关于广泛吸收来自非洲各国留学生的计划,旨在提高南非在非洲大陆乃至全球的影响力。科学与技术部为推动科技进步、促进创新就业提供帮助。科学与技术部在 1996 年颁布的《科学与技术白皮书》成为影响南非高等教育国际化的关键文件。内政部负责出入境南非人员的审查与确认工作,包括对学生和专家学者的管理。外交部、高等教育委员会、国家研究基金会、南非高等教育协会、南非国际教育协会、南非科学院等机构在南非高等教育国际化进程中都发挥着重要作用,充分把握着国际化进程中的机遇和挑战,成为南非高等教育国际化在国家层面的主要推动者。①

非洲区域组织也助推了南非高等教育国际化的发展进程。南部非洲发展共同体旨在加快非洲的一体化进程,推动非洲国家共同发展,以提高非洲地区的国际影响力;非洲大学联盟为非洲高校之间信息交流、人才互通、资源共享等提供了便利平台,形成了有效的发展合力。这些区域层面上的组织或联盟的成立为南非乃至非洲地区提供了发展的动力,使得高等教育在南非经济发展和社会变革中发挥着越来越重要的作用。

除此之外,国际组织活动和国际交流计划的开展也在潜移默化中加速着南非高等教育国际化的发展进程。世界银行作为世界上最大的多边教育援助机构,一直致力于帮助包括南非在内的世界多个地区的教育发展,其推动成立的非洲教育发展协会为来自非洲各国的教育部、国际发展机构、非政府组织等机构的教育专家提供了对话和协商的平台,促进了世界银行教育项目的开发和执行,直接影响了非洲高等教育的发展。包括南非在内的非洲国家通过世界银行的教育政策提升了高等教育发展的质量,为高等教育国际化提供了强有力的支撑。② 除此之外,美国政府制订的"富布莱特交流计划"在南非地区开展得如火如荼,参与双方本着互相尊重和平等的原则进行教育交流与合作,交换教育工作者,互相学习,加强互通互信。

二、南非高等教育国际化的主要表现

高等教育国际化在社会经济的不断变化中产生了不同的表现形式,例如,留学生的增加、高校国际化课程的开设、教职工的国际化,以及院校间的国际合作。经济全球化背景下的南非高等教育国际化表现形式呈现出复杂多样的特点,不同于殖民历史中南非高等教育国际化在教育模式和课程设置上凸显的

---

① 特弗拉,奈特. 非洲高等教育国际化. 万秀兰,孙志远,等译. 杭州:浙江大学出版社,2013:315-335.
② 牛长松,殷敏. 世界银行对非洲的高等教育政策及其影响. 比较教育研究,2009,31(11):41-45.

"西方化",当下的南非高等教育国际化表现形式多样,富有南非特色。

(一)出境留学生规模扩大,入境留学生规模缩小

留学生数量已成为衡量高等教育国际化的重要指标。南非高校具有国际化课程丰富、国际声誉良好、学费相对欧美国家较低、以英语为主要授课语言等特点,因而成为大批学子的首选留学目的国之一。1999年,南非政府做出扩大招收留学生的决定,2001年南非《国家高等教育规划》的出台进一步细化了南非高校的招生标准和规模,完善了相关教育的法律法规,为来南非的留学生提供了一个更加规范和标准的留学体系。

在南非吸收越来越多留学生的同时,也有相当一部分南非学生选择出国留学。从表1中可以看到,2010年有6640位南非学生选择外出留学,2015年有9110位学生选择外出留学,2020年则增长到了12295人,南非出境留学生数量总体呈平稳上升趋势,这些学生的主要留学目的国是以美国、英国为主的发达国家。

表1　2010—2020年南非出境留学生数[①]

年份	2010	2011	2012	2013	2014	2015	2016	2017	2018	2019	2020
数量/人	6640	6570	6568	7107	8225	9110	10149	10777	12039	12652	12295

联合国教科文组织的数据表明,选择留学南非的学生规模逐渐缩小,南非高校吸引留学生的能力逐渐下降。从表2中可以看到,2010年,南非高校就已经吸收了来自世界各地的66119位留学生,这一数据远高于同年南非出境留学生数。然而,除了2010—2012年数据波动较大外,2012年开始南非的入境留学生(即国际学生)数量基本保持在40000人左右,明显低于2010年的数据。2020年,受新冠疫情的影响,选择到南非留学的学生只有36050人,和2019年相比减少了4662人。虽然南非入境留学生数总体数量远高于同期南非出境留学生数,但是从2011年开始,南非的入境留学生数量总体呈下降趋势。

表2　2010—2020年南非入境留学生数[②]

年份	2010	2011	2012	2013	2014	2015	2016	2017	2018	2019	2020
数量/人	66119	70428	42180	42351	42594	43305	45142	45334	42267	40712	36050

① 详见:http://data.uis.unesco.org/.

② 详见:http://data.uis.unesco.org/.

国际学生的来源分布也是国际化程度的重要标志。从表 3 可以看出,以 2015 年为例,该年南非公立高校的国际学生人数总共达到了 72960 人,其中有 52878 名是来自南部非洲发展共同体的学生,他们依靠南共体的相关优惠政策成为南非国际学生的第一大主力军,常年保持 70%左右的比例,而来自世界其他地区的 6742 名留学生则占比不到 10%。来自非洲其他地区的学生有 12128 名,是除南共体外南非国际学生的第二大主力军。总体来看,南非的国际学生中来自非洲大陆的学生常年占据主要部分,这与自然地理因素和相似的文化背景息息相关。

表 3   2015—2019 年南非公立学校国际学生来源分布①

年份	国际学生来源地区				
	南部非洲发展共同体所在地区	非洲其他地区	世界其他地区	来源不详	总计
2015	52878	12128	6742	1212	72960
2016	49403	11895	6649	1434	69381
2017	48641	11693	6053	1649	68036
2018	45152	11238	5909	2227	64526
2019	41637	10697	5188	1784	59306

(二)课程的国际化

全球化的背景下,为了更好地融合高等教育国际化的趋势,南非教育部重新评估了国内高等院校服务政治经济发展的能力,改革了传统的单一课程,力求在课程设置上呈现跨学科的特点,使教育方式和培养目标满足经济全球化背景下南非对技术型、复合型人才的追求。在课程改革中,南非高等院校借助国际优质资源来丰富课程,提供形式多样的完整的学习内容,力求体现科学文化发展的最新要求,体现时代内涵和先进性,从而促进学生全面发展。例如,成立于 1873 年的南非大学是世界范围内成立最早、最具影响力的开放大学之一。② 南非大学以"面向非洲,服务人类"作为远景目标,旨在跨越语言和文化的障碍,

---

① 详见:https://www.che.ac.za/publications/vital-stats.
② 李薇,赵净,陈秀. 开放大学外部质量保证机制探析——以南非大学为例. 世界教育信息,2015,28 (13):45-49.

提供面向全世界所有国家的教育服务。① 如今,南非大学的学生可以通过视频或音频会议、语音通话、邮件传真等方式获得学习资源,课程的线上提供方式消除了地理距离障碍,能为全世界的学生提供国际课程。此外,开普敦大学人文学院开设了南非荷兰语、阿拉伯语、汉语、荷兰语、法语、商务法语、德语、古典希腊语、希伯来语、意大利语、拉丁语、葡萄牙语、索托语、西班牙语和科萨语相关的文学和文化研究课程②,多种语言的教学形式和内容丰富了学生的选择,也加深了其对不同文化的理解。

(三)教职工的国际化

为了吸引人才入境,南非通过了《2004年移民修正案》,吸引经济发展所需的稀缺技能人才以实现消除贫困、发展科技的美好愿景。为了促进经济增长和持续供应技术劳动力,该修正案主张雇用外国劳动力,引导技术人才入境工作。修正案执行后,南非从世界各地吸引了众多国际人才,包括来南非高等院校就职的国际人才。从表4可以看出,南非公立大学的国际教职工大多来自非洲其他国家和欧洲国家,这一分布特点同南非与非洲其他国家、欧洲国家之间的历史渊源有着密切联系;此外,数量明显较少的是来自南美洲和大洋洲的教职工,从选取的3个年份的数据可以看出,来自这些地区的国际教职工数量都在20以内,其中2005年来南美洲的国际教职工仅有6位。

表4　2000年、2005年和2010年南非公立大学的国际教职工数③

年份	地区								
	亚洲	大洋洲	欧洲	北美洲	南美洲	南部非洲发展共同体所在地区	非洲其他地区	未知	总计
2000	95	19	409	81	18	96	148	667	1533
2005	35	12	229	47	6	196	168	433	1126
2010	87	19	369	75	11	482	319	128	1490

---

① 邓梦园. 南非远程高等教育质量保障体系研究. 金华:浙江师范大学,2015.

② University of Cape Town. About the School. [2022-01-21]. http://www. humanities. uct. ac. za/hum/departments/languages_literatures/about.

③ 详见:https://www. dhet. gov. za/SitePages/Higher-Education-Management-Information-System. aspx.

(四)院校间国际合作的开展

院校间的国际合作是南非高等教育国际化的重要举措,各种国际合作的推进和院校间协议的签署,直接或间接推动了南非高等教育国际化的发展进程。南非比勒陀利亚大学在 2005 年签署了 72 份院校合作协议,其中大多数是与欧洲的院校签订的,总共有 26 份,占比 36%,与南部非洲发展共同体成员和其他非洲国家院校共签署 18 份合作协议,与美洲(美国、墨西哥、加拿大,以及加勒比地区)院校签署 17 份,与斯堪的纳维亚半岛院校签署 5 份,与亚洲院校签署 6 份。截至 2019 年,比勒陀利亚大学与欧洲院校已有 184 份合作协议,与北美洲院校有 66 份,与非洲其他国家院校有 41 份,与亚洲院校有 72 份,与南美院校有 12 份,与大洋洲院校有 10 份。① 除此之外,比勒陀利亚大学教育学院已经与纳米比亚、莫桑比克和荷兰等国家的院校建立了互惠伙伴关系。另外,金山大学的一项研究发现②,有 44% 的学校教职工与来自欧洲的同行进行科研合作,和南非其他大学的同行进行科研合作的教职工同样占 44%,与北美洲同行合作的有 42%,与来自南部非洲发展共同体地区同行合作的为 29%。金山大学2019 年的一次报道中显示,在 2017 年,金山大学学者与美国的 723 名学者、英国的 503 名学者、澳大利亚的 305 名学者和德国的 276 名学者共同撰写文章,推动了院校的科研合作。③ 除此之外,中国与南非院校之间的合作也在不断推进。中国已有 10 余所大学与南非的大学建立了合作关系。中国的湖南大学和南非的斯坦陵布什大学、中国的东北师范大学和南非的比勒陀利亚大学入选中非合作论坛框架内的"中非高校 20+20 合作计划",分别结成了合作伙伴。

三、新冠疫情对南非高等教育国际化的影响

新冠疫情暴发以来,国际形势更加严峻复杂,面对可能到来的高等教育国际新格局,教育改革势在必行。当前,国际学生流动等传统国际化形式难以实现,辍学失业比例上升,教育不公平现象加剧……这一系列棘手问题的出现迫使包括南非在内的国家在积极推动高等教育国际化时转变思维,用新视野探寻

---

① The University of Pretoria. Visualization Data Dashboard for International General Agreements. [2019-12-30]. https://www.up.ac.za/partnerships.

② 详见:http://www.wits.ac.za/。

③ Thondhlana, J., Garwe, E. C., de wit, H. et al. (eds.). *The Bloomsbury Handbook of the Internationalization of Higher Education in the Global South*. New York: Bloomsbury Publishing, 2020:493-507.

教育发展的新方向、新道路。

（一）新冠疫情下南非高等教育国际化面临的新问题

1. 学生国际流动减少

新冠疫情给全球高等教育国际化带来了前所未有的挑战，对人员流动的限制使得传统国际化活动停滞不前，高等教育国际化受到严重干扰，学生的国际流动意愿和支付能力也随之降低。疫情冲击不仅导致产业经济发展不景气，也波及了教育行业。最直接的冲击是学生的出入境学习受到影响，国际流动减少，这不是南非一个国家面临的问题，而是疫情对全球各国教育发展的共同考验。根据 QS 世界大学排名发布的关于疫情下留学意愿的数据，全球留学生都或多或少地受到了疫情的影响，学生国际流动减少不仅仅是南非在面对的问题，而是当下教育国际化发展的普遍问题。

此外，根据国际大学协会发布的《新冠疫情对高等教育影响的全球调查》，在 424 份有效问卷中，近 77％的受访高校不得不因疫情关闭并停止学校的所有活动，64％的受访高校认为疫情对于校际合作造成了不同程度的影响，51％的受访高校认为疫情削弱了他们与国际合作伙伴之间的交流。[1] 值得注意的是，73％的非洲受访高校认为疫情给学校发展带来了负面影响，这个比例高于欧洲高校（47％）、亚洲和大洋洲高校（44％）以及美洲高校（41％）。可见新冠疫情对高等教育国际合作的确造成了巨大的负面影响。[2]

2. 教育不公平现象加剧

新冠疫情导致的家庭收入减少加剧了低收入家庭与高收入家庭之间的教育不公平现象。疫情期间，教学模式转变，远程学习逐渐成为主流形式。在南非，有相当一部分学生由于缺乏互联网和计算机设备，在参与在线学习或完成作业时面临困难。南非的一项研究报告显示[3]，网络设备缺乏和网络连接不畅是南非学生线上学习的主要绊脚石。另外，远程学习的质量在总体上参差不齐。一些低收入和偏远地区家庭缺乏互联网和电力资源支撑，无法跟上学校和老师的节奏进行远程学习，这些学生学习的积极性和有效性大大降低，面临着逐渐被边缘化的危险。与此同时，高收入家庭的学生不仅享受着便捷的网络服

---

① 贺冬萌，王永生. 疫情影响下高等教育国际化的挑战及对策. 神州学人，2021（4）：28-33.

② 详见：https://www.iau-aiu.net/。

③ The State of the Global Education Crisis：A Path to Recovery.（2021-12-03）[2022-01-26]. https://www.worldbank.org/en/topic/education/publication/the-state-of-the-global-education-crisis-a-path-to-recovery.

务和完备的基础设施,还拥有充足的替代资源来弥补远程学习的不足,例如家庭教师和线上付费课程。

教育不公平现象在疫情期间被放大,南非学生无法获得平等的教育和教学资源,一定程度上加剧了南非社会的两极分化。

3.财政拨款减少

新冠疫情对旅游业、制造业、交通运输业及文化娱乐业等都造成了巨大冲击,教育部门也受到了影响。受到疫情影响的南非财政部表示将会削减对高教部、科学与创新部的20%的教育拨款,这是将近190亿兰特的教育投资,如此大幅的削减势必会对高等教育的正常运转和发展产生影响,不利于学生学习。[1]南非公立大学的收入主要来自学生学费、政府财政拨款和基础设施的项目补贴。教育财政的拨款减少,这些大学就不得不从减少研究活动、降低学生资助人数、节省公共费用等方面寻找平衡。这样削减教育财政支出的行为并非个例。世界银行与联合国教科文组织联合发布的报告《2021年教育财政观察》显示,约三分之二的低收入国家(人均国民总收入不到1036美元)和中低收入国家(人均国民总收入为1036—4045美元)自新冠疫情暴发以来都削减了教育预算,约三分之一的高收入国家(人均国民总收入在12535美元以上)和中高收入国家(人均国民总收入为4046—12535美元)削减了教育预算[2],由此可见,疫情对教育行业的打击是全球性的。世界银行副行长玛姆塔·穆尔蒂认为,各国必须将教育支出同教育成果的改善更加紧密地结合起来,以弥补疫情对教育造成的损失,并着力打造更加有效、公平和灵活的教育系统。

(二)应对措施

1.加强非洲内部合作

面对形势严峻的新冠疫情,2020年8月,南非国际教育协会和非洲国际教育网联合签署了一份备忘录,双方承诺共同推进非洲高等教育国际化发展,扩大非洲在国际教育领域的影响力,在个人领域、合作项目以及国家等多个层面共同探讨非洲高等教育国际化的方向和未来。[3] 该协议强调,非洲作为一个大

---

[1] van Schalkwyk, F. Reflections on the Public University Sector and the COVID-19 Pandemic in South Africa. *Studies in Higher Education*,2021,46(1):44-58.

[2] Education Finance Watch 2021.(2021-06-20)[2022-01-28]. https://unesdoc. unesco. org/ark:/48223/pf0000375577.

[3] Innovation and Resilience in Higher Education Internationalization in an Era of COVID-19 & Beyond.(2020-10-01)[2022-01-23]. https://ieasa. studysa. org/virtual-conference-2020/.

陆应该联合起来面对突如其来的疫情,加强内部合作,形成资源区域内流动,如此既能尽量避免国际流动可能带来的大范围疫情暴发,也能更好地团结非洲力量,凝聚非洲共识。

类似的合作并非先例,非洲的地区主义和一体化进程有着悠久的历史。20世纪初,非洲的"泛非运动"号召所有非洲人民联合起来反对种族歧视和殖民压迫,开展要求民族独立、争取黑人权利的民族主义运动,这极大地增强了民族自信心和凝聚力。此后,非洲大陆各国主动寻求合作途径的例子不断涌现,如建立合作机构和发展联盟,促进地区之间互通有无,进而加快一体化进程。南非作为非洲工业化水平最高、高等教育体系较为完备的国家,更应该在疫情期间积极主动地加强合作,把握机遇,迎接挑战。在经济全球化和疫情反复肆虐的当下,如何加强非洲地区团结与合作,提升一体化程度,促成非洲"一个声音"的形成,是重大且现实的问题。

2. 发展在线教育

新冠疫情期间,在线教育成为高等教育国际化的主要手段。在线教育是通过应用信息科技和互联网技术进行内容传播和快速学习的方法。自疫情暴发以来,在线教育便成为停课不停学的主要手段,弥补了线下教育的缺失。线上平台具有受众广、成本低、迅速便捷等特点,为疫情下人员流动的受限提供了解决办法。然而,在线教育也存在师生互动不强、学生学习受网络影响大、无法满足学生的个性化学习需求等缺陷。

以技术带动发展,在线教育就是必不可少的一环。针对现有的在线资源类型单一,教师和学生迫切需要满足个性化教学的线上资源等问题,南非政府可以通过普及计算机知识和互联网应用,开发多元交互的在线资源,注重学生在使用时的获得感,解决在线上学习的绊脚石,真正做到停课不停学。

四、结 语

新冠疫情的暴发扰乱了正常的生活秩序,阻碍了国家间的交流往来,也给南非高等教育国际化的发展带来了沉重打击。自1994年新南非政府成立后,南非各教育部门积极配合国家政策完善相关教育法律法规,高等教育国际化进入快速发展时期,主要表现为课程设置的国际化、院校合作国际化程度的提高,以及留学生规模的扩大。然而,疫情又给南非的高等教育国际化带来了新的阻碍,如教育不公平现象加剧,学生国际流动减少,政府财政拨款降低,等等。为应对这些新的挑战,南非政府呼吁加强非洲内部合作,发展在线教育以确保高等教育国际化和日常教学活动的正常进行。新冠疫情对南非的高等教育国际化提出了新要求,也为其带来了新的机遇,只有积极参与高等教育国际合作与交流,提高自身创新能力,才能在变革中把握机遇,推动南非高等教育迈上新台阶。

Report on the Internationalization of Higher Education in South Africa During the COVID-19 Pandemic

Ou Yufang WANG Ruiduo

Abstract: The internationalization of higher education is an inevitable trend of the development of higher education, and it is also the inevitable way for countries to participate in international competition and enhance their international discourse power and influence. The start and development of the internationalization of higher education in South Africa are related to its colonial history. Today, economic development promotes a global convergence of education, talent and knowledge. With the rapid development of higher education, there are also many challenges. In particular, the outbreak of COVID-19 has affected the internationalization of higher education in South Africa, which was originally unbalanced in development and the system needs to be improved. In this case, the South African government has strengthened cooperation with other countries in Africa and actively developed online education to deal with new problems in the internationalization of higher education during the pandemic.

Keywords: South Africa; higher education; internationalization; COVID-19 pandemic

About the Authors: OU Yufang is an assistant researcher at the Institute of African Studies, Zhejiang Normal University.

WANG Ruiduo is a master's student at the Institute of African Studies, Zhejiang Normal University.

第三部分

中南产业合作

南非传统医学发展报告

刘钊轶

摘要：非洲传统医学早在现代医学问世之前就已被非洲人民广泛运用，是珍贵的社会文化遗产。南非作为非洲最大的经济体之一，在对非洲传统医学的开发和利用方面也最具代表性。南非的传统医学受众群庞大，在民众中的普及度远高于现代医学。然而，南非传统医学存在局限性和发展瓶颈，需在体制和政策法规中寻求创新。借鉴中国传统医药的发展途径可以让南非传统医学形成学科体系，结合南非的国家减贫政策则可以让南非传统医学实现新的发展。

关键词：南非；传统医学；中医药；中南合作

作者简介：刘钊轶，浙江师范大学非洲研究院南非分院执行主任、南非哈哈比科萨王国顾问、南非罗德斯大学商学院博士研究生。

一、南非传统医学简介

世界卫生组织将传统医学定义为"不同文化中基于维护健康所固有的理论、信仰和经验的知识、技能和实践的总和"[①]。而非洲传统医学顾名思义就是非洲文化中的传统医学的总称，是非洲文化中固有的基于维护健康的理论、信仰、经验的知识、技能及实践的总和。自从传统医学问世以来，人类就开始使用它来治疗各种疾病。今天，传统医学已经满足了世界大多数人口的医疗保健需求。根据世界卫生组织的报告，当今世界传统医学服务的人数一直在持续增加。[②]

[①] 详见：https://apps. who. int/gb/ebwha/pdf_files/EB134/B134_24-en. pdf♯～：text＝％28Traditional％20medicine％20is％20defined％20as％20％E2％80％9Cthe％20sum％20total，improvement％20or％20treatment％20of％20physical％20and％20mental％20illness. ％E2％80％9D.

[②] The World Health Organization. *A Global Brief on Hypertension*：*World Health Day*. (2013-06-25) [2020-11-08]. https://www. who. int/publications/i/item/a-global-brief-on-hypertension-silent-killer-global-public-health-crisis-world-health-day-2013.

南非是非洲最发达的经济体之一,在对非洲传统医学的开发和利用上也一直走在非洲最前沿。撒哈拉沙漠以南非洲人类学的历史也证明,目前南非的传统医学融合了来自撒哈拉沙漠以南非洲多个国家和民族的文化元素和草根医学知识。虽然南非传统医学主要来源于南部非洲诸国,然而在撒哈拉沙漠以南地区乃至整个非洲,南非传统医学的元素几乎随处可见。非洲各国的传统医学发展现状和进程大同小异,有相当大的共通性。所以,南非的传统医学在整个非洲传统医学体系中是具有代表性的。

南非有超过72.0%的黑人族群人口有同时使用西方现代医学和传统医学手段治疗病症的习惯;每10万人对应500位传统医学的医生(简称"传统医生"),但是只对应77位现代西方医学的医生。[1] 对于占南非人口总数79.4%的黑人群体[2]而言,南非的传统医药及医生的可及性和便利性远超现代医疗。

(一)南非传统医生简介

南非传统医生按照诊疗手段可大致分为传统外科医生、传统助产师、草药医生和预言师四种。[3]

传统外科医生通常是男性,往往在临床上身经百战,对男孩包皮环切术等小型外科手术非常有经验。传统助产师则常常是拥有多年助产经验的老年妇女,她们为怀孕期间的女性提供护理和建议,并提供孩子出生时的助产以及之后的母婴护理服务。草药医生和预言师被称为尼亚戛(iNyanga)和圣戈玛(iSangoma),都属于非洲萨满祭司。[4] 草药医生对植物、昆虫、鸟类和蛇类都有广泛的了解,通过使用相关草药和生物材料来治愈病患。虽然草药医生主要使用传统医药制品医治病患,但他们在治疗的过程中也会运用一定的精神元素,比如他们相信山川的神灵会给自然环境带来影响,从而让人们生病或痊愈。

预言师是非洲传统医学中最有文化特色却又受到最多非议的存在。与其他非洲传统医生以正常意义上的医学治疗为基础有所不同,预言师是精神治疗者,经常由女性担任。他们首先会询问有关人们的生活和工作环境的问题以寻

[1] Chatora, R. An Overview of the Traditional Medicine Situation in the African Region. *African Health Monitor*, 2003, 4(1): 4-7.

[2] World Population Review. South African Population (Live). [2022-03-09]. https://worldpopulationreview.com/countries/south-africa-population.

[3] van Niekerk, J. Traditional Healers Formalised?. *South African Medical Journal*, 2012(102): 105-106.

[4] Cumes, D. South African Indigenous Healing: How It Works. *Explore*, 2013, 9(1): 58-65.

找疾病的原因,然后穿戴上特殊的衣饰,聆听祖先的指示。其次,在康复仪式中,预言师会跳舞、唱歌和打鼓,也可能通过抛撒动物的骨骼等预言器物来做出预言。最后是祭祀仪式,预言师要宰杀牲口,祭祀祖先,帮助病患痊愈或不再为某事烦扰。

南非传统医生的社会地位非常高,并不是谁都可以成为传统医生。据说在成为传统医生之前,受训者往往会突然患上一种无法解释的疾病(如一种无法消除的严重头痛)。这被视为祖先的召唤,受训者必须做出决定,是否听从祖先指示并承担起传统医生的重任,然后以传统医生的身份开始受训。受训者一旦同意,病痛就会立刻消失,然后他们会开始在梦境中向祖先学习草药知识、牲口祭祀和预言等技能(也有极少数受训者是师从部落里其他的传统医生)。①

(二)南非传统医药简介

南非传统医药分为植物类药和动物类药。南非的传统植物类药通常来自植物的各个部位,如叶、茎、树皮、根等。南非民族植物学研究已经证明,很多被南非传统医生日常使用的草药确实可以治疗疾病,包括糖尿病、癌症、哮喘、结核病、艾滋病和精神疾病。多种动物产品也被南非传统医学用作治疗药物,其中包括鸟类、爬行动物、哺乳动物和两栖类动物的皮肤、尾巴、血肉、毛发、骨骼、牙齿、脂肪、腺体和粪便颗粒。②

南非传统医生会直接给患者使用药物,或者指示患者去某地收集或购买药物然后自行使用。传统医生可以按需将所收集的药材通过不同形式给患者使用。口服途径包括饮用汤药(将枝叶混合后让患者直接服用或者煎服)和进食药物(往往是让患者将磨成粉状的植物药材与食物混合并嚼服)。传统医生会为食物中毒的患者用植物汁液灌肠和催吐,还会让皮肤病患者坐进燃烧着药材的小屋里熏蒸并局部涂抹植物浆汁或糊剂等。

(三)南非传统医学受众人群

直观来看,南非的贫困问题严重,在偏远地区,传统医药往往是人们唯一能找到的医疗资源,所以南非的传统医学盛行。但真实情况是,无论是在边远山区、农村还是城市,南非的传统医学都大行其道。南非传统医学的受众来自社

① Cumes, D. South African Indigenous Healing: How It Works. *Explore*, 2013, 9(1): 58-65.
② Sorsdahl, K., Stein, D. J., Grimsrud, A. et al. Traditional Healers in the Treatment of Common Mental Disorders in South Africa. *Journal of Nervous and Mental Disease*, 2009, 197(6): 434-441.

会的各个阶层和类别,涉及不同的年龄、民族、宗教、出身、职业、居住地和受教育程度。[1] 可以说,除了很少一部分人确实是因为地理可及性才只能求助于传统医学以外,绝大多数南非民众使用传统医学的最重要原因是文化习惯。

另外,南非传统医学的实践都是以客户为中心的个性化服务。考虑到非洲文化对人们生活的深远影响,传统医学在人们心中的角色几乎是无可替代的——除帮助人进行身体医治外,传统医生还扮演着许多角色,包括心理咨询师、社会调解员、文化教育者,以及非洲传统和习俗的守护者。值得注意的是,当传统医生和现代医生都在可及范围内,并且收费都在可负担范围内时,很多南非人往往还是会选择优先咨询传统医生。只有在传统医疗效果不佳时,他们才会再去寻求现代医生的帮助。

二、南非传统医学发展现状

(一)总体情况

一些学者曾认为,由于气候改变和人为破坏,非洲丛林的面积在逐年减少,很多传统的药用植物也在随之慢慢走向灭绝;同时,城市化、现代教育、外来宗教和新自由主义经济体系的发展会让许多非洲年轻人慢慢脱离传统的信仰,从而导致未来传统医学的衰败。但事实正好相反,目前南非传统医学在各大城市和农村社区中的应用频率在急速增加。研究表明,南非民众对传统医学的需求正在随着现代化进程的推进而增加。[2] 比如,生活在城市地区大量受过高等教育的黑人之所以选择传统医学服务,是因为传统医学背后的认知和文化可以帮助他们更好地进行心理疏导,应对当代城市生活带来的压力等。

随着全球化和城市化的迅速发展,南非传统医学也在发生显著变化。随着人们教育水平的普遍提高和各种现代职业的出现,人们(尤其是年轻人)对传统文化的喜爱程度和自身购买力也在迅速提升。而且在社会发展进步的同时,传统医学从业者们也正在适应并迎合这种变化,提供各种满足现代人需求的药物和治疗方案。此外,电视、广播、报纸以及互联网的普及,为传统医学从业者们创造了更多的营销平台,为进一步扩大传统医学的影响力和号召力提供了便

① Hughes, G. D., Aboyade, O. M., Clark, B. L. et al. The Prevalence of Traditional Herbal Medicine Use Among Hypertensives Living in South African Communities. *BMC Complementary and Alternative Medicine*, 2013(13) 38.

② De Jong, J. *Traditional Medicine in Sub-Saharan Africa: Its Importance and Potential Policy Options*. Washington, DC: World Bank, 1991.

利。更为重要的是,很多南非的国家医疗保健机构也正在响应这些传统医学发展的积极趋势,开始着手研究并开发传统药物。虽然这些变化现在看来还远远不够,但至少给南非传统医学前进的道路点亮了明灯。

(二)南非传统医学的商业化

撒哈拉沙漠以南非洲地区拥有约 11% 的世界人口,却有着全球 24% 以上的疾病负担,并且只占用了不到 1% 的世界财政资源用于卫生保健。[1] 非洲幅员辽阔、物种丰富,是一个天然药物宝库。然而,非洲大陆却有一半以上的人口无法得到基本药物保障,撒哈拉沙漠以南非洲国家更是 70%—90% 的药物都要靠进口。[2] 而在南非,只有少数人口能够获得正常和及时的医疗援助,剩下的绝大多数人都在缺医少药的生活中挣扎。这说明南非人民数百年来对传统医药的朴素草根研究都未能转化成生产力,该国的生物多样性在很大程度上尚未被合理利用,未能促进人民健康福祉和实现其应有的经济价值。虽然相较于我们熟悉的现代医学,非洲传统医学在科学性、严谨性和系统性上还有很大的差距,但世界卫生组织仍旧鼓励非洲国家对其传统医学进行认真的开发,以保留这珍贵的历史文化,并让它继续为绝大多数的非洲人口提供便宜又便捷的基础医药卫生保健服务,以维持和提高人民健康水平。

自 20 世纪 90 年代以来,南非一直在快速推进本地药用植物的商业化,已经开始将一些传统草药制作成各种医药保健产品并推入市场。例如,芦荟、艾蒿、尖顶夏枯草、南北香叶和天竺葵等用于常见疾病的药用植物已经被非托诺瓦(Phyto Nova)和阿斯彭(Aspen)等大型制药公司商业化,并以胶囊、软膏剂、片剂、茶或泡腾片等制剂形式进行正式标准化生产和推广。[3] 然而到目前为止,除却已经走上了国际化和商业化道路的极少数传统药物,南非市场上还有大量的药用植物以未加工的原材料或粗加工的制剂形式出售。这些原始形态传统药物的非正规贸易规模还在逐年急剧扩大。据统计,南非原始形态传统药物的

[1] Anyangwe, S. & Mtonga, C. Inequities in the Global Health Workforce: The Greatest Impediment to Health in Sub-Saharan Africa. *International Journal of Environmental Research and Public Health*, 2007, 4(2): 93-100.

[2] Conway, M., Holt, T., Sabow, A. et al. Should Sub-Saharan Africa Make Its Own Drugs? McKinsey & Company. (2019-01-10) [2022-03-09]. https://www.mckinsey.com/industries/public-and-social-sector/our-insights/should-sub-saharan-africa-make-its-own-drugs.

[3] van Wyk, B. E. The Potential of South African Plants in the Development of New Medicinal Products. *South African Journal of Botany*, 2011(77): 812-829.

非正规贸易额每年可达数十亿兰特。① 目前尚无明确的统计数据可以表明南非有多少家非正规传统医药商家正在运营,但这些商品买卖的聚点构成了南非许多大城市市中心商业景观的一部分。还有大量的传统药物销售点分散在各个城镇和乡村,这些销售点包括杂货店、保健品店、街边小摊、超市和药房等。

目前大多数南非本地出售的传统药物和制剂都还是未经现代医学研究和认可的②,其商品标签也无法提供有关该药物的足够信息。南非市场上甚至还存在不少标签和实际内容物不一致、有欺骗倾向的传统药品。然而,这些传统药品的信息缺乏、信息不完整或信息不真实都并未妨碍公众认可并使用它们,也不妨碍其零售商和经销商从中获利。因为大多数民众坚持认为,既然传统药物都是天然产品,那就代表着安全。但是,"天然"不一定意味着安全,对药物的不正确使用可能会对人体造成不良影响,甚至让危重病人错过最佳诊治期。这意味着未来南非政府对传统医药产业的引导和监管势在必行。

(三)南非传统医学的研究

南非传统医学讲究对疾病的预防、治疗和养护,在大众健康管理中发挥着重要作用。传统医学所覆盖的疾病范围很广,从生理疾病到心理疾病都有。近年来南非人口迅猛增长,国家医疗压力骤升,政府对新药的开发以及对传统医疗手段有效性验证的渴望直接推动了对传统医学的研究。虽然这些研究大多数都还在起步阶段,研究数量有限且研究深度也尚未达到预期,但至少南非政府的态度和意愿是积极的,有利于将南非的传统医学产业引向正轨。近年来,现代医学界也开始尝试着理解非洲传统医学,并对其使用的药物进行药理学和毒理学研究,包括其有效成分、作用机理、生化反应以及毒副作用等。

在南非,对传统医药的绝大多数研究都是针对药用植物的研究。南非对药用植物的研究一般先从民族植物学研究开始,然后开展基于实验室的药性实验,包括用不同溶剂对药用植物材料进行萃取、植物化学定性、定量筛选、生物测定分离、活性物质分离和非活性化合物结构分析。在得到提取物和目标化合

① Mander, M., Ntuli, L., Diederichs, N. et al. Economics of the Traditional Medicine Trade in South Africa. *South African Health Review*, 2007(1): 189-196.

② van Wyk, B. E. The Potential of South African Plants in the Development of New Medicinal Products. *South African Journal of Botany*, 2011(77): 812-829.

物之后,才进行药理学和毒理学的各种测试和进一步研究。[①]

目前南非的重点医学机构尚未开始对传统医药的专项研究,但在一些南非的学术协会和地方机构已经出现了针对传统医药中天然草本药物的研究。在过去的几年中,南非的植物学协会研究了几种主要针对糖尿病、高血压、艾滋病等的传统药用植物,并已对其生物学、药理和其他活性进行了调查。[②] 这几种植物也随之被定性为药用植物并具有商业开发潜质。一些南非地方科研人员还对该国市场中的几种常用传统药物进行了评估。结果表明,这些传统药物确实显示出对枯草芽孢杆菌、金黄色葡萄球菌、大肠埃希菌、肺炎克雷伯菌和白色念珠菌等具有不同程度的抗菌性和抗环氧合酶活性(抗炎性);还有一些传统药物对分离的和非分离的人类嗜中性粒细胞和血小板具有抑制或刺激作用。[③] 例如,20 世纪 70 年代,南非科学家们鉴定了 Umckaloabo[也被称为 EPs®7630(Umckaloabo®)]植物的有效成分,关于该植物的多项临床研究都证实了其抗支气管炎症的安全性和有效性。[④] 直到现在,Umckaloabo 在欧盟国家依旧很流行,也获得了德国的草药出售许可证。2009 年,《南非眼病学杂志》(*South African Ophthalmology Journal*)发表了一篇关于夸祖鲁-纳塔尔地区常见的 9 种畅销草药制剂的药理特性的文章。[⑤] 其中,Imbiza ephuzwato 和 Ibhubezi™ 这两种多用途草药制剂显示出了极好的抗菌和消炎特性以及对环氧合酶(COX-1 和 COX-2)的高抑制作用。[⑥]

但同时科研人员也发现,传统草药制剂浓度的高低会使其产生截然不同的药效,尤其是在治疗糖尿病、高血压和哮喘患者时,患者的嗜中性粒细胞和血小

---

① Sasidharan, S., Saravanan, D., Chen, Y. et al. Extraction, Isolation and Characterization of Bioactive Compounds from Plants' Extracts. *African Journal of Traditional, Complementary and Alternative Medicines*, 2011, 8(1): 1-10.

② Odeyemi, S. & Bradley, G. Medicinal Plants Used for the Traditional Management of Diabetes in the Eastern Cape, South Africa: Pharmacology and Toxicology. *Molecules*, 2018(23): 2759.

③ Ndhlala, A. R., Stafford, G. I., Finnie J. F. et al. *In vitro* Pharmacological Effects of Manufactured Herbal Concoctions. *Journal of Ethnopharmacology*, 2009(122):117-122.

④ Brendler, T. & van Wyk, B. E. A Historical, Scientific and Commercial Perspective on the Medicinal Use of *Pelargonium Sidoides*(*Geraniaceae*). *Journal of Ethnopharmacology*, 2008(119): 420-433.

⑤ Ndhlala, A. R., Stafford, G. I., Finnie, J. F. et al. *In vitro* Pharmacological Effects of Manufactured Herbal Concoctions Used in KwaZulu-Natal South Africa. *Journal of Ethnopharmacology*, 2009(122): 117-122.

⑥ Ndhlala, A. R., Stafford, G. I., Finnie, J. F. et al. *In vitro* Pharmacological Effects of Manufactured Herbal Concoctions Used in KwaZulu-Natal South Africa. *Journal of Ethnopharmacology*, 2009(122): 117-122.

板对药物浓度非常敏感。[1]

这些发现表明,市场上确实有很多传统药物是治疗疾病的良方,但制作工艺和用量直接关系到其疗效和安全性,不正确的使用会危害人体健康甚至引起复杂的并发症。

(四)南非传统医学的培训

2007 年之前,南非没有任何正式机构可以进行传统医学培训。2007 年,南非政府启动并设立了培训传统医生的机构,所有学员均在经验丰富的传统医生的指导下学习和受训。[2] 培训机构有明确的培训标准、学习期限、入学要求。在政府潜移默化的引导下,更多人开始接受并认识到了在正规培训机构中学习非洲传统医学的重要性,而且意识到这样的培训与他们非洲化、本土化的要求并不相悖。

到 2014 年,尽管南非政府已经开始要求在医学教学中引入传统医学的概念,但全国八所医学院中只有一所将传统医学纳入了教学课程。[3] 2017 年,南非开始了一场呼吁传承传统医学的学生抗议行动,极大地扩大了传统医学的影响力。抗议学生指出,大学目前的传统医学课程仍然受西方现代医学的影响,由此,他们呼吁政府应当发展出一种同时适应西方现代医学和南非传统医学的教育体系,不要让两门学科互相干扰,尤其是西方现代医学不应对南非传统医学持有怀疑和反对态度。抗议行动颇为成功,此后更多的南非医学机构开始考虑进行对传统医学的研究。尤其是在新冠疫情席卷世界之后,南非的八所医学院全部开始把传统医学的基础知识纳入教学范畴,以帮助学生更好地理解南非传统医学对现代疾病的防治和对现代医学的辅助作用。[4]

---

[1] Mothibe, M. E. , Kahler-Venter, C. & Osuch, E. *In vitro* Effects of a Commercial Herbal Medicine Used as African Traditional Medicine on Human Neutrophils. *African Journal of Traditional, Complementary and Alternative Medicines*, 2017, 14(3): 51-60.

[2] 详见:http://www.scielo.org.za/scielo.php? script=sci_arttext&pid=S0256-95742016000400010 #:~:text=The%20Traditional%20Health%20Practitioners%20Act%2022%20of%202007%20aims%20to, control%20over%20the%20registration%2C%20training.

[3] Chitindingu, E. , George, G. & Gow, J. A Review of Integration of Traditional, Complementary and Alternative Medicine into the Curriculum of South African Medical Schools. *BMC Medical Education*, 2014, 14(1): 1-5.

[4] Mothibe, M. E. & Sibanda, M. *African Traditional Medicine: South African Perspective*. Pretoria: Health Sciences University, 2019.

（五）法律对南非传统医学的规范

1996 年《南非国家药品政策》的出台标志着南非正式承认传统医学，并开始使其走向制度化。《南非国家药品政策》提出，传统药物的功效、质量和安全性应该经过专项研究确认，以便在国家医疗保健系统中随时调用，同时指出传统药物应该在国家部门正式注册并获得销售许可之后才能在市场上发行和流通。①

2003 年，南非建立了一个南非传统医学国家网络资料中心。该中心由南非国家卫生部的药物监控委员会、科学与工业研究理事会和医学研究理事会合作成立，其主要目的是收集、利用传统医学信息，以促进传统医药的注册和监管。

南非关于传统医学的国家政策草案 2007 年第 22 号《传统卫生从业者法案》于 2008 年在《南非宪报》（South Africa Gazettes）上发布。基于法案，南非成立了南非传统医学部门，专门负责检验传统医药的安全性和有效性，在国家医疗体系中实现对传统医药的制度化管理，并在国家立法和政策框架的基础上对传统医药进行商业管理，以此确保传统医学对南非民众健康的积极作用。

2008 年，南非发布了《传统草药国家政策草案》，旨在将南非传统草药规范纳入国家医疗系统。《传统草药国家政策草案》中还规定了传统草药产品的注册过程、知识产权和传统从业人员的正规化处理细则。此外，该政策草案还建议在南非建立传统医学研究国家伦理委员会，并制定传统医学国家药典。

2013 年，根据《传统卫生从业者法案》，南非传统医生理事会成立。传统医生理事会负责制定传统医生注册和监管的框架，以确保传统医学服务的质量和安全性。同时，传统医生理事会也负责全国范围内的传统医生资格培训和把传统医生按照归类（传统外科医生、传统助产师、草药医生和预言师）登记并纳入国家传统医生名册。尽管《传统草药国家政策草案》已经颁布，但因为宣传不到位和流程没有细则化，南非还有相当多的传统医生未登记在册。

南非政府为了更好地发展其传统医药，在 2018 年建立了一个跨领域的传统医学研究平台，与国家的科学与工业研究中心、农业研究理事会、药物研究理事会、农业部和科学技术部等机构建立了合作关系，由南非的国家研究基金会和南非土著知识系统等半国营机构提供资金，共同开展针对非洲传统医药的深

---

① 详见：https://extranet.who.int/mindbank/item/5545＃:～:text＝National％20Drug％20Policy％2C％201996％20This％20document％20serves％20the,including％20health％20care％20providers％2C％20suppliers％20of％20goods％20and.

度研究。但是因为该平台建立不久,机构间合作缺乏协调,各个机构暂时都还在独立进行研究。

三、南非传统医学行业分析

(一)南非传统医学的优势

南非的传统医学是一个拥有深厚文化积淀、明确市场认知、庞大消费基础和一定商品雏形的产业。南非的传统医学面对的主要是黑人群体,但这个市场还有向上层消费群体扩展的巨大可能性。此外,南非当下人口激增,新冠疫情导致现代医疗体系不堪重负,国家急需开发传统医学产业作为国家健康卫生系统的良好补充,这些都是南非传统医学所拥有的巨大优势和时代性发展机遇。

对于投资者来说,这个有着深厚消费传统的领域能给企业带来巨大的利润空间和运作弹性。如能及时抓住当下的机遇,选定一种或两种传统医药制剂,明确单品标准及效用,规范生产,深化宣传,规范销售渠道,采用现代产业化经营模式,就可以迅速建立起该产品在市场中的销售"护城河",形成良好商机。

(二)南非传统医学的劣势

第一,无法融入现代医学体系。从本质上来说,现代医学讲求科学的诊断和生物学意义上的治疗,而传统医学的诊治内容包罗万象。传统医学领域多发的不规范行为,如假冒伪劣产品销售、不合理竞争和传统势力操纵等问题,都在让这个行业被现代医学体系进一步边缘化。

第二,质疑与污名化问题。传统医学一直以来都被视为西方现代医学领域以外一个特立独行的存在。西方现代医学从业者和科学家们对传统医学的科学性和有效性表示怀疑,尤其是对草药医生和预言师作为土著萨满时对患者的"超自然"诊疗部分。众多现代媒体对传统医学的广泛质疑确实也引起了很多西方人(和西方化人群)对传统医学的严重抵触。

第三,草药错认、质量和污染问题。错认草药导致的草药误用是传统医学诊疗中导致患者死亡的主要原因之一。[①] 传统草药制造商们使用的粗糙的草药晾制和处理方式也可能会导致产品质量下降。此外,传统医药产品的生物和化学污染也是一个大问题。

---

① Rates, S. M. K. Plants as Source of Drugs. *Toxicon*, 2001(39): 603-613.

第四，缺乏临床疗效和安全性证据。目前大多数南非本地出售的传统药物和制剂都是未经现代医学研究和认可的，科学家们也仅给为数不多的草药产品进行过药性和毒理实验。

第五，政府法规执行力度不足。为了能规范传统医药市场，南非曾制定了一系列的国家法案和规章制度，然而实际上政府和相关部门的执行力度却很成问题。南非传统草药市场仍然处于高度失控状态，多数从业者都保留着他们世代传承的行医、制药和经销渠道，从而拒绝与国家体制接轨。

第六，消费者教育不足。纯天然并不等同于安全，有些草药哪怕已经在市场上流通了很长时间了，仍然可能给患者带来严重的毒副作用。只有当消费者通过各方宣传教育了解到不良草药可能给自己带来的隐患时，他们才会避免从不正规的零售点购买传统药材并使用在自己或家人的身上。

四、南非传统医学走出困境和中南合作

（一）南非传统医学如何走出困境

作为一个产业，南非传统医学虽文化基底丰厚，但其从业者素质和从业水平却不尽如人意。如果没有一个健全的体制去进行产品标准化、约束从业者、规范市场，那么这个产业就难以有长远发展。南非的传统医学目前就处在这个一盘散沙的阶段上。虽然国家陆续出台了各种政策和法规，但一方面，执行不力不能达到约束传统医学从业者的目的，另一方面，传统医学从业者对政府的不信任和与现代医学的对抗，导致了其有令不行、我行我素的现状。

南非传统医学与南非文化习俗和宗教信仰交织，并在一个相对封闭的环境中自行发展，目前最好的发展规划就是借鉴中国中医药的发展途径，让南非传统医学形成学科体系。在科学研究的基础上，南非传统医学可以提炼和总结众多从业者的经验和教训，将他们世代相传的渊博知识汇编成册，加强对未来从业人员的系统培训，并开展与西方现代医学的平等合作开发。

南非传统医学的开发还可以与减贫和地区发展联系起来。充分利用国家减贫的政策利好，南非传统医学从业者可以在偏远山区开展各种传统草药种植、医药作物开发、社区群众培训、传统制剂加工等活动，这既可以调动落后地区群体积极地创造财富，又可以带动地区经济发展，还可以培训有技术的工人以增加就业，由此，南非传统医学能够在为地区减贫出力的同时，为相关企业带来充分的人力、物力资源和发展机遇。

（二）中国与南非在传统医药方面的合作

中国是具有悠久的医药文化历史传统的代表国，有完整的传统医药体系和文化传承，也是世界上现代化、产业化较好的传统医药大国。之前因为地理和文化的原因，中国市场对南非的传统医药产品并不熟悉。2000年后，随着中国与南非交流的逐步增加，南非的传统植物、药物产品逐步进入中国市场，比如芦荟胶、如意宝茶（线叶金雀花）和胡地亚干片。中国作为一个巨大的新兴保健品消费市场，为南非传统医药产品提供了前所未有的机遇。而南非传统医药产品，由于其原料的独有性、功效的明确性，以及本身的故事性和话题性，都能够制造在新兴市场深度营销的机会。中国与南非之间的众多经贸合作平台以及双方政府的支持和协助力度，都是南非传统医药面对欧美市场时所没有的。所以，对于南非传统医药而言，面对中国这样的新兴市场，精选正确产品，做好整体营销，才能抓住这一重要的商业机遇。

中国传统医药在南非的落地可以追溯到第一批广东沿海移民来到南非的19世纪晚期，而现代中医正式进入南非则是从20世纪90年代晚期开始的。此后，随着南非正式认可中药为补充医疗手段的一种，并接受中药的备案和注册，中国现代化的中医药企业开始瞄准南非市场发力。中国医药企业投资南非须注意寻找在南非社会交流语境下的宣讲方式，从南非市场需求的现实去布局，并在与南非本地传统医药产品的竞争中重视与其圈层的合作和共情建设。在业务拓展方向上，可考虑将现代化药物生产系统及工艺介绍和引入南非本地传统医药市场，使这些初步成型的本地传统医药产品进一步正规化和现代化，在提升客户使用体验的同时，有效拓宽市场。

South African Traditional Medicine
Development Report

LIU Zhaoyi

Abstract：African traditional medicine is a precious social and cultural heritage，and has been widely used by African people before the advent of modern Western medicine. South Africa is one of the largest economies in Africa, and it is also highly representative in the use of traditional African medicine. South African traditional medicine has a huge market in Africa which is much bigger than that of modern Western medicine. However, South African traditional medicine has its limitations and development bottlenecks. It needs to seek innovation in regulations and national systems, learn from the success of traditional Chinese medicine and utilise the policies of South Africa's national poverty reduction to achieve new development.

Keywords: South Africa; traditional medicine; traditional Chinese medicine; China-South Africa cooperation

About the Author: LIU Zhaoyi is the Executive Director of the South Africa Branch of the Institute of African Studies, Zhejiang Normal University. She is the Kingdom Advisor of the Rharhabe Xhosa Kingdom, South Africa, and a PhD candidate at Rhodes University, South Africa.

南非数字经济发展与中南数字经济合作

胡洁琼　廖思傲

摘要:数字经济在南非社会经济发展中发挥着日益重要的作用,正成为南非经济加速发展的新引擎。南非在发展数字经济方面虽具备明显优势,但也存在诸多结构性问题。新冠疫情加剧了南非政治、经济、社会危机,阻碍了南非数字经济的发展进程。因此,一方面,南非数字经济要实现跨越式转变需积极对外寻求合作;另一方面,中国也应继续加强与南非的数字经济合作,助推南非数字基础设施建设与产业转型,实现高技能人才培养培训,培育中南数字经济合作新模式。

关键词:数字经济;南非;中南合作

作者简介:胡洁琼,浙江师范大学非洲研究院非洲学硕士研究生。

廖思傲,教育部浙江师范大学中国-南非人文交流研究中心秘书长、非洲研究院辅导员。

一、南非数字经济发展机遇及其现状

南非政府在政策制定方面的积极做法很好地体现了执政当局对数字经济的支持,其他非洲国家及一些国际组织与非洲区域组织对数字经济的重视也对增强南非数字经济的内生发展动力起到了推动作用,电子商务、数字金融、数字教育等领域的发展则奠定了南非数字经济发展的基础。

(一)顶层设计引导发展方向

现任南非总统拉马福萨曾明确表示对发展数字经济寄予厚望,并将其视为南非增加就业机会的契机。南非政府发布于2018年的《科学技术与创新》白皮书草案①及 2019 年的新版白皮书②都指出,要促进数字经济领域内技术的发展,并且要将科技创新置于南非发展议程的中心地位。2020 年,南非政府发布了《南非国家数字及未来技术战略》,介绍了南非信息技术人才培养机制发展方向,对于南非跟上科技革命潮流、创造就业机会、促进产业数字化发展、增强网络安全实力具有重要意义。该战略文件提出了加强数字技术基础教育和设施建设,培养数字技术高层次人才,实现数字技术与产业相融合等战略发展目标。文件也提出了实现上述目标的具体方案和机制,为南非未来数字技术发展绘制了美好蓝图。③ 2021 年,南非通信与数字科技部发布了《国家数据和云政策草案》,旨在增强国家数字服务能力,草案提出了建立高性能计算和数据处理中心、新型国家数字基础设施公司、数字/ICT 经济特区、跨国公司投资数据中心等构想。④ 此外,南非政府专门成立了"第四次工业革命总统委员会",为国家数字经济发展提供政策建议和战略规划。

当国家政府对某一经济领域的关注度和重视度持续提升时,就会自上而下地对该经济领域的发展产生正面引导作用。新冠疫情让南非政府愈发意识到本国发展数字经济的必要性与可行性。南非政府对于数字经济的重视为数字经济的发展提供了较好的政治环境,相关政策的出台也为其发展奠定了坚实的基础,为其创造了有利的发展机遇。南非数字经济的相关政策与顶层设计致力于在南非大力发展数字经济,打造一个"数据密集和数据驱动的南非"。

(二)国际环境增强发展意愿

非盟《2063 年议程》中规划了信息技术和数字经济发展愿景,并制定了《非洲数字化转型战略(2020—2030)》,提出了建立非洲大陆数字市场,打破数字鸿沟,实现可持续发展等愿景。2020 年 9 月,非盟成员国一致同意加快在非洲大陆自由贸易区框架内的电子商务和数字经济谈判进程,非盟将敦促成员国确保非洲能够达成和执行非洲大陆自由贸易区电子商务议定书,使非洲在电子商务交易的数据和产品等方面拥有充分权力,并促进非洲在国家层面,以及次区域

---

① 南非公布《科学技术与创新》白皮书草案　强调用科技创新加速包容性经济增长。(2018-09-14)[2022-11-23]. http://m. stdaily. com/guoji/zhengce/2018-09/14/content_708761. shtml.

② 北京大学科学研究部. 南非发布新版《科技创新白皮书》。(2019-04-23)[2022-11-23]. https://www. research. pku. edu. cn/gnwkydt/1302727. htm.

③ 驻南非共和国大使馆经济商务处. 南非政府发布国家综合信息和通讯技术政策白皮书。(2020-09-24)[2022-02-16]. http://www. mofcom. gov. cn/article/i/jyjl/k/202009/20200903004012. shtml.

④ 南非政府发布国家政策,关注数据和云服务。(2021-04-05)[2022-02-16]. https://www. 163. com/dy/article/G7L33VLB0528CJEP. html.

和大陆各级层面建立电子商务平台。① 2021 年,非洲大陆自由贸易区启动仪式在线上举行,作为发展中国家集中、成员国众多的自贸区,其将推动南非数字资源整合,对南非数字经济发展产生深远影响。非洲经济一体化下的南非数字经济呈良好发展态势,国际组织也为南非营造发展数字经济的良好环境提供了资金支持。世界银行计划到 2030 年为非洲数字转型投资 250 亿美元②,并在数字经济倡议中号召各国政府、国际资本共同参与非洲数字经济建设。在世界银行的支持下,非盟制定了数字化"登月计划"。近年来,随着肯尼亚、卢旺达等国相继发布数字化转型战略,发展数字经济逐步成为非洲国家的共识,有利的外部环境为南非数字经济持续稳定发展创造了条件。③

非盟组织的积极推动、世界银行等其他国际组织的资金支持,以及非洲各国的数字经济发展趋势都为南非数字经济统筹布局、优化营商环境提供了良好的国际环境。在非盟等区域组织的影响下,意识到数字经济作用的非洲大陆便会形成发展数字经济的"羊群效应",南非本土发展数字经济的意愿也会因此得到极大的增强。

(三)数字经济生态圈奠定发展基础

近年来,线上购物已然成为新趋势,电子商务更是新冠疫情背景下南非实现消费增长的少数行业之一。国际贸易署 2021 年 9 月的数据显示,2020 年南非在线销售额相较于 2019 年增长了 66%;国际线上销售日也在南非备受青睐,2020 年"黑色星期五"当天,南非的在线销售额较 2019 年该日增长了 50%。④ 2020 年,南非电子商务用户数达 1800 多万,另有 600 多万用户参与了网上购物。⑤ 国际市场研究机构 Research and Markets 发布的报告显示,2021 年南非

① Decision on the African Continental Free Trade Area (AfCFTA). (2020-02-10)[2022-02-20]. https://www.tralac.org/documents/resources/cfta/3176-au-assembly-decision-on-the-afcfta-february-2020/file.html.
② 张忠祥,陶陶. 非洲经济发展的新态势. 现代国际关系,2020(9):51.
③ 张忠祥,陶陶. 非洲经济发展的新态势. 现代国际关系,2020(9):49.
④ South Africa—Country Commercial Guide. (2021-09-11)[2022-03-03]. https://www.trade.gov/country-commercial-guides/south-africa-ecommerce.
⑤ Insights on the South Africa E-Commerce Market to 2027—Featuring Takealot, Superbalist and Woolworths among Others. (2021-12-30)[2022-03-03]. https://www.prnewswire.com/news-releases/insights-on-the-south-africa-e-commerce-market-to-2027—featuring-takealot-superbalist-and-woolworths-among-others-301451881.html.

电子商务市场规模为 45 亿美元。① 另有数据预测,2021 年至 2028 年南非电子商务年增长率将超过 14%,2028 年南非电子商务市场规模将超过 250 亿美元。②

2019 年,南非拥有 141 家金融科技初创公司③,占非洲金融科技初创公司的 29%。2021 年,非洲科技创业生态系统进一步突破提升,564 家初创公司该年共融资 20 亿美元,其中,南非、尼日利亚、埃及和肯尼亚四国在总融资中占有重要份额。④ 此外,南非金融科技初创公司也在不断突破创新,以南非代表性企业 JUMO 为例,该初创公司致力于运用数据科学、机器学习等先进技术研发最为快捷精简的金融服务基础设施。⑤ 金融支付方面,南非许多银行及部分金融服务公司,如 Zapper 和 Snap Scan,已纷纷开通二维码支付系统,日益便利的电商服务也改变了南非民众的消费习惯。

南非政府历来重视数字教育的发展。新冠疫情期间,南非教育部门提出并积极推进虚拟学习倡议,提供了免费的教育应用程序和网站等数字资源以推动南非教育数字化转型。2020 年,南非基础教育部提出与南非广播公司合作研发系列广播教育课程,提供可免费下载的教育应用程序 2Enable,该程序不仅提供课程内容,其配备的电子阅读器更可支持 2000 多种本土语言。⑥ 为保障数字教育更好地开展,在南非政府的支持下,该电子阅读器在与南非主要手机网络合作的各大平台均可使用。此外,WorksheetCloud(任务云)、Vodacom e-school(沃达在线教育)、Olico Maths Education(欧立可数学教育)、基础教育部网站、

---

① Research and Markets. South Africa E-Commerce Market Size, Forecast 2022—2027, Industry Trends, Share, Growth, Impact of COVID-19, Opportunity Company Analysis. (2021-11-01)[2022-03-03]. https://www.researchandmarkets.com/reports/5504330/south-africa-e-commerce-market-size-forecast.

② Businesswire. South Africa E-Commerce Market Report 2021: Market is Expected to Surpass $25 Billion by 2028, at a CAGR of 14%. (2022-01-28)[2022-03-03]. https://www.businesswire.com/news/home/20220128005384/en/South-Africa-E-Commerce-Market-Report-2021-Market-is-Expected-to-Surpass-25-Billion-by-2028-at-a-CAGR-of-14--ResearchAndMarkets.com.

③ Fintech Africa. South Africa, Nigeria, Kenya Account for 65.2% of Africa's Fintech Startups. (2019-06-19)[2022-03-03]. https://www.financialtechnologyafrica.com/2019/06/19/fintech-startups/.

④ Jackson, T. African Tech Startup Funding Trebles to Pass $2bn Mark in 2021. (2022-01-28)[2022-03-03]. https://disrupt-africa.com/2022/01/28/african-tech-startup-funding-almost-trebles-to-pass-2bn-mark-in-2021/.

⑤ Singh, A. Top 10 Financial Technology Startups in South Africa. (2021-02-04)[2022-03-03]. https://www.vcbay.news/2021/02/04/top-10-financial-technology-startups-in-south-africa/.

⑥ Minister Angie Motshekga on Basic Education Sector Plans to Support Learners During Coronavirus COVID-19 Lockdown. (2020-03-26)[2022-03-03]. https://www.gov.za/speeches/minister-angie-motshekga-basic-education-sector-plans-support-learners-during-covid-19.

豪登省教育厅网站等平台也提供了优质在线教育资源。① 截至 2021 年 11 月，南非基础教育部已成功将国有学习资源数字化，所有数字化内容资源均有 PDF、EPUB 和 HTML5 格式的版本，并列在电子目录中以供使用。②

南非在数字医疗、数字司法等领域也有积极表现。2020 年 10 月，在非洲线上医疗领域数字互联网新模式展览中，南非等国的医疗领域引领者积极探讨如何打造医疗领域数字化互联新模式。2021 年，医疗网络研讨会在南非约翰内斯堡举行，会议讨论了如何着手将入院和出院数据统一整合。为便于新冠疫苗顺利在南非推广，南非政府积极开发疫苗接种电子数据系统，该系统可以提供接种人员的相关信息。南非在数字司法领域也取得了初步进展。南非司法部门于 2018 年 11 月决定在法院推行数字化改革，以提高法院向公众提供服务的质量，例如法院进一步加快了数字案件管理系统和数字证据管理系统完善等进程。

新冠疫情给南非经济带来了沉重打击，但也在一定程度上加速了数字经济发展，从电子商务到数字教育，从数字医疗到数字法院，数字技术正越来越广泛地辐射到南非经济社会发展各个领域，南非的数字经济生态圈正逐步成形，为南非进一步发展数字经济，推进对外数字经济合作提供了坚实的技术基础。此外，在 2021 年 4 月 12 日致全体国民的公开信中，拉马福萨表示，数字经济为南非增加就业创造了机会。③ 南非电子商务体量的增长、在促进就业方面的良好表现等不断激发着执政当局与民众对发展数字经济的信心与热情，从侧面反映了南非社会对数字经济的认可。数字经济深入科教文卫等领域为南非加深产业数字化程度，提升现代化治理效率，实现疫情背景下经济快速复苏与跨越式发展提供了动力，也为南非处理和解决贫困问题提供了更有力的保障。

二、南非数字经济发展面临的制约因素

以电子商务为主导的南非数字经济生态圈虽逐步成形，但在南非数字经济蓬勃发展的同时，南非经济结构失衡与数字基础设施薄弱的缺陷，政治经济及

---

① Mhlanga, D. & Moloi, T. COVID-19 and the Digital Transformation of Education: What We Are Learning in South Africa. (2020-04-01)[2022-03-03]. https://doi.org/10.20944/preprints 202004. 0195.v1.

② 上海师范大学国际教师教育中心. 南非推进教育资源数字化. (2021-11-22)[2022-02-20]. http://untec.shnu.edu.cn/80/36/c26039a753718/page.htm.

③ 南非总统：数字经济为南非增加就业创造机会. (2021-04-12)[2022-02-16]. http://www.chinanews.com.cn/gj/2021/04-12/9453212.shtml.

社会领域的制约因素与不稳定的南非新冠疫情走向相叠加,高技能劳动力外流与数字技能培训不足下的人才缺失,都极大延缓了南非数字经济高质量发展的脚步。

(一)经济结构失衡与数字基础设施建设滞后

南非国民经济结构失衡是制约南非数字经济发展的重要因素,摆脱结构性经济缺陷也成为南非发展数字经济最大的重点和难点。以南非国家电力公司为例,该公司几乎垄断了南非所有的电力供应,却频发停电事故,如2021年第一季度,南非拉闸限电270个小时,严重影响了国家经济发展。同时,该企业还背负着4500亿兰特(约合1969亿元人民币)的巨债,一直靠政府输血维持运营,被视作影响南非经济稳定的最大单一风险。① 除经济垄断、国有企业治理缺失外,南非经济发展还存在过度依赖资源开发,进出口贸易结构较为单一的问题。矿产品是南非的首要出口商品,而南非进口的多为高科技设备。2022年1月,南非税务局数据显示,南非宝石出口率高达26.2%,当月的机械电器设备进口率则达23.4%。② 事实上,数字经济虽在南非迅速发展,但就南非总体经济结构而言,其影响力仍旧非常微弱,这种经济结构上的失衡使得南非在实施长远性、自主性的经济发展规划时面临较为严峻的挑战。

除南非国民经济结构失衡的问题外,数字基础设施建设滞后于数字经济发展需求、数字技术与生产制造端融合不足也是制约南非数字经济发展的重要因素。在南非数字基础设施建设方面,南非通信网络等数字基础设施建设虽有了较大改善,但总体而言,南非数字经济仍处于发展的早期阶段,网络服务覆盖范围有限,电力及配套设施发展滞后,通信基础设施供给能力不足。例如,新冠疫情期间,南非电信运营商网络流量和连接量大增,给网络带来巨大压力,在实行全国居家隔离措施以后,全国上网数据吞吐量更是较以往增加了40%左右,因此不得不临时增加无线电频谱分配给移动网络运营商。③ 尽管如此,南非的数字基础设施仍旧无法较好地满足民众的上网需求,远程办公、线上教学也受到了相应影响。从南非数字经济发展的现状来看,数字技术主要应用于电子支付和电

① 刘钊轶. 南非骚乱背后的经济弊端. 经济,2021(9):106-109.
② South African Revenue Service. SARS Releases the Preliminary Trade Statistics for January 2022. (2022-02-28)[2022-03-03]. https://www.sars.gov.za/wp-content/uploads/Docs/TradeStats/2022/Jan6721/Media-Release-January-2022.pdf.
③ 非洲数字经济发展的挑战与机遇,中非合作带来新动力. (2020-10-09)[2022-02-16]. http://world.people.com.cn/n1/2020/1009/c1002-31885264.html.

子商务,但在数字技术与生产制造端融合方面仍存在不足。以电子支付为例,南非电子支付虽发展迅猛,但目前仍存在一些问题,如服务费高、回款慢及多种电子支付系统之间缺乏兼容性等,若要在南非使用电子支付系统,大约需要下载十几种不同的支付软件。① 这使得南非部分个体客户和中小型企业望而却步,阻碍了电子支付在南非大规模普及,进而影响了南非数字经济的发展进程。

(二)政局不稳与对外依赖影响自主发展能力

新冠疫情暴发以来,以电子商务为主要代表的南非数字经济虽实现了增长,但南非整体经济形势仍处于疲软状态,这是受到了政府信任危机、对外依赖以及自主发展能力不足等因素对经济可持续发展的影响。南非当前政治环境下不稳定的经济发展框架也使得南非数字经济相关政策制定与执行缺乏系统性与延续性。

拉马福萨担任南非总统以来,虽推出了一系列的经济复苏和重建计划以发展数字经济,但面对南非政党内部意见分歧、贪污腐败等危机,国家实施经济改革仍旧困难重重。2021 年,以南非前总统祖马入狱事件为导火索,南非多地爆发大规模骚乱,这些暴力事件实则为南非发展困境的一大缩影,也是南非政府信任危机的体现,经济疲乏、失业危机等状况透支了南非政府公信力,艰难的政治社会环境也使其相关改革难以为继。此外,由于南非在国家独立过程中向原宗主国让渡了部分核心权益(主要是经济权益),因此南非在解除殖民统治后建立的仅为形式上独立的民主政权,实质上因缺乏完整的经济主权,资源开发收益仍然被宗主国的跨国公司占有,这导致了南非政府长期缺少财政来源,无法改善民众的生活,对外部援助较为依赖。② 这将对南非数字经济发展造成两方面阻碍:就数字经济政策制定而言,南非本就在一定程度上配合发达国家的发展意识,在制定数字经济政策时也将受原宗主国利益牵制,而非完全基于本国国情;就数字经济政策执行情况而言,财政来源的缺失导致南非政府缺乏独立的经济支柱,难以满足其政策实施的需要。且作为数字经济引擎的数字技术也多掌握于发达国家手中,南非若欲突破数字技术和数字治理瓶颈则须寻求合作,但目前南非数字经济仍处于初步发展阶段,因而缺乏必要的基础,而发达国家对非援助则多附有政治经济条件。因此,南非政府制定并落实数字经济政策

① 周涛. 疫情让南非加速步入电子支付时代,各种问题仍待解决升级. (2021-08-16)[2022-02-21]. http://news. cri. cn/20210816/429a6099-947e-e57d-72da-e9b17de2c72f. html.

② 温铁军. 全球化与国家竞争:新兴七国比较研究. 北京:东方出版社,2021.

面临两难处境。政局不稳与对外依赖使南非数字经济难以摆脱波动性与依附性强的发展困境,南非独立发展数字经济之路仍任重道远。

（三）新冠疫情的冲击与数字经济领域人才短缺

在社会与文化因素方面,新冠疫情冲击着南非的财政和营商环境,南非数字经济领域人才缺乏导致创新能力不足,以及劳动力市场失衡加剧社会矛盾等现状皆是南非实现数字经济转型的重要阻碍。

新冠疫情导致南非 2020—2021 年经济活动数量大幅减少,几乎所有行业都出现了裁员,工人税前收入水平也有所降低。疫情导致的经济停摆也使得南非生产和服务领域多项合同延期履行甚至无法履行,同时增大了市场上的信息不对称性,使营商环境受到负面影响。① 在民生领域,疫情使生产活动收缩,商品和服务需求大减,进一步降低了南非国民收入和就业水平。2021 年 6 月,南非生产价格指数同比增长了 7.7%,达到了自 2016 年 2 月以来的最大年度涨幅。② 生产者成本增加,原材料价格上涨,物价水平也随之提高,进而影响到社会经济的良性发展。加之南非目前极高的失业率,南非实现数字经济转型需要解决多重社会难题。

此外,南非数字经济领域人才缺乏亦是阻碍南非数字经济发展的重要因素。与传统经济模式不同,数字经济是新一代信息技术与经济社会各领域融合创新的产物,对数字技术人才要求较高。然而,南非目前数字技术人才鸿沟巨大,具有出色数字技术素养、水平的人才只占少数,且相关专业人员培训也未取得明显成效,当前不少数字技术相关工作都外包给国外或雇佣外国人才进行。与此同时,南非已成为高素质人才培养的中转站,很多国家的专业技术人才,尤其是青年人才,纷纷选择先进入南非工作、生活,再以南非为跳板,进入发达国家留学、就业、生活。例如,仅 2019 年上半年,已有 7400 多名研究生和专业人才离开南非③,然而,南非国内多个行业却有着几十万个高技能工作岗位空缺,人才需求量巨大。南非青年劳动力开发不足,以及数字技术人才外流导致南非面临数字经济领域人才储备短缺的局面,也使得南非本国发展数字经济处于内驱力不足的尴尬境地。南非虽拥有大量青年劳动力,但其受教育水平较低,无

<hr>

① 大公国际发布 2021 年南非投资环境评价跟踪报告. (2021-12-01)［2022-11-23］. http://finance.sina.com.cn/zl/2021-12-01/zl-ikyakumx1359028.shtml.

② 刘钊铁. 南非骚乱背后的经济弊端. 经济,2021(9):106-109.

③ 南非人才外流及其成因浅析. (2020-08-03)［2022-11-23］. http://ex.cssn.cn/xspj/gjsy/202008/t20200803_5164918.shtml.

法适应经济发展需要。数字教育的缺乏则导致南非缺少发展数字经济的相关专业知识人才,进一步阻碍了南非发展数字经济。

三、中南数字经济合作现状与合作态势

习近平主席在中非合作论坛第八届部长级会议上指出,中非要加强数字经济合作,推动共同实施"九项工程"。① 其中,贸易促进工程、数字创新工程是"九项工程"中对促进中非数字经济影响较为深远的重大战略部署。南非在非洲大陆经济发展中发挥着引领性作用,中南合作则在中非合作道路上占据重要地位,数字经济也正成为中南合作共赢的新领域、新方向,双方在数字经济领域的合作对南非经济转型和社会发展起到了良好的促进效果,中国和南非应在双方已有合作基础上,继续深化数字经济关键领域的合作,推动中南合作走上新的台阶。

(一)数字基础设施建设

越来越多具有针对性的本土化发展的中国数字解决方案正应用于南非市场,中国在加强南非数字基础建设方面起到了关键作用。当前,华为、中兴、中国电信、中国联通及中国移动等公司均与南非各大电信运营商开展了广泛合作。中国电信在南非铺设光纤、光缆共计1100多千米,并投资了多条国际海缆,提升了南非到世界各地的通信路由。② 中国联通的国际海缆资源则帮助南非人民更为快捷、稳定地连接到全球互联网之中,同时也提升了全球对南非的互联网访问速度和稳定性。作为1998年便进入南非的先行者,2012年,华为率先将其全球领先的4G技术引入南非,目前已经是南非各主要电信运营商的重要合作伙伴,其产品和服务已经惠及该国三分之二的人口。除上述合作模式外,中国在援助南非实施数字经济项目,支持南非数字基础设施建设时可以采取"合作伙伴＋技术输出"模式,例如,推动搭建南非产学研相结合的创新体系,与南非一同建构开放高效的制造技术研发平台,使南非能够形成具有本国特点的适用技术,加快建设更具针对性的南非新型数字基础设施,从而助推南非加快数字化转型与长远发展。

对于处在发展早期阶段的南非数字经济而言,数字基础设施建设尤为重要,数字基础设施建设也是南非提出的基础设施建设六大优先领域之一。因此,相较于其他领域,数字经济的发展与合作对基础设施的需求尤为突出。南非数字经济要实现跨越式转变需要积极寻求国际合作。作为数字经济引领者之一的中国也应在政府和企业等层面,继续加强与南非的数字基础设施建设合作,帮助南非逐步推进人工智能、5G、大数据、云计算、物联网、移动互联网等基础设施完善与基础技术研发,并以此为基础,加强数字化平台建设,重视区块链、量子计算、6G 等更前沿的技术和基础设施的建设研发,推进南非智慧城市建设,从而助推南非加快数字化转型与长远发展。

(二)人才培养培训

除数字基础设施建设外,中南合作也需注重数字技术人才的培养与培训。与南非最大电信运营商 MTN 联络的中兴通讯相关部门首席顾问德盖塔诺指出,欧洲国家和中国电信行业发展迅猛的原因之一是它们拥有专业且熟练的操作人员,相关知识储备丰富,并且建有专业的实验室,运营商也非常清楚向供应商要求什么。[①] 中国目前已通过对当地员工进行技能培训以传授技术等方式初步为南非储备了一批数字技术人才。例如,中兴南非子公司与南非 55 所高中合作共建信息通信技术培训学习中心,定期培训理工类专业技能学生。华为与南非邮电部联合实施“未来种子”项目,每年选拔 10 名优秀南非信息通信技术专业学生赴中国学习;成立“华为南非培训中心”,为华为的南非本地员工和南非五大运营商的员工提供培训机会;还与南非多所大学进行合作,为相关专业学生提供免费在线或线下 5G 技术培训,培训学生总数超 6000 人。[②] 高素质的数字技术人才是数字经济发展的基础,日益成为促进经济社会发展的战略资源。

中南双方应相向而行,推动数字人才培养迈上新台阶,在数字经济合作时需要更注重教育和培训方面的完善提高,借助“中非大学 20+20 合作计划”“中非数字创新伙伴计划”等项目,深入推进中南之间的职业技术教育、中等教育、高等教育等领域的合作,与鲁班工坊、孔子学院、大使馆等一起形成数字人才培

① 非洲数字经济发展的挑战与机遇,中非合作带来新动力. (2020-10-09)[2022-02-16]. http://world. people. com. cn/n1/2020/1009/c1002-31885264. html.

② 荆晶. 南非政府:与华为合作对技术发展“非常重要”. (2020-02-26)[2022-02-10]. https://www. imsilkroad. com/news/p/402839. html.

养合力,通过建设中南数字技术交流示范和培训联合中心、中南科技创新研发平台和数字经济联合研究中心、中南联合实验室等机构开展相关方面培训工作。要推进中南数字教育合作联合办学、学历互认等工程,重视南非培养数字人才的诉求,尊重双方数字人才合作自主性,推动人才交流走深走实;提升南非发展数字经济的意识与能力,使南非教育与经济协调发展,南非数字人才培养与南非数字经济需求相适应,不断实现由"输血"到"造血"的转变,帮助南非更好地应对新冠疫情时期的经济挑战。

(三)多边数字合作平台

在线数字展示、在线数字商洽、大数据服务、在线数字资讯、在线征信服务、数字媒体平台发展等领域的拓展也将进一步发展深化中南数字经济合作进程。2020年5月,"中国-南非国际贸易数字展览会"在线上举行,旨在发挥数字贸易的重要作用,为企业提供交流平台,帮助外贸企业运用数字展览新模式,进一步拓展"一带一路"新兴市场。数字展示平台的搭建在促成双边贸易的同时,也为中国和南非提供了培育数字经济合作新模式的机会,运用现代技术,由线下展会转至线上,由实地变为远程,为中南外贸企业搭建了更广阔的交流平台,推动南非数字经济蓬勃发展。2021年12月,南非政府国家品牌推广机构——"品牌南非"(Brand South Africa)推出了全新的中国数字媒体平台,包括互动平台微信小程序、官方微信和微博账号,旨在提升中国公民和政府部门等对南非的认识和了解。作为研究人员和投资者进一步调研南非经济部门投资回报的重要渠道,该平台提供了南非主要经济领域的研究和资源信息。

除了技术平台的推进,中南合作机制平台更是双方数字经济合作需重视的一大方面。中国应与非盟、联合国数字安全联盟、国际电信联盟、世界无线电通信大会等一同推动南非的数字经济治理,更为高效地开发中南数字经济发展项目,形成"中国+国际组织/区域组织+南非"的多边数字经济合作平台。中南双方可通过政校企联合的方式构建信息分享平台,在中非数字合作论坛、中非北斗合作论坛、中非创新合作与发展论坛的框架内,推动中南数字经济合作开展务实对话,促进双方在人员培训、网络互联互通、创新中心建设等方面的协作,弥补数字互通鸿沟。除开展常规性合作外,为保障中南双方数字经济合作的可持续性,还需要加强中南双方各级政府的联系,拓展官民互联渠道,开展更具区域针对性的深入研究,建立对南非数字经济的投资预警跟踪反馈机制,及时跟进南非政治经济社会情况,并考虑增设中南数字经济突发性事件合作基金,以便更好地处理突发性政治事件等阻碍因素,确保中南数字经济合作的稳定性、延续性和有效性。

四、结　语

数字经济是世界各国经济发展的新态势,也是南非等非洲国家实现联合国千年发展目标与非盟《2063 年议程》的重要推动力。近年来,南非无论是在政策还是民间企业层面,均在数字经济领域做出了努力,数字经济也必将成为南非实现国家经济转型发展的关键因素。但南非乃至非洲所存在的政治经济及社会等不稳定因素,是南非经济所需的相对宽容的发展空间的桎梏,解决该问题还需要南非自身发展能力的提升。

中国与南非之间的数字经济合作将会成为双方新的常态化合作领域,具有较大的合作空间与潜力。南非蓬勃发展的电子商务和科创公司、逐年提高的人口红利及教育水平等有利条件,为中国数字经济企业深耕南非市场提供了可能。与此同时,南非正处于数字经济发展的初期,存在数字经济设施基础薄弱、高技能劳动力短缺等问题,而中国发展数字经济的丰富经验与解决方案能帮助南非摆脱数字经济发展窘境,释放数字经济增长潜力。然而,中国与南非的数字经济合作仍以中国"走出去"为主,这一方面有利于中国跨国企业的本土化经营能力提升,促进中国产能对外转型输出,在南南合作的背景下,提高中国经济的国际参与能力。但另一方面,我们也需清醒地看到,中国与南非之间数字经济合作的单向性特征明显,因此,如何构建双边双向合作体系,给予南南合作持久的续航能力和源动力是中南乃至中非经济合作中需要探索的问题。

South Africa's Digital Economy Development and China-South Africa Digital Economy Cooperation

HU Jieqiong　LIAO Si'ao

Abstract：With an increasingly important role in society and economy, digital economy has become a stimulus for the development of South Africa. However, distinct advantages and structural problems both exist in developing digital economy in South Africa. COVID-19 has aggravated the political, economic and social crisis, hindering the process of digital economy in South Africa. Therefore, the transformation of digital economy in South Africa calls for external cooperation. China, at the same time, needs to strengthen its digital cooperation with South Africa on economy digital infrastructure construction, industrial transformation, talent cultivation and training, cultivating a new model of bilateral digital economic cooperation.

Keywords: digital economy; South Africa; China-South Africa Cooperation

About the Authors: HU Jieqiong is a master's student at the Institute of African Studies, Zhejiang Normal University.

LIAO Si'ao is Secretary General of the Research Center for China-South Africa People-to-People Exchanges, Zhejiang Normal University, and counselor of the Institute of African Studies, Zhejiang Normal University.

中南电影产业合作初析

姒 海

摘要：有些人认为南非电影产业单调、落后，但实际上，南非电影产业的发展充满了生机和活力。南非政府已经认识到电影产业在支持国家建设、增强社会凝聚力、加快种族和解、支持经济增长和创造就业机会等方面具有重要作用，并把发展电影产业作为实现南非文化产业增长战略的重要动力来看待。中国是世界经济增长主要引擎，中国的电影产业也正处于本土市场高速发展与中外电影合作的黄金时期，中国电影业的快速崛起为中华文化的国际传播提供了重要的选择与契机。中南电影产业的交流与合作应该成为中南人文交流合作的重要一环，中南电影产业合作因双方高度的同向性和互补性而令人期待。

关键词：电影产业；票房收入；中国；南非；合作

作者简介：姒海，南非华侨，企业家，南部非洲上海工商联谊总会名誉会长，南部非洲影视戏剧交流协会会长。

一、引 言

相比于其他非洲国家，南非电影基础好、发展快，有着相对健全的电影产业系统。南非电影产业打造了一流的电影拍摄基地，铺设了覆盖全国的电影院线，培养了南非的电影人群体。就国际电影制作而言，南非利用优质本地资源、有利的气候条件和完善的基础设施在国际银幕上生动地讲述南非故事。

南非电影人通过讲述自己的故事来交流思想和观点，强调电影在构建南非国家传统，以及推动社会和经济发展中的重要性。南非政府认识到了电影产业在支持国家建设、增强社会凝聚力、加快种族和解、支持经济增长和创造就业机会等方面发挥的重要作用，推出了一系列激励措施，以促进电影产业发展。此外，南非正在积极融入电影产业国际竞争的环境中。

二、南非电影产业的发展状况

南非电影产业已有120多年的发展历史,是世界上最古老的电影产业之一。时至今日,南非电影产业依旧充满了生机和活力,多元和充满魅力的艺术和文化是其电影产业的重要资源。南非电影产业巨大的发展潜力为国家的经济增长、就业和社会资源再分配举措都带来了积极效益。电影产业已经成为实现南非文化产业增长战略的重要发展动力。①

(一)南非电影产业的历史

1895年,由托马斯·爱迪生发明的活动电影放映机第一次在南非约翰内斯堡向公众展示,这是南非电影产业历史的起点。南非也是世界上最早看到电影的国家之一。1899年,第二次布尔战争爆发三天后,爱迪生的合作者威廉·迪克森就来到南非录制战争电影,在那场战争中,人们利用电影新媒介进行了宣传。南非第一家永久电影院剧院于1909年在德班设立。1915年,非洲的第一个电影制片厂在约翰内斯堡郊区成立。1916年至1922年,南非当地电影公司共制作了43部电影。20世纪40年代是南非阿非利卡民族主义迅猛发展的10年,许多历史印记也留在了南非荷兰语电影中。1955年,南非成立了非洲电影制作机构,美国好莱坞的20世纪福克斯公司以大股东身份加入该机构董事会。1969年,南非最大的电影院线公司Ster-Kinekor成立,随后成长为一家提供融资和发行服务的垄断性企业。1971年至1991年,南非的电影公司制作了约944部影片,以及近998部纪录片和几百部短片和上百卷录像带。1984年完全在南非本地制作的《哭泣之地》(*Place of Weeping*)成为反种族隔离运动和南非电影产业的标志性电影,获得了全世界的赞誉。②

新南非成立后,开普敦、约翰内斯堡成为备受外国电影和广告制作公司欢迎之地。1997年,第一个吸引国际关注的南非电影市场——Sithengi(祖鲁语"我们购买"的意思)在开普敦设立。1999年,南非国家影视基金在Sithengi宣告成立。该基金的成立旨在促进本土电影制作并将南非文化传播到世界各地,并通过游说政府更改有关电影融资和税收的法律来实现这一目标。南非国家

① Creative South Africa: A Strategy for Realising the Potential of the Cultural Industries. [2020-12-28]. https://www.gov.za/sites/default/files/gcis_document/201409/mso1ba0.pdf.

② A History of the South African Film Industry Timeline 1895—2003. (2019-08-27)[2020-12-28]. https://www.sahistory.org.za/article/history-south-african-film-industry-timeline-1895-2003.

影视基金还通过与政府或大型南非公司合作来为当地电影产业争取资金。在南非政府和电影业界的共同努力下，近年来南非电影产业逆流而上，成为南非最早摆脱经济滑坡的文化产业。[①]

（二）南非电影产业的商业规模

根据互联网电影资料库（Internet Movie Database，IMDb）的数据，南非票房总收入最高的一年是 2010 年，约为 1.11 亿美元（约合人民币 7.77 亿元）[②]。2019年，南非票房总收入约为 8800 万美元（约合人民币 6.16 亿元）[③]。（详见表 1）

表 1　2010—2020 年南非电影市场票房收入统计[④]

年份	票房总收入/美元	变化趋势/%	当年上映电影数量/部	平均票房收入/美元	当年最卖座电影
2020	16362134	−81.5	113	144797	《绝地战警：疾速追击》（Bad Boy for Life）
2019	88418760	−5.6	213	415111	《狮子王》（The Lion King）
2018	93689220	+5.3	232	403832	《黑豹》（Black Panther）
2017	89002398	+14.3	250	356009	《速度与激情 8》（The Fate of the Furious）
2016	77860335	−1.7	245	317797	《海底总动员 2：多莉去哪儿》（Finding Dory）
2015	79222630	+1.1	251	315628	《速度与激情 7》（Furious 7）
2014	78364159	−11.7	244	321164	《变形金刚：绝迹重生》（Transformers：Age of Extinction）
2013	88744090	−11.7	218	407082	《神偷奶爸 2》（Despicable Me 2）
2012	100517388	−8.0	203	495159	《暮光之城：破晓，第 2 部》（The Twilight Saga：Breaking Dawn—Part 2）
2011	109218147	−2.0	223	489767	《暮光之城：破晓，第 1 部》（The Twilight Saga：Breaking Dawn—Part 1）

① About Us. [2020-12-28]. https://www.nfvf.co.za/home/index.php? ipkContentID=233.

② 本文所有汇率均为当年汇率。

③ South African Yearly Box Office. [2020-12-28]. https://www.boxofficemojo.com/year/? area=ZA.

④ 数据来源：互联网电影资料库。按时间倒序排列。

续表

年份	票房总收入/美元	变化趋势/%	当年发行电影数量/部	平均票房收入/美元	当年最卖座电影
2010	111472701	+36.3	217	513699	《阿凡达》(*Avatar*)

根据最新统计,南非有大约 90 家影院、800 块幕布。① 影院分布在主要大城市的综合商业体内,绝大多数影院都覆盖在三大电影院线公司手中(详见表2)。最大的 Ster-Kinekor 院线公司认为他们覆盖了 60%—65% 的南非放映市场。②

表 2　南非三大电影院线公司资料③

序号	电影院线公司	影院数目/家、所在国家	银幕数量/块	控股公司
1	Ster-Kinekor	55(南非)	424+137(3D)	Ster-Kinekor ④
		7(纳米比亚、赞比亚、津巴布韦)	17(3D)	
		5(其他非洲国家)	26	
2	Nu-Metro⑤	25(南非)	170	One Fifty Capital
3	CineCentre	5(南非)	33	Avalon Group⑥

根据南非国家影视基金 2017 年 12 月公布的《电影行业的经济影响报告》,南非有 150 多家注册电影生产商,其中 80% 注册在豪登省,其余主要在西开普省。南非电影产业的市场总规模为 12.6 亿兰特(约合人民币 6.3 亿元)。在电影产业中,生产阶段支出最高,约占 89%,前期制作支出约占 3%,后期制作约占 3%,发行约占 5%。电影内容制作行业的年价值总额估计为 55 亿兰特(约合人民币 27.5 亿元)。南非电影产业的乘数效应是电影业市场规模每增加 1 兰特,就业乘数就会增加 4.9 倍,这意味着南非电影产业增加了国内的就业机

① FAQs about the South African Film Industry. [2020-12-28]. https://www.nfvf.co.za/home/index.php? ipkContentID=255.

② About Ster-Kinekor. [2020-12-28]. https://www.sterkinekor.com/content/about-ster-kinekor/about-sk.

③ 数据来源:各院线公司网站介绍。

④ About Us. [2020-12-28]. https://za.linkedin.com/company/ster-kinekor.

⑤ About Us. [2020-12-28]. https://numetro.co.za/about-us/.

⑥ Stead, A. Avalon Theatre Rises from the Ashes. (2010-08-23)[2020-12-28]. https://www.brandsouthafrica.com/people-culture/arts-culture/avalon-theatre-rises-from-the-ashes.

会。① 截至 2017 年 12 月,南非约有 25000 人从事电影及影像行业。总体而言,南非的电影内容制作、卫星传播和交易水平在非洲遥遥领先。②

以 2017 年为例,当年南非各电影院线总共发行了 250 部电影,其中 23 部为南非本土电影。在这 23 部中,有 2 部是南非与其他国家联合制作的,即南非与美国合作拍摄的《偶然的爱情》(*Love by Chance*),以及与法国联合制作的《事故》(*Accident*)。2010 年,《南非生存指南》(*Survival Guide to South Africa*)得到了 3800 万兰特(约合人民币 3800 万元)的票房收入,是截至 2020 年南非最高的本土电影收入。③ 2014—2019 年,南非本土电影的市场占有率都在 4% 至 6% 之间徘徊不前(见图 1)。

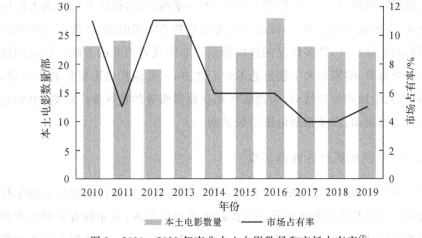

图 1 2010—2019 年南非本土电影数量和市场占有率④

南非本土电影的发展前景并不乐观。一方面,南非电影市场太小而无法扩大放映规模,约 90 家影院 800 块银幕的放映规模完全无法与美国近 6000 个影院的 40000 多块电影银幕相比较。另一方面,南非缺乏用以开发、制作、销售和发行本土电影的资金。南非电影产业正处于发展本土电影以及增强国际合作的十字路口,如果缺乏必要的发展措施,南非本土电影产业很难走上成功之路。

① Economic Impact of the South African Film Industry Report. (2017-06-21)[2020-12-28]. https://www. nfvf. co. za/home/22/files/2017%20files/Final%20NFVF%20Economic%20Impact%20Study%20Report_ 21_06_2017. pdf.

② Jooste, R. SA Film Industry Still not Getting the Big Picture. (2019-12-08)[2020-12-28]. https:// allafrica. com/stories/201912090162. html.

③ FAQs about the South African Film Industry. [2020-12-28]. https://www. nfvf. co. za/home/ index. php? ipkContentID=255.

④ 数据来源:南非国家影视基金《南非年度票房收入报告 2019 年 1—12 月》。

(三)南非电影的展映平台

电影节,是一项旨在推动电影艺术发展,提高电影艺术水准,奖励有价值、有创造性的优秀电影作品,促进电影工作者之间的交往和合作,为发展电影贸易提供平台的重要艺术活动。南非的各类电影节致力于促进非洲电影业的发展,并在为本土电影和国际电影,特别是为非洲电影提供展映平台。南非每年有各类名为电影节的展映活动 19 个,其中被南非国家影视基金认可的有 13 个。① 在这些电影节中,德班国际电影节、开普敦国际电影节是相对成熟的电影展映活动。

德班国际电影节于 1979 年创立,是一年一度的活动,被认为是非洲大陆历史最悠久、规模最大的电影节,每次活动都会放映 200 场电影,以推广非洲和国际电影界的最佳影片,许多作品的放映都是在非洲或者南非的首映。德班国际电影节由夸祖鲁-纳塔尔大学创意艺术中心主办,主要包括电影制作者讲习班、行业研讨会、论坛和外展活动,为边缘化观众提供服务的社区推广计划,电影院中的展映庆祝活动,以及德班电影市场活动。②

(四)南非的电影产业教育环境

随着南非电影产业的发展,南非民众很自然地将电影制作技能和电影学校联系起来。无论是为原创电影还是为国际电影提供服务,南非都需要创造有利于电影教育的环境。南非目前有 7 所大学提供与电影产业、视觉和表演艺术等相关的学位和课程,其中开普敦大学、金山大学都是人们耳熟能详的大学。金山大学甚至于 2016 年被《好莱坞报道》评为全球 15 所顶级电影学校之一。③

除了大学以外,南非还有很多电影专业院校可供选择,通过网络搜索,可以找到 43 所相关的提供电影教育的学校④,其中包括比较著名的非洲电影学院。该学院注册为南非电影、媒体和现场表演学校,是一所私立的高等教育机构,设立了电影、电视、表演、商业创新、技术、广播和播客等课程并提供相应的高级证

① Getaway. The Best South African Film Festivals You've Never Heard Of. (2015-09-07)[2020-12-28]. https://www.getaway.co.za/event-blogs/festivals-events/film-festivals-in-south-africa/.

② 详见:https://www.durbanfilmfest.com/.

③ Utian-Preston, L. Film Schools in Africa: The Future of the Industry. (2018-05-14)[2020-12-28]. https://www.screenafrica.com/2018/05/14/film/business/film-schools-in-africa-the-future-of-the-industry/.

④ 详见:https://uni24.co.za/list-film-schools-south-africa/.

书、学士学位和硕士学位等文凭。其校区分布于约翰内斯堡、德班、开普敦、曼德拉市和博茨瓦纳的哈博罗内。非洲电影学院还是国际影视学校协会的正式成员。[①] 然而，南非大部分的电影专业院校规模较小，且只能提供一些短期的课程；许多南非年轻人没有能力支付学费也是南非电影教育的一大阻碍。一个国家的电影院校数量并不总能表明教育质量或成果，真正能够提升教育质量的办法是在学校、政府和私营部门之间建立伙伴关系，在这方面，南非的高等教育部、职业教育的相关机构都应当承担一定的责任。南非高等教育部的媒体、信息和交流技术培训局就是负责分管电影专业院校的。[②]

南非政府已经认识到了电影产业的重要作用。南非国家影视基金发布的《国家电影战略》中提到：要增加南非电影产量，增强对弱势群体的关注，增加南非电影的观众人数，加强行业培训，在本土和国际平台上推广南非电影，通过电影增强社会凝聚力，讲述国家故事。[③] 从这些目标中可以看出，南非政府对电影产业发展有着清晰的认知和规划。

三、南非电影产业的国际合作现状

南非的电影产业历史悠久，制作团队拥有参与全球竞争的专业知识，南非本土的视觉效果专家和动画师们也正在迅速获得国际同行认可，这就使得南非本土专业知识的附加值得以提高。南非电影产业的国际合作规模正在快速扩大，在优质内容、创新技艺和制作服务等领域也都具有一定国际竞争力。

在南非拍摄的一些优秀本土和国际电影包括：《黑帮暴徒》(*Tsotsi*，曾获2006年第78届奥斯卡最佳外语片奖)、《伊卡伊丽塔夏的卡门》(*U-Carmen eKhayelitsha*，曾获2005年柏林电影节金熊奖)、《昨天》(*Yesterday*)、《卢旺达酒店》(*Hotel Rwanda*)、《玩火》(*Catch a Fire*)、《战争之王》(*The Lord of War*)、《疯狂麦克斯4》(*Mad Max 4*)、《血钻》(*Blood Diamond*)、《第9区》(*District 9*)和《征服》(*Invictus*)等。[④]

南非电影产业一直以来就和国际电影业有着广泛的联系，与美国电影业的

① Registration & Accreditation. [2020-12-28]. https://www.afda.co.za/Registration-Accreditation.html.

② Media, Information and Communication Technologies Sector Education and Training Authority (MICT SETA). (2018-10-02) [2020-12-28]. https://nationalgovernment.co.za/units/view/246/media-information-and-communication-technologies-sector-education-and-training-authority-mict-seta.

③ National Film Strategy. (2014-05-30) [2020-12-28]. https://www.nfvf.co.za/home/22/files/2017%20files/National%20Film%20Strategy.pdf.

④ Filmmaking Overview. [2020-12-28]. https://www.nfvf.co.za/home/index.php?ipkContentID=235.

联系则更加紧密。南非三大电影发行公司几乎就是美国电影业在南非的代理影业公司(表 3)。

表 3　南非电影发行公司、放映院线和代理影业公司①

电影发行公司	放映院线	代理影业公司
Empire Entertainment②	Nu-Metro, CineCentre	20 世纪影业(20th Century Studios,美国)、华纳兄弟(Warner Bros.,美国)、新线电影院(New Line Cinema,美国)、梦工厂影业(DreamWorks Pictures,美国)、梦工厂动画(DreamWorks Animation,美国)
Ster-Kinekor③	Ster-Kinekor	宝丽金娱乐(PolyGram Filmed Entertainment,美国)、焦点影业(Focus Features,美国)、华特·迪士尼影业(Walt Disney Pictures,美国)、哥伦比亚影业(Columbia Pictures,美国)
United International Pictures④	Ster-Kinekor, Nu-Metro	环球影业(Universal Pictures,美国)、派拉蒙影业(Paramount Pictures,美国)、影视娱乐(Videovision Entertainment,南非)

从 2009 年开始,国际电影制片人越来越多地使用南非的外景和工作人员,如美国电影《第 9 区》(2009)、《征服》(2009)、《编年史》(*Chronicle*,2012)、《复仇者联盟:奥创时代》(*Avengers: Age of Ultron*,2015)、《暗塔》(*The Dark Tower*,2017)、《古墓丽影》(*Tomb Raider*,2018)、《接吻亭》(*The Kissing Booth*,2018)、《迷宫赛跑者:死亡治愈》(*Maze Runner: The Death Cure*,2018)和《血腥镜头》(*Bloodshot*,2020)等。⑤ 这种现象反映了大型国际电影公司逐渐在开普敦、约翰内斯堡和其他南非城市进行电影制作的趋势。

南非的国际电影产业合作也得到了政府支持,2008 年南非贸工部、西开普省省政府和私人股东一起在开普敦投资 5 亿兰特(约合人民币 5 亿元)建立了约 200 公顷的电影拍摄基地,吸引了一批国际电影制作人,带动了当地影视行业的发展。⑥ 在 2018—2019 年,有 3 部影视剧《勇士第 1 季》(*Warrior Season 1*)、《勇士第 2 季》(*Warrior Season 2*)和《狼来了》(*Raised by Wolves*)在开普敦

---

① 数据来源:各发行公司官方网站介绍。

② Times Media Films Re-branded to Empire Entertainment. (2018-02-09)[2020-12-28]. http://www. screenafrica. com/2018/02/09/film/business/times-media-films-re-branded-to-empire-entertainment/.

③ 详见:https://www. sterkinekor. com/content/about-ster-kinekor/about-sk.

④ 详见:http://www. uip. com/about. php.

⑤ Haakonsen, D. 20 Films Shot in South Africa. (2014-05-22)[2020-12-28]. https://www. travelground. com/blog/20-films-shot-south-africa.

⑥ 详见:https://www. capetownfilmstudios. co. za/index. php/about-us.

电影制片基地拍摄。这 3 个项目合计花费了外国投资者 12.64 亿兰特(约合人民币 6.32 亿元),提供了 1078 个全职工作岗位,南非贸工部为此给出了约 2 亿兰特(约合人民币 1 亿元)奖励制作方。^①

英国目前是南非电影产业的第二大合作伙伴。2007 年,两国签署了《电影联合制作协议》,2017 年,双方又补充签署了《电视联合制作协议》,这些协议是由英国文化、媒体和体育部,英国电影委员会(2011 年改名为英国电影学院)和南非艺文部共同协商达成的。符合《影视联合制作协议》条款规定的影视联合制作能够获得英国电影学院的相应基金资助,这些基金平均每年约发放人民币 18 亿元。^② 根据协议,南非方面的优惠措施是较高的制作退税率,英国方面的优惠措施是英国的高端影视税收减免、动画影视税收减免或儿童影视税收减免等。根据双方协议,获得了联合制作资格的电影有《救赎》(The Salvation)、《非洲联合》(Africa United)、《老虎屋》(Tiger House),还有 3D 电影《德雷德》(Dredd)等。^③《影视联合制作协议》进一步加强了英国与南非在电影方面的合作关系,使双方联合制作单位在国际上处于有利的竞争地位。

法国与南非的电影产业合作聚焦在发行法国电影、鼓励双方电影人相互参展、加强电影学校的交流和支持南非电影能力建设这 4 个方面。法国每年在南非电影院校上映大约 12 部电影,法国电影在南非市场排在美国、英国电影后的第 3 位,大部分的法国电影都在 Ster-Kinekor 电影院线发行。在双方电影人相互参展方面,2013 年戛纳电影节上,双方电影人以南非为焦点,组织了圆桌讨论会。2013 年和 2014 年,法国都参加了德班国际电影节和德班电影市场的活动。2014 年,南非法国研究所发起了欧洲电影节的活动。2014 年的戛纳电影节举办了旨在帮助年轻南非导演提高国际知名度的活动。通过"非洲数字成像"项目,法国电影院校还与南非的非洲电影学院建立了合作关系。非洲电影学院还与国际影视学校协会一起组织专业课程。在能力建设方面,法国专家在南非举办了关于短纪录片剧本写作的研习班,主题是"来自南非的新闻",南非国家影视基金选拔了 15 名南非青年人才参与研习班培训,希望通过年轻人的视角展示南非。这些研习班制作的短纪录片已经在法国和德国的电视台及其他欧洲

① Creating Jobs Through Film. (2018-12-02)[2020-12-28]. https://www.iol.co.za/business-report/economy/creating-jobs-through-film-18336123.

② Afrol News. South Africa's Film Industry Joins Forces with UK. (2011-05-24)[2020-12-28]. http://www.afrol.com/articles/19390.

③ Szalai, G. U. K., South Africa Sign TV Co-Production Treaty. (2016-07-07)[2020-12-28]. https://www.hollywoodreporter.com/news/uk-south-africa-tv-production-908991.

电视台播出。①

动画业是一个值得关注的新兴行业。南非贸工部对其动画业的票房估值为 4.64 亿兰特(约合人民币 2.32 亿元)。南非媒体、信息和通信技术培训局鼓励年轻的动画制作人员提高技能,以促进南非的社会经济及小型企业的发展。南非动画业的主要参与者为 29 家制作公司,最大出口对象是欧美国家,这些公司每年生产和出口的动画的制作订单价值可以达到 1.454 亿美元,实际上,由于经济不景气和资源匮乏等,目前南非每年只能完成 1300 万美元左右的产值。② 最初的南非动画业者只是使用动画技术来制作广告、完成网站和建筑等方面的设计。2012 年发布的《赞比西亚冒险》(*Adventures in Zambezia*)成了一个分水岭。这部南非本土动画电影不仅提高了行业的动画质量标准,还在国际上创造了超过 3400 万美元的票房收入。2013 年发行的《昆巴》(*Khumba*)是南非的又一部本土精彩动画影片,并在 2013 年的安锡国际动画电影节上首映。2020 年,南非动画短片《佐格》(*Zog*)赢得了国际艾美奖最佳儿童动画片的荣誉。③

南非政府已将电影业确定为具有巨大增长潜力的行业。相较于支持本地制作公司,业内人士更倾向于吸引外国电影人,但这也意味着要加大对基础设施的投资。为了重新引起外国电影制片人对在南非拍摄电影的兴趣,南非贸工部在 2018 年对《外国影视制作和后期制作激励》《南非影视制作激励》《南非新兴黑人电影制片人激励》和《南非影视共同制作激励》的指导原则进行了修订,遗憾的是,投资总额仍被限制在 5000 万兰特(约合人民币 2089 万元)以内。④

南非已与加拿大(1997)、意大利(2003)、德国(2004)、英国(2007)、法国(2010)、澳大利亚(2010)、新西兰(2011)和爱尔兰(2012)签订了影视联合制作协议。南非方面认为,签订这类协议的好处在于:第一,被官方批准为联合制作的电影或电视节目会被视为参与方的本国制作,因此有资格申请相关电影或电视节目的奖励或资金支持;第二,每个联合制作的作品都可以进入合作方各自

① French Embassy in South Africa. Film Cooperation in South Africa. (2014-11-11)[2020-12-28]. https://za. ambafrance. org/Film-cooperation-in-South-Africa.

② Smit, R. Amazing Growth of Animation in South Africa. (2014-11-01)[2020-12-28]. https://pixelsmithstudios. com/blog/animation-articles/amazing-growth-animation-south-africa/amp.

③ Smit, R. Amazing Growth of Animation in South Africa. (2014-11-01)[2020-12-28]. https://pixelsmithstudios. com/blog/animation-articles/amazing-growth-animation-south-africa/amp.

④ South African Consulate General in Los Angeles. Filming in South Africa. (2020-09-18)[2020-12-28]. https://www. southafrica-usa. net/losangeles/films. html.

的国内市场。未来南非将继续与各国签订联合制作协议，以发展影视行业。①

四、中南电影产业合作发展近况

自 1998 年建立外交关系以来，中南两国关系就不断发展，从 2000 年的伙伴关系迅速发展成为 2004 年的战略伙伴关系，2010 年发展成为全面战略伙伴关系。随着中国电影产业的快速发展，中国电影人对非洲市场的关注度也在不断上升。2007 年 6 月，根据中南两国签订的文化交流执行计划，中国电影代表团访问南非，并在比勒陀利亚、约翰内斯堡和开普敦 3 个城市举办了中国电影展活动。此次南非中国电影展播映了《云水谣》《墨攻》《花腰新娘》《两个裹红头巾的女人》《神话》《霍元甲》《可可西里》《圆明园》等 8 部优秀的中国影片，向南非观众展示了当时中国电影制作业的最高水准。② 时任中国电影集团公司董事长韩三平先生在受访时表示："根据我们跟非洲的各界，无论是官员、民众还是他们评论界、投资的领域，还有一些大的传媒公司的接触，他们对中国电影非常看好，所以我们非常高兴。我当初还有点担心，《云水谣》这样的影片能不能打动非洲普通观众或者是非洲的评论界，或者非洲官员，现在看来效果很好，应该说我们还是有这个信心的。"③

2009 年，中国成为南非最大的贸易伙伴，此后两国的人文交流也不断升温。为促进中国与南非双方电影界的合作与交流，2011 年，中国电影集团公司代表团抵达南非进行访问。代表团分别与南非国家影视基金负责人和各电影制作公司的代表举行了会谈。中方介绍了中国电影业的发展情况、与外国制片公司合作拍摄影片的有关政策规定，并表达了到南非合作拍摄电影《闪光的钻戒》的意向。南非方面也介绍了本国电影业的发展概况、德班国际电影节、国产电影的制作发行和放映情况，以及与外国合拍电影的运作程序等。④

2016 年 7 月，由中国驻南非大使馆和中国电影家协会共同主办、南中影视戏剧交流协会承办的 2016 年中国电影展映活动在约翰内斯堡举办，中国电影家协会代表团出席展映活动。代表团为南非电影业、媒体代表及其他各界观众

① Treaties. [2020-12-28]. https://www.nfvf.co.za/home/index.php? ipkContentID=43.
② 中国电影节在开普敦开幕. (2007-06-07)[2020-12-28]. http://capetown.china-consulate.org/chn/whjy/t328072.htm.
③ 故地重游　感动南非. (2007-09-17)[2020-12-28]. http://www.cctv.com/program/sjdyzl_new/20070917/105695.shtml.
④ 中国电影集团公司代表团访问南非. (2011-08-17)[2020-12-28]. http://za.china-embassy.org/chn/zt/t849159.htm.

带来了中国故事片《诺日吉玛》。展映活动增进了中南电影行业的相互了解,为中南电影合作搭建了良好的交流平台。①

2017 年是中南两国电影界交流频繁的一年。《战狼 2》于 2017 年年初在约翰内斯堡、开普敦和德班等地取景拍摄。在拍摄期间,摄制组得到了南非电影同行的很多支持和帮助。当年 11 月,该影片在南非最大的商业院线 Ster-Kinekor 的十几家影院上映,每日排片 50 余场,首轮上映 3 周。此次《战狼 2》在南非上映是中国电影第二次进入南非电影院线。2016 年,Ster-Kinekor 院线集团就曾引入中国电影《长城》。引入《战狼 2》旨在进一步尝试将中国影片引入南非市场。② 首届中非国际电影节于 2017 年在开普敦开幕,来自中国、南非、博茨瓦纳、坦桑尼亚、加纳、纳米比亚、尼日利亚等国的电影人士齐聚一堂,展示产业成果,分享创作经验,电影节期间放映了数部中国及非洲的电影。中非国际电影节由中国国际广播电台、北京电影学院、环球广域传媒集团共同创办,旨在介绍中非电影,激发出更多创意和成功作品。③

充分利用金砖国家机制来加强中南电影产业合作也成为近年来两国电影产业合作的一个亮点。2017 年 6 月,第二届金砖国家电影节在成都举办。由中国导演贾樟柯、巴西导演沃尔特·塞勒斯、俄罗斯导演阿历斯基·费朵奇科、南非导演贾梅尔·奎比卡和印度导演马德赫·巴达卡尔联合执导的影片《时间去哪儿了》在电影节期间首映。④ 金砖国家电影节创办于 2016 年,由金砖国家轮流主办,旨在通过电影增进金砖国家之间的人文交流和相互了解。首届电影节于 2016 年在印度举办,第二届在中国,第三届在南非,第四届在巴西,第五届在俄罗斯。⑤

2018 年 7 月,第三届金砖国家电影节在南非德班举行。电影节期间,中国与南非意向合作的电影《蓝花楹》作为此次电影节重点合作项目正式签约。这个项目也是在四川国际文化人才港电影产业政策支持下孵化的项目,计划由北

---

① 2016 中国电影展映活动在南非举办. (2016-07-14)[2020-12-28]. http://za.china-embassy.org/chn/zngxss/whjl/t1381628.htm.

② 宋方灿.《战狼 2》在拍摄地南非最大院线公映 获各方好评. (2017-11-17)[2020-12-28]. http://www.china.com.cn/news/world/2017-11/17/content_41907011.htm.

③ 首届中非国际电影节在南非开幕. (2017-10-18)[2020-12-28]. http://www.xinhuanet.com/ent/2017-10/18/c_1121815614.htm.

④ 第二届金砖国家电影节圆满落幕,下一届将在南非举行. (2017-06-28)[2020-12-28]. https://www.chinafilm.com/xwzx/1925.jhtml.

⑤ 左盛丹. 中国影片在第三届金砖国家电影节获奖. (2018-07-30)[2020-12-28]. https://www.chinanews.cn/yl/2018/07-30/8583402.shtml.

京首影文化传媒股份公司、北京启泰远洋文化传媒有限公司、汉唐天岚（成都）文化传媒有限公司与南非 Five W Film Production Company（Pty）Ltd. 共同制作。南非国家旅游局大力支持电影《蓝花楹》，希望通过这部电影呈现南非壮丽的自然景观和独特的人文环境，让中国民众认识真正的非洲，让世界了解真实的非洲。① 电影节期间，金砖国家五位女性导演以女性视角，以"当代女性情感与社会"为主题分别拍摄了一部电影短片，而这五部独立的短片汇集成的一部片名为《半边天》的集锦新版金砖电影也在电影节的"中国日"亮相，受到现场观众的好评。② 同年7月，由国务院新闻办公室指导、中央广播电视总台主办、环球广域传媒集团承办的"中国电影非洲行"电影展映活动在南非开普敦举行。启动仪式上，央视动漫集团与南非 TPW 广播影视制作公司（The Production Works）签署了《熊猫与小跳羚》联合制作备忘录。TPW 公司表示能够与中国专业的制作团队合作让他们非常兴奋，双方合作也有助于使剧集制作和设计符合两国观众的口味，希望以此为契机，双方可以有更多作品实现联合制作。③

2019年，媒体报道了以野生动物保护为主题的中南合制故事片《金翼双翅》（A Pair of Golden Wings）。《金翼双翅》计划将非洲和亚洲文化融合在一起，进行友好的拍片合作。影片的两名中国代表分别在开普敦和约翰内斯堡与南非导演和制片人进行了会面。中国代表们还参观了开普敦电影拍摄基地、大西洋电影制片厂和后期制作场地，并参与了在南非豪登省电影委员会、南非贸工部，以及中国大使馆举行的会议。④

2019年10月，由华夏电影发行有限责任公司领衔出品的电影《我和我的祖国》在南非约翰内斯堡首映，能容纳270人的放映厅座无虚席。《我和我的祖国》向南非观众展现了中国的经典历史时刻，该片的上映是促进中南两国文化交流，加深南非对中国了解的有效途径。首映活动主办方认为，这样高质量、深内涵的电影应该更多地被引进南非，如此既可以向南非本地人展现中国，也可

① 中国-南非影视合作开先河 电影《蓝花楹》正式签约.（2018-08-09）[2020-12-28]. https://www.163.com/dy/article/DOP676R50517DQF0.html

② 中国驻德班总领事馆. 驻德班总领事王建州出席第三届金砖电影节中国日活动.（2018-07-27）[2020-12-28]. http://durban.chineseconsulate.org/chn/lgxx/lgdt/t1580842.htm.

③ "中国电影非洲行"电影展映活动启动仪式在南非开普敦举行.（2018-07-19）[2020-12-28]. http://world.people.com.cn/n1/2018/0719/c1002-30158617-2.html.

④ Cornwell, D. First Co-production Between South Africa and China Currently in Development.（2019-04-15）[2020-12-28]. https://www.screenafrica.com/2019/04/15/film/business/first-co-production-between-south-africa-and-china-currently-in-development/.

以让在海外的游子们看到祖国的强大。① 根据主办方介绍,该片在南非主流电影院线放映了 7 场,基本都是观众自发买票前来观看。

2020 年,第四十二届莫斯科国际电影节及第五届金砖国家电影节在莫斯科如期举行。电影节的最后一天举行了金砖国家电影论坛,主题为"金砖国家电影院作为好莱坞的替代品"。该活动聚集了电影导演、制片人、电影节竞赛计划的参与者、金砖国家电影院的电影研究专家,以及金砖国家大使馆和文化中心的代表。电影论坛的与会者讨论了金砖国家的电影业发展,也特别探讨了电影的制作、宣传与合作。因为正值新冠疫情期间,这次电影节的影片播映主要在线上进行。②

中南两国政府推动人文交流意愿的加强,以及中国电影业的快速发展,为中南两国电影业的交流与合作注入了更多活力。随着两国业界交流的逐步深入,中南电影产业的合作成果将逐步展现。

五、中南电影产业合作的路径探讨

中南电影产业的交流合作日益频繁。在 2015 年的中南创意产业论坛上,北京语言大学当代中国研究所的郑承军教授提出了四点电影产业合作前景展望:第一,两国可以从双方合作举办电影展开始做起,让中南电影产业取得相互的认知和理解;第二,可以在双方都认可的题材方面尝试合作拍片;第三,在两国进出口电影的配额上相互优惠,共同在两国发行相关电影;第四,还可以在电影衍生品上共同开发产品,共同培育市场。③

2017 年,浙江师范大学非洲研究院非洲影视研究中心的张勇博士提出了对中非影视合作的四点建议:第一,加强行业交流,坚持"走出去"与"引进来"相结合;第二,拓展交流路径,发挥驻外机构资源和渠道优势;第三,深化商业化探索,鼓励影视企业走进非洲;第四,推动中非合拍,讲好中非合作故事。④ 两位学者的观点有许多共通之处,结合他们的观点和近年来的实践经验,本文也尝试

---

① 《我和我的祖国》南非首映 反响强烈. (2019-10-21)[2020-12-28]. http://world. people. com. cn/n1/2019/1021/c1002-31412336. html.

② BRICS Film Festival 2020 Closing Ceremony:BRICS Film Forum and Announcement of Festival Award Winners. (2020-10-09)[2020-12-28]. https://eng. brics-russia2020. ru/allnews/20201009/757846/BRICS-Film-Festival-2020-Closing-Ceremony—BRICS-Film-Forum-and-announcement-of-Festival-award. html.

③ 郑承军. 中国电影产业发展现状及与南非合作前景展望. (2015-11-23)[2020-12-28]. http://ns. ccdy. cn/zhuanti/2015zt/2015nanfei/yanjiang/201511/t20151123_1165249. htm.

④ 张勇. 中非影视合作:路径、问题与对策. 当代电影,2017(10):139-143.

对中南电影产业合作的路径提一些想法。

第一，中南电影产业应该更深入地相互认知和理解。

有学者提到，中国观众对南非电影的认知还处于初级阶段，大多数中国观众对南非电影的印象还不太深刻，除了知道出生于南非的好莱坞女影星查理兹·塞隆、《第九区》的导演尼尔·布洛姆坎普以外，对南非电影知之甚少，可能南非观众对中国电影也知道得不多。这些论述基本勾勒出了中南电影产业双方相互认知的窘境。

现实是南非电影人希望了解中国，特别是了解中国电影业快速发展的做法和经验。但许多南非朋友对中国历史文化和国情民意缺乏全面了解，甚至有些人对中国的发展还存在误解甚至偏见。而在中国，由于对南非影视产业发展缺乏了解，认知的过程也略显复杂。看不见也不去看非洲电影人的自身努力，以及非洲电影业界在国际合作中的广泛联系和进步，根源是对非洲的不了解。"我们对非洲形象的认知偏差，从对非洲抗疫的报道、分析与公众话语中就可窥见一斑。"[①]北京大学非洲研究中心主任刘海方副教授的这句话虽然说的是新冠疫情，但用在电影行业也颇为贴切。文化没有高下，中南电影产业合作特别需要强调从相互了解、互相尊重的对等原则起步。

第二，继续鼓励相互参展或合办电影展，积极打造交流平台。

国际电影节是世界各国电影艺术和技术成就展览的盛会，其主要目的是交流经验、互相学习、促进各国电影事业的发展。国际电影节标配的电影交易市场，不断发挥着吸引世界各地买家、投资人合作拍摄电影的集聚功能。电影论坛对焦国际电影，会聚世界业界精英，务虚与务实并重，头脑风暴与方法引领并举，也已成为产业风向标。中国的四大国际电影节——上海国际电影节、北京国际电影节、金鸡百花电影节、长春国际电影节目前都缺乏南非的印记；南非的德班国际电影节也只是偶尔有中国电影参展。这可能是双方组织机构缺乏协调的结果。本着加强电影合作、深化人文交流的美好愿望，中南双方的官方机构应该可以有所作为。

中国和南非的主要电影展或许缺少无缝对接，但双方其他电影展映交流平台却不胜枚举。中国各种官方和民间的电影节众多，除了上述的四大国际电影节外，北京大学生电影节、平遥国际电影节、中国国际微电影节、海南岛国际电影节、西安丝绸之路电影节等都是潜在的合作对象。

---

① 刘海方. 新冠疫情危机下看非洲形象与中非可持续合作网络研讨会. (2020-08-04)[2020-12-28].
　http://www.ghub.org/bri-webinar-02-the-image-of-africa/.

第三,中南电影人应该积极尝试合作拍片。

合作拍摄电影对于讲述国家间友好的故事,促进相互了解、民心相通具有积极作用,可以让不同民族的文化在不同的国度里传播得更远。截至 2020 年年底,中国已同 22 个国家签署了合作拍摄电影协议,[①]与南非签署双边合作拍摄电影协议的则有 8 个国家,[②]但是同时中南之间却没有正式的合作拍摄协议。

电影的本质,是通过影像来观察、反映世界,通过电影语言,让人们在电影屏幕上看到新的世界。合作拍摄电影有利于丰富电影创作,扩大电影作品的影响力,深入挖掘故事素材,带动年轻一代的电影人、制作人增进彼此之间的关系。近年来,合作拍摄作为重要的电影制作模式和电影"走出去"的捷径越来越受到重视。中南合拍电影有着良好的人文基础,两国都大力倡导文化多样性,在保持自己文化特性的同时,尊重其他文化,并不断从各自文化遗产中汲取营养。两国电影也存在诸多共性,例如善于表达人们内心复杂、微妙的情感,注重反映人类社会深层次的矛盾。这些因素有利于电影同行在合拍时达成共识。

第四,注重创新发展,开拓中南电影合作新领域。

中南两国电影产业交流合作不仅要关注模式,也需要不断创新。近年来,中国动漫"走出去"的步伐不断加快,在世界舞台上的声音也逐渐响亮。为了让中国动漫更好地拥抱世界,创作者们不断向内挖掘、向外探索,寻找能够引发全球共鸣的中国元素。若想在海外市场获得观众的欢迎,不仅要有适合国际市场的题材和主题,还要让故事的叙述风格适合海外市场。在此要求下,中外动漫制作机构、播出平台、发行机构等洽谈动漫项目,以及中外动漫人士深化交流合作、分享创作观念、把握潮流趋势都显得尤为必要。

南非动画业是一个年轻的、正在蓬勃发展的新兴产业。作为原创内容生产方,南非动画业从以广告为主导的服务行业起步,通过作品向世界展示了南非动画人在创造力和技能方面的实力。国际客户正在涌向南非动画工作室,南非动画人已经准备好讲述自己的故事了。

2015 年,中国国际动漫游戏博览会到南非招展,因为当时展会方对南非动漫界了解不多,招展效果并不理想。然而,此时的南非动画人却已经和法国安锡国际动画电影节签订了合作协议,正摩拳擦掌,尝试登上这个国际舞台。这是法国动画业者与南非法国研究所持续对话的成果,法国的做法值得中方借鉴。

---

① 中外合作拍摄电影协议. [2020-12-28]. http://www.cfcc-film.com.cn/polic/content/id/23.html.
② Treaties. [2020-12-28]. https://www.nfvf.co.za/home/index.php? ipkContentID=43.

第五，重视知识产权保护，加强电影衍生品的市场培育。

南非电影业界对在与中国电影产业合作过程中的知识产权保护方面缺乏信任。其实，中国的知识产权保护现状正在逐步改善。

中国法律人士认为，电影产业是高知识产权领域，从剧本创作到投资拍摄，以及后期的制作发行，所有的环节都容易产生知识产权纠纷。而中国没有相关的法律支持，目前所遵循的还是传统的合同法等方面的法律依据，针对影视行业很多时候并不是完全适用，所以在制定合同时容易造成以下两种情况并产生纠纷：一是合约过于复杂，容易造成单方合约而过于保护一方的权益，违背了签约双方平等的基础原则；二是合约过于简单，依靠行业惯例和人情成分履行，此类合约在发生法律纠纷时很难保护守约方，而且违约方往往没有法律责任。随着中国电影行业走向海外，而每个国家都有不同的法律规定，在与海外电影公司合作的过程中更需要针对具体的条款进行分析。①

除了与电影版权直接相关的产品开发以外，电影衍生品正成为飞速发展的电影产业的又一块大蛋糕。一般而言，人们习惯于将那些围绕电影内容和形象衍生而开发的产品称为电影衍生品。在电影衍生品产业发展最为成熟的美国，服装、旅游、教育、出版等都早已成为电影衍生品开发的领域，衍生品也早已成为美国电影公司重要的收益来源。从功能上看，电影衍生品的作用主要是宣传影片，以及通过品牌授权等多样形式产生经济效益。随着电影产业的快速发展和电影衍生品的不断引入和开发，业界普遍认为电影衍生品正在成为电影产业发展的新增长点。借鉴已有的成熟经验，不断摸索符合市场特点的衍生品开发策略已经是电影产业发展的拓展方向。因此，推动中南电影产业合作，促进电影衍生品产业的开拓也是一条思路。

第六，加强中南电影人才教育的相互交流与合作。

中南电影产业合作也应该包括中南电影教育方面的合作。电影从创作到拍摄、制作、播出，需要由各个工种通力合作来完成，对人才的需求量非常大。综观整个行业，摄影、美术、录音、服装、道具、化妆及电影特效、声音制作、剪辑调色乃至字幕翻译、包装、宣发等应用型人才需求广泛，缺乏专门人才培养便难以适应电影工业化发展和国际化竞争需要。

据统计，中国设有影视专业的高校有 1000 多家，实际上，中国电影教育质量仍不够高，人才培养缺乏实践指导。虽然中国电影处于蓬勃发展的时期，但

---

① 陈静. 剧本版权的那些事儿.（2013-04-03）[2020-12-28]. https://blog.sina.com.cn/s/blog_6e987b230101di5i.html.

中国电影教育和人才资源依旧匮乏,这也是中国与西方电影工业存在一定差距的主要原因。中外电影人才教育的交流与合作是电影国际化发展战略的重要一环,需要通过人才教育的源头推动来促进中国电影产业发展。

在南非,无论是本土电影制作还是为国际电影提供服务,南非业界都对人才的培养充满期待。南非有40多所设置各类电影相关专业的院校,但只有非洲电影学院与北京电影学院建立了沟通联系;许多南非电影院校希望能参与北京大学生电影节的活动;金山大学艺术学院影视系曾希望开设中国电影史课程,但因为缺乏师资力量而没有实现。

充分发挥中南高级别人文交流机制的协调作用,从中南电影教育合作和文化发展战略的角度出发,积极推动中南电影教育领域的交流与合作,将促使中南电影产业合作的发展路径变得更为广阔。

六、结 语

电影是文化产业中最重要、最活跃的元素之一,在当今世界焕发着勃勃生机。南非注重本土电影产业发展,扶持非洲题材的电影制作,积极促进国际电影合作,希望使其电影产业成为国际环境中不容忽视的文化力量。中国正处于本土电影市场高速发展与中外电影合作的黄金时期,中国电影业的快速崛起为中华文化的国际传播带来了重要的机遇。中南电影产业有着高度的同向性和互补性,中南人文交流合作将因电影产业合作而迸发生机与活力,中南电影产业合作的前景令人期待。

Analysis of China-South Africa
Film Industry Cooperation

SHI Hai

Abstract:Some people believe that the South African film industry is monotonous and backward, but in fact, the development of the South African film industry is full of vigor and vitality. The South African government has recognized the important role played by the film industry in national development, social cohesion, racial reconciliation, economic growth and job creation. The South Africa government regards the development of the film industry as an important force in the growth strategy of national culture industries. As one of the main engines of world economic development, Chinese film industry is in the golden age of fast growth. There are a lot of film coproduction opportunities between Chinese and foreign producers. The rapid rise of the Chinese film industry provides important choices and opportunities for the international dissemination of Chinese culture. The exchange and cooperation of China-South Africa film industry should also become an important part of China-South Africa's people-to-people exchange. The film industry cooperation between China and South Africa is highly anticipated due to the homogeneity and complementarity of the two sides.

Keyword: film industry; box office income; China; South Africa; cooperation

About the Author: SHI Hai, overseas Chinese entrepreneur in South Africa, honorary Chairman of the Southern Africa Shanghai Industrian and Commercial Liaison Association, Chairman of the Southern Africa Film and Drama Exchange Association.

第四部分

南非青年发展与智库合作

南非青年发展和中南青年交流
与合作报告(2020—2021)

张利萍

摘要： 南非政府认为青年是促进国家可持续发展的关键，因而设立了相关部门并制定了青年发展政策以促进青年发展。然而，长期殖民统治、种族隔离历史，以及新冠疫情等使南非青年陷入了前所未有的危机，青年辍学、失业、健康等问题尤为突出。近年来，在中国和南非政府的支持下，两国青年交流日益频繁。未来，中南合作应继续关注南非青年问题，在教育、创新创业、医疗卫生和气候行动等方面加强中南青年交流，开展务实合作，助力南非青年发挥内在潜力，实现自我价值。

关键词： 南非；青年发展；中南合作

作者简介： 张利萍，浙江师范大学非洲研究院博士研究生，主要研究方向为非洲教育与社会发展、中非青年合作。

南非同大多数非洲国家一样，是一个人口结构年轻化的国家，青年问题是南非发展战略面临的核心问题之一。南非政府已经意识到青年对国家可持续发展的重要性，因此，南非妇女、青年和残疾人事务部牵头制定了跨部门的《国家青年政策》，勾勒出南非青年未来发展的蓝图。中国和南非自1998年建交以来，双边关系取得了全面快速发展。2017年中国-南非高级别人文交流机制的启动，推动了双方在青年领域的交流与合作。新冠疫情肆虐全球后，南非青年面临了前所未有的挑战，中南青年交流与合作也遇到了重重阻碍。然而，疫情在带来挑战的同时也孕育着生机。在新冠疫情背景下，南非青年如何发展、中南青年交流如何走深走实是值得关注与思考的问题。

一、南非青年概况

未来几十年撒哈拉以南非洲地区的人口增长数将占世界人口增长数的主

要部分。预计到 2050 年,撒哈拉以南非洲国家将新增 11 亿人口,占世界人口增长数量的一半以上。[①] 当前,非洲已然是世界上最年轻的大陆。据统计,非洲大陆青年[②]人口约有 4.2 亿,占非洲总人口的三分之一。南非同大多数非洲国家一样,拥有庞大的青年人口。根据南非统计局发布的 2021 年年中人口报告,南非总人口约 6014 万,15—34 岁的约为 2051 万人,占总人口的三分之一以上。此外,南非青年人口在省份分布上较为集中,一半以上的人口居住在豪登省(28.4%)、夸祖鲁-纳塔尔省(19.7%)和西开普省(11.5%)这三个省份,自由州省(4.8%)和北开普省(2.0%)的人口比例最低(见表1)。此外,南非人口的省份分布与各省经济发展情况及移民问题密切相关。[③]

表 1 南非各省青年人数统计

省份	男青年人数/万人	女青年人数/万人	青年总人数/万人	各省份青年总人数占全国青年总人数的比例/%
豪登省	291	291	582	28.4%
夸祖鲁-纳塔尔省	202	202	404	19.7%
西开普省	118	117	235	11.5%
东开普省	104	103	207	10.1%
林波波省	96	89	185	9.0%
姆普马兰加省	84	81	165	8.0%
西北省	68	65	133	6.5%
自由州省	49	49	98	4.8%
北开普省	21	21	42	2.0%

二、南非青年发展机制

南非政府认为青年是国家的未来,因而非常重视对青年的支持和培养。自 1994 年新南非成立以来,新一届南非领导人就致力于开发全国性的青年发展战略,以解决南非青年面临的问题与挑战,挖掘青年潜力,促进青年发展。为了更好地开展青年工作,南非政府设立了专门管理青年事务的组织,并出台了相应

① UN. World Population Prospects 2019. (2019-06-01) [2021-12-30]. https://www. un. org/development/desa/pd/news/world-population-prospects-2019-0.

② 本文参照《非洲青年宪章》对青年的定义,指 15—34 岁的人。

③ Department Statistics South Africa. Mid-year Population Estimates 2021. (2022-07-31) [2022-08-08]. http://www.statssa.gov.za/publications/P0302/P03022021.pdf.

政策以支持青年发展。

(一)组织机制

1. 国家青年委员会

1996 年 6 月,南非政府成立了国家青年委员会,计划制定全国性的青年发展政策。1997 年,国家青年委员会在开普敦召开国家青年峰会,200 多名南非青年代表出席峰会并讨论国家青年政策的制定过程,为政策的制定指明了方向。然而,国家青年委员会讨论制定的《国家青年政策(2000 年)》最终没有被政府所采纳。2007 年,国家青年委员会联合总统办公室的青年事务部进行了广泛研究,并与相关研究机构、青年组织、政府部门、政党内的青年组织等进行了协商讨论,制定了《国家青年政策(2009—2014 年)》。

2. 妇女、青年和残疾人事务部

2019 年 5 月,南非总统拉马福萨宣布重组政府部门,成立一个新的部门主管妇女、青年和残疾人事务。2020 年 4 月,妇女、青年和残疾人事务部正式运作。在青年事务方面,该部门的主要职责是领导、支持、协调、监督和评价社会各领域的青年发展政策实施情况。为了更好地发挥对青年事务的领导作用,该部门的首要任务就是制定全面的青年发展政策,即《国家青年政策(2020—2030年)》。

3. 国家青年发展署

此外,南非的国家青年发展署也是南非一个重要的全国性青年事务机构。该机构依托议会法案(2008 年第 54 号法案)成立,主要是为了帮助解决南非青年面临的挑战,从国家、省级和地方政府三个层面来处理青年发展问题。

(二)政策框架

《国家青年政策》是面向所有南非青年的跨部门政策,是南非政府对青年发展的承诺,也是南非青年发展的蓝图。《国家青年政策(2009—2014 年)》是南非首个公开发布的青年政策,为南非的青年发展提供了一定参考。2015 年,政府对《国家青年政策(2009—2014 年)》进行了更新和完善,补充了南非青年面临的新问题和新挑战等内容,发布了《国家青年政策(2015—2020 年)》。"我们是面向 2020 年的新一代南非青年,我们不要施舍,我们要自强!"[①]《国家青年政策

[①] 原文为"We are generation 2020. We don't want a hand-out, we want a hand up!",此处为笔者自译。

(2015—2020年)》的这一政策口号是其核心理念的体现。该版本的国家青年政策主要强调了青年在南非的经济社会发展和国家建设中的作用,提出要为南非青年创设积极的环境,促进青年潜力的发挥。

南非政府认为青年问题是综合问题,呼吁南非各部门共同关注青年问题,加强青年赋权,鼓励和支持青年自身参与到青年未来的发展与规划中去。因此,《国家青年政策(2020—2030年)》由新成立的妇女、青年和残疾人事务部牵头,联合多个部门共同制定。新冠疫情使南非青年遭遇了前所未有的挑战,因此在制定青年政策时,政府尤其关注青年的卫生健康问题,强调必须使广大群众尤其是青年群体免受新冠疫情的负面影响。当前,《国家青年政策(2020—2030年)》已正式发布,该政策以前两个版本为基础,回顾了过去25年南非青年的发展情况,介绍了新冠疫情对南非青年的影响,提出了南非青年面临的新的具体问题和迫切需要。《国家青年政策(2020—2030年)》认为,青年是一种潜在的人力资本,应充分利用,造福社会,未来10年是"加快取得积极的青年发展成果"的10年。《国家青年政策(2020—2030年)》还确定了青年发展的五大优先领域:(1)素质教育、技能和二次机会;(2)经济转型、创业和创造就业;(3)促进身心健康、应对新冠疫情;(4)社会凝聚力与国家建设;(5)高效和负责任的青年发展机制。

总体而言,南非的《国家青年政策》主要根据南非国内,以及非盟和联合国等相关政策和立法框架制定,并不断修订更新,及时跟踪新形势下青年发展遇到的新问题和新挑战,并提出新的应对策略,以推动南非青年的发展。

三、南非青年发展困境

受到长期殖民统治和种族隔离历史的影响,贫困问题、种族歧视等在南非社会依然广泛存在,对青年发展造成了严重影响。例如,长期殖民统治导致青年陷入贫困危机,种族隔离的历史使青年遭受歧视;贫困引发的营养不良问题,以及歧视带来的心理问题,导致青年在校表现不佳,辍学率极高。由此,辍学导致青年缺乏教育,缺乏工作技能,难以进入劳动力市场。而大量青年失业引发的失业危机,是社会冲突不断的诱因。社会不稳定则进一步使青年陷入发展困境。如此恶性循环,凸显了南非青年问题的复杂性。此外,新冠疫情等不利因素,导致本就面临诸多挑战的南非青年陷入更大的危机。

（一）受教育水平低

1. 高辍学率

由于贫困、种族歧视等原因，很多南非青少年在基础教育阶段就不得不面临辍学问题。南非学生辍学率从 9 年级开始上升，10—11 年级几乎达到了 12%。无法完成国家 12 年级教育要求，就没有机会进入高等教育阶段学习。同时，只有少数辍学者有机会进入职业技术教育院校或接受职业技术教育培训。因此，大部分青年缺乏进入社会的必备技能，难以获得就业岗位。近年来，南非受教育人数有所上升，20 岁以上没有受过任何教育的人口比例从 2002 年的 11.4% 下降到了 2018 年的 4.5%，同时期至少完成 12 年级教育的学生比例从 30.5% 上升到 45.2%。[①]

2. 低教育质量

近年来，南非 12 年级教育完成率有所进步，但低水平的教育质量导致这种进步效果并不明显。南非小学阶段学生的读写和计算能力仍然远低于国际平均水平，尤其是学生数学和科学这两门学科的学习效果差，阻碍了学生进一步接受相关高等教育（尤其是工程、科学和创新方面），抑制了高等教育的发展，不利于青年的高质量发展。同时，对辍学后的青年进行的职业技术教育培训的质量相对较差，导致接受培训的学生技术水平低下，或者无法与市场需求相适应，难以在劳动力市场立足。

（二）失业问题严重

南非青年失业率一直居高不下。2020 年第一季度 15—24 岁的青年失业率为 59%，25—34 岁的青年失业率为 37.3%，都远高于 45—54 岁人群失业率（17.5%）。2021 年，由于国内政治及社会环境的影响，南非青年失业率更是屡创新高，从第一季度的 63.3% 上升到第二季度的 64.4%。[②] 总体来说，最高的失业率出现在 20—24 岁刚刚从学校过渡到劳动力市场的青年中，其中，女性高于男性。青年失业问题在南非已经达到危机程度，是南非目前面临的最主要且最紧迫的挑战之一。

---

① South African Government. National Youth Policy 2020—2030. （2021-03-01）［2021-12-30］. https://www. gov. za/sites/default/files/gcis_document/202103/nationalyouthpolicy. pdf.

② Trading Economics. South Africa Youth Unemployment Rate. ［2022-12-30］. https:// tradingeconomics. com/south-africa/youth-unemployment-rate.

新冠疫情加剧了南非青年失业问题,很多南非青年成为"啃老族"(NEET)①。2019年第四季度15—34岁啃老族的比例为38.9%,2020年第一季度上升到41.7%。2020年第一季度15—24岁的年轻人中,啃老族占34.1%。同时,青年啃老族中的性别差异问题突出,女性比例明显高于男性。

技能水平低且与社会需求不匹配是造成南非青年失业的一大原因。实际上,南非青年并不缺少工作岗位,而是缺少适应岗位的技能。然而,高辍学率和低水平的教育质量导致南非青年在进入劳动力市场后,往往会因为缺乏相应的劳动技能,或技能与市场需求不匹配,而无法找到合适的工作。第四次工业革命带来的大规模自动化颠覆了几乎所有行业,劳动力市场更加依赖技术和技能,但这正是许多南非青年所缺失的。同时,从创业角度来说,创业能力及创业资金不足,导致南非青年在面对第四次工业革命和新冠疫情带来的巨大的新的发展机遇时,难以快速地找准创业机会。

(三)身心健康状况不佳

新冠疫情使本就饱受艾滋病、肺结核等传染病困扰的南非青年陷入更大危机。在南非,肺结核是造成青年死亡的主要传染病之一,紧随其后的是艾滋病。南非是世界上艾滋病流行最严重的国家,艾滋病病毒感染者从2002年的464万上升至2019年的797万,但随着艾滋病预防知识的普及,15—24岁青年的艾滋病病毒感染率呈下降趋势。

此外,药物滥用及虐待问题等也引发了南非青年的心理健康问题和功能障碍,导致青年成为暴力的实施者和受害者。新冠疫情导致的持续隔离与封锁使青年日益感到绝望,性别暴力、药物滥用、疾病传播等社会问题因此更加凸显,青年女性所受影响最为严重。

四、中南青年交流与合作

在中南关系的发展过程中,青年一直发挥着重要的作用。自1988年中南两国建交以来,两国青年交流活动从无到有,规模从小到大,形式日益丰富。在中非合作论坛、金砖国家合作机制、中南高级别人文交流机制等的支持下,中南青年在政治、经济、人文等领域开展了广泛交流,并取得了丰硕成果。

---

① NEET 是 Not in employment, education or training 的缩写,指未就业、未接受教育和培训的人。

（一）机制支持

1. 中非合作论坛

自中非合作论坛成立以来，中非双方始终强调青年发展对中非合作的重要性，并采取了一系列促进中非青年交流的新举措，如制定中国青年志愿者非洲服务计划，举办中非青年联欢节、中非青年领导人论坛等。《中非合作论坛——北京行动计划（2019—2021 年）》强调要进一步实施中非青年互访计划，邀请2000 名非洲青年来华交流，推动更多中非青年互访。[①] 习近平主席在 2018 年中非合作论坛北京峰会上提出"八大行动"倡议，其中许多措施都着眼于青年，如培养青年、扶助青年，致力于为青年提供更多就业机会、更好发展空间。[②]《中非合作论坛——达喀尔行动计划（2022—2024）》指出要鼓励和支持开展青年领域的交流合作，继续推进志愿服务和青年发展项目。文件提到，首届"中非未来领袖对话"的成功举办，搭建了中非青年深度对话平台，要支持这一活动机制化。此外，中方将举办中非青年服务论坛和中非妇女论坛，继续推进中非青年领导人论坛等机制建设，深化中非青年领导人交流合作。[③]

2. 金砖国家合作机制

中国和南非同为金砖国家成员国。在金砖国家合作机制下，中南双方顺利举办了金砖国家青年论坛、青年外交官论坛、青年科学家论坛等活动。2017 年9 月，金砖国家领导人第九次会晤在中国厦门举行，会议提出要支持金砖国家大学联盟和金砖国家网络大学开展教育和研究合作，欢迎推动教育智库合作的有关努力，以及组织青少年夏令营、提供更多奖学金申请机会等方式的青年交流。[④] 会议还通过并发布了《金砖国家青年论坛行动计划》，将青年政策、青年创新创业、青年文化、青年参与全球治理等领域作为金砖青年合作的重点，并提出了建立金砖国家青年研究中心、金砖国家青年信息交流平台、金砖国家青年创

① 中非合作论坛——北京行动计划（2019—2021 年）. （2018-09-05）[2022-02-08]. https://www.mfa. gov.cn/web/ziliao_674904/tytj_674911/zcwj_674915/201809/t20180905_7949984.shtml.

② 人民日报评论员：让中非友好的接力棒代代相传——论习近平主席在中非合作论坛北京峰会开幕式上主旨讲话. （2018-09-08）[2022-05-08]. http://www.gov.cn/xinwen/2018-09/08/content_5320418.htm.

③ 中非合作论坛——达喀尔行动计划（2022—2024）. （2021-12-02）[2022-05-09]. http://www.focac. org/zywx/zywj/202112/t20211202_10461216.htm.

④ 金砖国家领导人第九次会晤厦门宣言. （2022-02-21）[2022-05-09]. http://brics2022.mfa.gov.cn/ chn/hywj/ldrhwcgwj/202203/t20220308_10649245.html.

新创业网络、金砖青年国际交流志愿者库等具体行动计划。① 此外,金砖国家人口年龄结构快速变化在带来挑战的同时也提供了机遇,特别是在性别平等、妇女权利、青年发展、就业和未来劳动治理、城镇化、移民和老龄化等方面。

3. 中南高级别人文交流机制

建立中南高级别人文交流机制,是习近平主席和南非领导人着眼中南关系大局做出的战略决策,是落实中非合作论坛约翰内斯堡峰会成果的重要行动。作为中国与非洲国家建立的首个政府间高级别人文交流机制,中南高级别人文交流机制对加强中南关系、深化中非合作、推动南南合作具有重要而深远的影响。2017 年 4 月,中南高级别人文交流机制首次会议在南非比勒陀利亚举办,国务院副总理刘延东在出席会议时指出,中南双方要充分发挥人文交流机制的引领作用,加强系统谋划,推动教育、科技、文化、卫生、青年、妇女、体育、智库、媒体、旅游等领域交流合作。② 自中南高级别人文交流机制建立以来,中南双方在青年领域开展了务实合作,有力推进了两国青年的沟通与互信。

(二)基本情况

在中南两国政府搭建的机制平台下,中南青年交流不断向深层次、宽领域拓展。2020—2021 年,新冠疫情虽严重阻碍了世界前进的脚步,但中南青年交流并未就此止步,而是以线上的形式继续走深走实。

1. 政治领域

2021 年是中国共产党成立 100 周年,南非青年学生领袖、全国学生大会副主席马蒂瓦内从青年角度解读了中国共产党,并于 2021 年 11 月 18 日在南非主流媒体《比陀新闻报》《水星报》《开普时报》发表了题为《中国共产党带领中国创造奇迹》的评论文章,盛赞中国共产党的十九届六中全会是总结历史经验、明确未来发展的历史性大会,中国共产党必将带领中国人民走向更大成功。③ 2021 年 11 月 24 日,第五届中非青年领导人论坛暨十九届六中全会精神对非专场宣介会举行,来自非洲 40 多个国家 50 多个政党和政治组织的 200 多位领导人和青年代表以线上线下相结合的形式参会。中共中央对外联络部部长宋涛

---

① 《2017 年金砖国家青年论坛行动计划》发布. (2017-07-28)[2022-05-09]. http://qnzz. youth. cn/qckc/201707/t20170728_10395874. htm? mobile=0&error=5.

② 刘延东出席中南高级别人文交流机制首次会议. (2017-04-25)[2022-05-09]. http://www. gov. cn/guowuyuan/2017-04/25/content_5188803. htm.

③ 南非青年学生领袖:中国共产党让中国旧貌换新颜. (2021-06-18)[2022-05-11]. https://www. chinanews. cn/gj/2021/06-18/9502026. shtml.

向与会青年宣介了十九届六中全会的重大历史意义,指出中国共产党高度重视同非洲政党的交流互鉴,希望双方青年积极参与中非友好合作,为促进新时代中非关系发展贡献智慧和力量。① 早在 2019 年 9 月,南非全国学生大会青年学生领袖访华代表团就赴华参加了为期两周的交流访问活动。这是中方落实2018 年中非合作论坛北京峰会成果的具体举措,也是中方致力于深化两国青年友谊、促进中南人文交流的首创之举,进一步丰富了中南全面战略伙伴关系的内涵。

2021 年 11 月 7 日,来自中国和 48 个非洲国家的青年代表通过线上线下相结合的方式参与了"首届中非未来领袖对话",与会青年聚焦"奋进合作新时代中非青年新担当"主题,围绕"中国发展的世界意义""助力中非合作共赢、共同发展""共筑中非命运共同体"三大议题畅所欲言,共话青年在新时代中非深化友谊、合作发展中的使命与担当,共同展望中非合作美好未来,达成广泛共识,并一致通过了《首届中非未来领袖对话共同宣言》。②

2. 经济领域

中国是南非在全球最大的贸易伙伴,南非同时也是中国在非洲大陆最大的贸易伙伴。中南两国在贸易领域的频繁交流也吸引了两国青年参与其中。在当前第四次工业革命的浪潮中,两国青年的创业热情高涨,中南青年创新创业论坛为两国青年提供了创业交流平台。截至 2021 年,作为中南高级别人文交流机制子活动的中南青年创新创业论坛已成功举办三次。第二届论坛于 2019年 9 月在南非纳尔逊·曼德拉大学举行。论坛由浙江师范大学和纳尔逊·曼德拉大学共同主办,主题为"共享数字经济新机遇,激活创新创业新动能"。时任浙江省省长袁家军在论坛开幕式上指出,创新创业是浙江转型升级的动力,特别是推动数字经济发展的动力,数字革命给青年创新创业提供了难得的机遇。希望两校以中非经贸领域为突破口,加强合作,更好地寻求创新创业的办法,早出成果、多出成果。③ 2020 年,受新冠疫情影响,第三届中非暨中南青年创新创业论坛以线上线下结合的方式举办,围绕"共享创新知识,共育创业人才,共建合作平台,共担交流使命"主题,聚焦中非青年创新创业,与会代表从政

① 中联部面向非洲举办十九届六中全会精神宣介会. (2021-11-25)[2022-05-11]. http://www.chinanews.com.cn/m/gn/2021/11-25/9615884.shtml.

② 首届中非未来领袖对话成功举办. (2021-11-08)[2022-05-11]. http://world.people.com.cn/n1/2021/1108/c1002-32276270.html.

③ 第二届中南青年创新创业论坛在南非举行. (2019-09-24)[2022-05-11]. http://swb.jinhua.gov.cn/art/2019/9/24/art_1229168151_58839554.html.

府、企业、高校等角度,就如何激发中非青年创新创业活力、拓宽创新创业合作空间,以及如何为中非青年创新创业创造良好的政策制度环境等议题,交换了意见与经验。论坛还发布了中英双语版的《新时代中非青年创新创业共同倡议书(浙江倡议)》。

3. 人文领域

国之交在于民相亲,民相亲在于心相通。人文交流作为民心工程,渗透在中南青年交流的各个环节,为中南青年在各领域的交流合作奠定了友好基础。近年来,中南两国青年在教育、科技、文化等方面的交流异彩纷呈。

南非是非洲大陆设立孔子学院和孔子课堂数量最多的国家,截至2021年12月,已开设6所孔子学院和3个孔子课堂。此外,当地45所中小学还开设了汉语课程。2019年8月,南非政府在行政首都比勒陀利亚宣布将每年9月17日定为南非中文日。2019年9月,由南非西开普大学、浙江师范大学与浙江中医药大学合作建立的西开普大学中医孔子学院正式揭牌成立,这是非洲大陆首个中医特色孔子学院。中医孔子学院将传统和现代中医药科学同汉语教学相融合,成为南非青年了解中国文化的新窗口,为推动中非传统医药合作搭起了一座新的桥梁。

科技交流是中南青年交流的另一重要内容。2019年4月,在“中国-南非青年科学家交流计划”的支持下,首批7名南非青年科学家赴华交流。时任中国驻南非大使林松添指出,在中南两国元首的关心指导下,中南科技创新合作呈现出高层重视、互补性强、形式多样、成果丰硕等特点,已成为中南全面战略伙伴关系的重要支柱。[①] 中南两国签署的《关于共同实施中国-南非青年科学家交流计划的行动计划》等重要合作文件,为中南科技创新合作绘制了新蓝图,注入了新动力。

近年来,中南双方还通过举办论坛、综合性的文化交流活动等方式来推进两国青年的交流与合作。中非青年大联欢是根据2015年中非合作论坛约翰内斯堡峰会上双方领导人达成的共识展开的,旨在促进中非青年交流,延续中非传统友谊,培养中非友好事业接班人。中非青年大联欢面向广大中非青年展开,目前已成为中非青年深化友谊、交流互鉴的重要平台。2016—2021年,中非青年大联欢已先后在中国和南非成功举办6届,吸引了不少南非青年的关注和参与。新冠疫情影响下的中非青年大联欢主要以邀请在华非洲青年参加为主。

[①] 首批南非青年科学家将赴华开展联合研究. (2019-05-01)[2022-05-11]. http://www.gov.cn/xinwen/2019-05/01/content_5388128.htm.

2020年10月，以"中非青年携手并进，开启中非关系新未来"为主题的第五届中非青年大联欢顺利开展。2021年10月，第六届中非青年大联欢围绕"回望中共百年光辉历程，凝聚青春智慧担当，共创中非共同发展新篇章"主题在华开展系列活动。中非青年大联欢为中南青年交流互鉴搭建了重要平台，是中南青年交流的又一重要平台。2021年12月，围绕"夯实人文交流基础，推动金砖合作可持续发展"这一主题，来自金砖国家的150余名代表以线上线下相结合的方式，就"携手青年对话，应对共同挑战"等三个话题通过中非青年大联欢这一平台进行了深入探讨。

五、加强中南青年交流与合作的建议

青年是中南关系的希望所在，中南青年交流对于中南关系甚至中非关系的发展影响深远。同时，南非青年是南非发展的希望所在。南非《国家青年政策（2020—2030年）》认为青年是促进南非发展的重要人力资源，是社会变革、经济发展与创新的主要推动者。青年的想象力、精力、理想和远见对社会的可持续发展至关重要。然而，当前南非青年依然面临贫穷、辍学、失业、疾病等诸多挑战，难以发挥内在潜力来促进社会进步。因此，中非合作应关注南非青年问题，在以下几个方面加强中南青年之间的交流与合作。

（一）深化教育交流

第一，加强中南基础教育合作，提升南非基础教育质量。如开展中小学教师培训、联合制定基础教育阶段课程标准、开展STEM（科学、技术、工程和数学）教育经验交流等，在新冠疫情防控常态化背景下，可以拓展线上交流方式。第二，帮助南非新建或升级中小学学校，让更多南非青少年获得受教育机会，降低基础教育阶段辍学率，提升高等教育阶段升学率。第三，加强职业技术教育交流与合作。例如，依托"鲁班工坊"培育高技能人才，针对南非教育特点和现有条件进行定制化和体系化设计，为南非提供急需的职业教育与培训；支持南非青年赴华访问和学习。

（二）推动创新创业

第一，以论坛为契机，提升南非青年创业能力。中南青年创新创业论坛为两国青年提供了创业的思路与动力，未来要持续推进中南青年创新创业论坛，并结合时代发展设置契合青年需求的议题。第二，通过竞赛激发中南青年创业

灵感。鼓励在华南非留学生和中国学生组队参与创新创业大赛和"互联网＋"等大赛,为团队配备优秀导师团,提供技术和资金支持,帮助南非青年实现创业梦想。第三,深化中南青年企业家交流。组织南非青年走进中国企业,了解中国的先进产业及其特点,并结合非洲实际情况寻找创新之路;同时,让中国青年了解南非,走进南非,鼓励中国青年在南非创业。第四,实现文旅产业合作创新。文旅产业可以增强民族自豪感,尤其吸引青年群体,要利用南非丰富的旅游资源,鼓励青年在相关领域寻找创业契机。

(三)加强医疗合作

第一,尽快帮助南非青年接种新冠疫苗。要尽快落实习近平主席在中非合作论坛第八届部长级会议上关于"向非方提供 10 亿剂疫苗"的承诺,协助南非进行疫苗接种和疫苗生产,让更多南非青年接种疫苗。[①] 第二,依托中医孔子学院,鼓励南非青年学习中医。可以开展有针对性的研究,从中医角度帮助研究如何应对南非青年面临的肺结核、艾滋病等致死率较高的传染病。第三,加强云端交流,丰富青年因新冠疫情导致的隔离生活。鼓励中南青年组织加强联系,举办线上的文化交流活动,缓解因隔离而产生的青年身心健康问题和社会问题。

(四)携手气候行动

第一,鼓励青年参与气候方案制定。以《中非应对气候变化合作宣言》为指导,共同制定中南应对气候变化合作的青年行动方案,鼓励青年在论坛、媒体等发表应对气候变化的建议。第二,鼓励中南青年共同参与气候研究。支持南非青年赴华留学,攻读可持续发展、生物多样性、环境科学等与气候变化相关的专业,为这些领域的留学生提供更多的中国政府奖学金名额;依托"中非高校 20＋20 合作计划",鼓励双方青年学者交流合作,开展气候变化相关研究。第三,发挥青年智慧,宣传气候行动。带领南非青年走进"绿水青山就是金山银山"理念发源地,宣介中国特色的生态文明理念,鼓励中南青年创新传播形式,以大众喜闻乐见的方式让更多人参与到气候行动中。

---

① 习近平. 习近平在中非合作论坛第八届部长级会议开幕式上的主旨演讲(全文). (2021-11-29) [2022-09-10]. http://www.qstheory.cn/yaowen/2021-11-29/c_1128113621.htm.

Report on South African Youth Development and China-South Africa Youth Exchange and Cooperation (2019—2021)

ZHANG Liping

Abstract: The government of South Africa believes that youth are critical to the nation's sustainable development and has set up relevant departments and developed youth policies to promote youth development. However, South African youth are facing an unprecedented crisis with increasingly severe problems in school dropout, unemployment and health because of the long colonial rule, the history of apartheid and the COVID-19 pandemic. In recent years, China-South Africa's youth exchanges have become increasingly frequent under the support of both governments. In the future, China-South Africa cooperation should continue to pay attention to South Africa's youth issues, strengthen China-South Africa youth exchanges and carry out practical cooperation in education, innovation and entrepreneurship, health care and climate action, so as to help South African youth realize their inherent potential and self-worth.

Keywords: South Africa; youth development; China-South Africa cooperation

About the Author: ZHANG Liping is a Ph. D. candidate at the Institute of African Studies, Zhejiang Normal University. Her main research interests are education and social development in Africa, and China-Africa youth cooperation.

南非智库发展现状及其面临的问题

（2020—2021）*

王　婷　李沐晨

摘要：通过对《2020 年全球智库指数报告》和对南非智库的调查分析可知，2020 年南非智库数量继续稳居撒哈拉以南非洲国家智库榜首，其研究范围、领域，以及成果质量都遥遥领先。与此同时，南非智库也面临着议题关注覆盖面不全、入围《2020 年全球智库指数报告》中相关领域排名的智库重复率高、智库研究人员配比单一等问题。在透明度和良政、全球卫生政策、国防和国家安全、教育政策、能源和资源政策、国际经济政策这 6 个领域，南非智库均未入围。此外，在国民经济政策和国民卫生政策等其他撒哈拉以南非洲国家关注较多、入围智库也较多的热门研究领域，南非智库的表现也不如人意。未来，南非智库应及时调整发展导向，采取措施提高成果质量，如依托政府、高校、企业开展三方合作，逐步弥补单一研究视角的短板；通过加强非洲跨区域联合研究，提高议题覆盖率，拓展研究深度等。

关键词：南非智库；现状；特点；问题

作者简介：王婷，北京外国语大学非洲学院讲师，主要研究方向为非洲法。李沐晨，北京外国语大学非洲学院硕士生。

　　在经济全球化、信息全球化和大数据国际化浪潮来袭的背景下，智库所扮演的角色举足轻重，在提升国家软实力、推动经济社会稳步发展、服务于国家大战略等方面都需要智库"建言献策"，弥补传统理论和现实决策之间的差距。智库通译为"思想库"(think tank)，但是国内外学术界对"智库"的定义存在多种解释。美国宾夕法尼亚大学麦甘教授认为，智库是服务于政府和民间社会的一种研究机构，其目的是影响公共政策并制造公共舆论。比起西方国家，以南非

＊　本文受中央高校基本科研业务费专项资金资助，是北京外国语大学校级项目"中国在非洲的海外形象传播体系构建研究"(2022ZX010)的阶段性成果。

智库为首的非洲智库起步较晚,发展尚不完善。尽管非洲有些国家提出要重视非洲本土智库的发展,但往往是"心有余而力不足"。回顾麦甘教授团队发表的《2020年全球智库指数报告》可知,南非智库作为非洲国家智库的"火车头",在引领非洲智库发展的同时,仍面临着不少现实问题。当今国际社会的竞争不仅仅是国家间"硬实力"的抗衡,更是以思想、文化、观念为核心的"软实力"的比拼。南非不仅要以国家"硬实力"为动力,还要以国家"软实力"为燃料,实现自身跨越式发展。因此,研究南非智库,一方面能够了解考察南非智库在为政府提供思想源泉(公共政策、公共知识、公共决策等)、培养专业人才(为政府各机关输送高质量人才,为各大高校培养高水平人才)、搭建沟通平台(举办各种研讨会,进行各种调研)、引导信息舆论(引导正确的言论方向,为非洲媒体提供素材)等方面发挥的不可替代作用,另一方面也能够为我国学者提供翔实的相关资料来源。

一、南非智库发展的现状

根据2020年全球顶级智库排行榜,南非智库继续引领非洲智库的发展,且在众多领域表现出众,智库研究水平和国际影响力呈现上升趋势。

(一)南非智库数量继续稳居非洲智库榜首

2021年1月28日,由美国宾夕法尼亚大学麦甘教授引领的团队发表了"智库项目(TTCSP)"研究成果——《2020年全球智库指数报告》。报告显示,2020年全球各地智库为11175家,南非智库总数为102家,占全球智库总数的0.91%。表1列出了该报告统计的智库数量排名的前25国。

表1 智库数量排名(前25国)①

排名	国家	智库总数/家
1	美国	2203
2	中国	1413
3	印度	612
4	英国	515
5	韩国	412

---

① 数据来源:McGann, J. G. 2020 Global Go To Think Tank Index Report. Philadephia: University of Pennsylvania, 2021.本文中出现的所有表格均基于该报告翻译或制作而成。

续表

排名	国家	智库总数/家
6	法国	275
7	德国	266
8	阿根廷	262
9	巴西	190
10	越南	180
11	意大利	153
12	俄罗斯	143
13	日本	137
14	墨西哥	109
15	南非	102
16	瑞典	101
17	西班牙	95
18	瑞士	93
19	乌克兰	90
19	哥伦比亚	90
21	伊朗	87
22	奥地利	86
23	比利时	85
23	荷兰	85
23	加拿大	85
总计		7869

由表 1 可知,南非智库数量超过部分发达国家,在全球智库排名中位居第15 位。非洲国家除南非外,均未进入全球智库排名前 25 名。此外,与 2019 年南非智库数量相比,2020 年南非智库的总数增加了 10 家。

(二)南非智库的研究范围不断扩大,质量不断提升

由《2020 年全球智库指数报告》可知,2020 年撒哈拉以南非洲各国智库数量排名中,南非居于首位,共计 102 家智库,占撒哈拉以南非洲国家智库总数的14.96%,比排名第二的肯尼亚多出 38 家。在 2020 年全球顶级智库(即排前

174 名）中，撒哈拉以南非洲国家共有 14 家智库入选，其中南非智库入选 6 家，占 42.86%。撒哈拉以南非洲仅 6 个国家有智库入选全球顶级智库，即南非、肯尼亚、加纳、乌干达、埃塞俄比亚和塞内加尔（见表 2）。

表 2　2020 年撒哈拉以南非洲各国智库情况

排名	国家	智库总数/家	在全球智库中排名前 174 的智库数/家
1	南非	102	6
2	肯尼亚	64	3
3	尼日利亚	52	0
4	加纳	44	2
5	乌干达	36	1
6	埃塞俄比亚	31	1
7	津巴布韦	30	0
8	塞内加尔	25	1
9	喀麦隆	23	0
10	坦桑尼亚	21	0
11	布基纳法索	20	0
12	贝宁	17	0
12	马拉维	17	0
14	博茨瓦纳	16	0
14	纳米比亚	16	0
16	刚果民主共和国	14	0
16	科特迪瓦	14	0
18	赞比亚	13	0
19	马里	11	0
19	索马里	11	0
21	毛里塔尼亚	10	0
21	毛里求斯	10	0
23	多哥	7	0
24	冈比亚	6	0

续表

排名	国家	智库总数/家	在全球智库中排名前 174 的智库数/家
24	苏丹	6	0
24	卢旺达	6	0
27	安哥拉	5	0
27	厄立特里亚	5	0
27	莫桑比克	5	0
27	斯威士兰	5	0
31	马达加斯加	4	0
31	布隆迪	4	0
31	几内亚	4	0
31	刚果共和国	4	0
31	利比里亚	4	0
36	塞舌尔	3	0
36	乍得	3	0
36	莱索托	3	0
39	塞拉利昂	2	0
39	加蓬	2	0
39	佛得角	2	0
39	尼日尔	2	0
39	中非共和国	2	0
44	几内亚比绍	1	0

从入围 2020 年全球顶级智库的 6 家南非智库可以看出:一是南非入围的智库研究范围较广,涉及争端解决领域,粮食、农业及自然资源领域,国际事务领域,冲突解决领域,安全领域,经济领域;二是入围的南非智库中有 4 家排名靠前和居中,说明南非智库在全球范围内具有一定的研究实力和优势(见表 3)。

表 3　入围 2020 年全球顶级智库的南非智库

排名	英文名称	中文名称
23	African Centre for the Constructive Resolution of Disputes	非洲建设性争端解决中心
72	Food，Agriculture and Natural Resources Policy Analysis Network	粮食、农业和自然资源政策分析网络
85	South African Institute of International Affairs	南非国际事务研究所
87	Centre for Conflict Resolution	冲突解决中心
116	Institute for Security Studies	安全研究所
123	Free Market Foundation	自由市场基金会

从 2020 年撒哈拉以南非洲国家智库排名（共 92 家）中可见，南非智库共 17 家，占所有撒哈拉以南非洲国家智库总数的 18.48%，位居第一。排名前 30 的南非智库有 10 家，占所有入围的撒哈拉以南非洲智库总数的 10.87%。入围的南非智库类型较广，包括政府主导型、企业资助型、大学附属型等（见表 4）。

表 4　入围 2020 年撒哈拉以南非洲国家智库排名的南非智库

排名	英文名称	中文名称
1	African Centre for the Constructive Resolution of Disputes	非洲建设性争端解决中心
6	South African Institute of International Affairs	南非国际事务研究所
13	Food，Agriculture and Natural Resources Policy Analysis Network	粮食、农业和自然资源政策分析网络
14	Centre for Development and Enterprise	发展和企业中心
15	Institute for Security Studies	安全研究所
19	Centre for Conflict Resolution	冲突解决中心
22	Free Market Foundation	自由市场基金会
23	Africa Institute of South Africa	南非非洲研究所
25	South African Institute of Race Relations	南非种族关系研究所
27	Institute for Global Dialogue	全球对话研究所
51	Mapungubwe Institute for Strategic Reflection	马蓬古布韦战略思考研究所

续表

排名	英文名称	中文名称
59	Mandela Institute for Development Studies	曼德拉发展研究所
63	Development Policy Research Unit	发展政策研究单位
67	Afro-Middle East Centre	非洲-中东中心
79	African Centre for Cities	非洲城市中心
80	The Sudd Institute	苏德研究所
84	Centre for the Study of Governance Innovation	治理创新研究中心

二、南非智库发展的特点

(一)南非智库涉及领域广泛,但在部分领域表现不佳

南非智库涉及领域较广,主要覆盖 15 个领域,具体如下:环境政策、外交政策和国际事务、国际发展政策、科技政策、社会政策、粮食安全、水安全、透明度和良政、国民卫生政策、全球卫生政策、国防和国家安全、国民经济政策、教育政策、能源和资源政策、国际经济政策。2020 年,南非智库在环境政策、外交政策和国际事务、国际发展政策、科技政策、社会政策、粮食安全、水安全 7 个领域表现出众,共有 10 余家智库入围全球顶级相关领域智库。特别是在水安全领域,南非全球顶级智库达到 6 家,可见南非目前十分重视水安全问题。南非智库在社会政策领域入围 4 家,粮食安全领域入围 3 家,外交政策和国际事务、国际发展政策、科技政策领域分别入围 2 家,环境政策领域入围 1 家,由此可以看出,这些都是南非智库在 2020 年关注的重点领域(见表5)。

但在国民经济政策和国民卫生政策等其他撒哈拉以南非洲国家关注较多、入围全球顶级智库也较多的热门研究领域,南非反而没有入围的智库,特别是在国民经济政策领域,撒哈拉以南非洲国家入围了 10 家智库,而南非显然对这个领域关注不多。另外,在透明度和良政、全球卫生政策、国防和国家安全、教育政策、能源和资源政策,以及国际经济政策领域,南非均无入围的智库。

表5　2020年南非部分领域的顶级智库及排名情况

顶级智库研究领域	撒哈拉以南非洲国家智库的数量/全球总数	南非智库的数量	南非智库的排名	南非智库的英文名称	南非智库的中文名称
环境政策	7/99	1	81	Centre for Environmental Economics and Policy in Africa	非洲环境经济与政策中心
外交政策和国际事务	4/156	2	96	Institute for Security Studies	安全研究所
			106	South African Institute of International Affairs	南非国际事务研究所
国际发展政策	6/128	2	50	South African Institute of International Affairs	南非国际事务研究所
			63	Institute for Global Dialogue	全球对话所
科技政策	5/71	2	15	Council for Scientific and Industrial Research	科学和工业研究委员会
			24	Research ICT Africa	非洲国际通信技术研究所
社会政策	11/120	4	33	Food, Agriculture and Natural Resources Policy Analysis Network	粮食、农业和自然资源政策分析网络
			39	Centre for Education Policy Development	教育政策发展中心
			57	African Centre for the Constructive Resolution of Disputes	非洲建设性争端解决中心
			84	Human and Social Sciences Research Council	人文社会科学研究委员会
粮食安全	10/68	3	41	Centre of Excellence in Food Security	食品安全卓越中心
			46	Food, Agriculture and Natural Resources Policy Analysis Network	食品、农业和自然资源政策分析网络
			55	Institute for Food, Nutrition and Well-being	食品、营养和福祉所
水安全	12/75	6	6	Africa Water Issues Research Unit	非洲水问题研究单位
			11	African Centre for Water Research	非洲水资源研究中心
			19	African Water Issues Research Unit (AWIRU)	非洲水问题研究单位
			27	Energy and Resources Institute	能源资源研究所
			28	Water Institute, University of Pretoria	比勒陀利亚大学水资源研究所
			30	Water Research Commission	水资源研究委员会

续表

顶级智库研究领域	撒哈拉以南非洲国家智库的数量/全球总数	南非智库的数量	南非智库的排名	南非智库的英文名称	南非智库的中文名称
透明度和良政	2/67	—	—	—	—
国民卫生政策	4/59	—	—	—	—
全球卫生政策	2/33	—	—	—	—
国防和国家安全	1/110	—	—	—	—
国民经济政策	10/143	—	—	—	—
教育政策	2/72	—	—	—	—
能源和资源政策	2/60	—	—	—	—
国际经济政策	2/85	—	—	—	—

(二)南非智库成果质量较高,但存在不平衡性

从总体数量上看,南非智库在 2020 年顶级特殊成果智库(共 28 个类目)中入围了 21 个类目,说明南非智库成果质量较高(见表 6)。需要指出的是,南非智库仍未跻身以下 8 个类目,包括最佳新想法和发展典范智库、最佳有政党背景的智库、最佳观察智库、最佳政策/想法/提议创新智库、最佳盈利智库、最佳区域研究中心(大学附属)、最佳创新政策观点智库、对公共政策影响最大的智库。从入围南非智库总数上看,在最佳独立智库中,南非入围了 4 家,位居南非入围各类目智库数量的榜首。在 6 个 2020 年顶级特殊成果智库中(最佳两者及以上多个智库间合作智库、最佳管理智库、最佳新智库、最佳智库网络、最佳跨学科研究智库、最佳使用社会媒介和网络智库),南非均各有 3 家入围;在 4 个 2020 年顶级特殊成果智库中(最佳大学附属智库,最佳政策导向型研究项目智库,年运作资金少于 500 万美元的智库,最佳保证质量、政策程序一体化的智库),南非智库均各入围 2 家。南非在以下 10 类智库中各入围 1 家智库,分别

为：最佳宣传活动智库、最佳政府隶属智库、最佳智库会议、最佳对外关系/公众
参与计划智库、最佳运用互联网智库、最佳使用媒介（纸质或电子）智库、政策影
响公众最大的智库、针对新冠疫情的最佳政策和制度回应、最佳人工智能政策
和战略智库、最佳区域研究中心（独立）。

在各个入围的智库类目中，南非智库的排名呈现不平衡性，主要体现在南
非智库在各入围智库类目中排名有高有低。例如，从仅有一家智库入围的类目
来看，在最佳区域研究中心（独立）中，南非入围智库位居总智库（共 42 家）第 18
名。但是，在最佳人工智能政策和战略智库中，南非入围智库位居 54 家中的末
位。同时，从有多家智库入围的类目来看，在最佳独立智库（共 143 家）中，南非
共 4 家智库入围，排名分别为第 40 位、第 66 位、第 104 位和第 143 位，排名差别
较大。

表 6　2020 年顶级特殊成果智库及南非智库入围情况

类目	南非智库排名/入围智库总数	南非智库的英文名称	南非智库的中文名称
最佳宣传活动智库	42/93	Food, Agriculture and Natural Resources Policy Analysis Network	粮食、农业和自然资源政策分析网络
最佳政府隶属智库	54/73	Food, Agriculture and Natural Resources Policy Analysis Network	粮食、农业和自然资源政策分析网络
最佳两者及以上多个智库间合作智库	32/75	Institute for Strategic Studies Africa	非洲战略研究所
	42/75	Food, Agriculture and Natural Resources Policy Analysis Network	粮食、农业和自然资源政策分析网络
	56/75	South African Institute of International Affairs	南非国际事务研究所
最佳管理智库	30/75	Institute for Security Studies	安全研究所
	39/75	South African Institute of International Affairs	南非国际事务研究所
	48/75	Africa Institute of South Africa	南非非洲研究所
最佳新智库	总数 133（按字母顺序排列）	African Foundation for Peace and Security	非洲和平与安全基金会
		Institute for Economic Justice	经济司法研究所
		Peacebuilders Without Borders	无国界和平缔造者
最佳智库会议	24/65	Food, Agriculture and Natural Resources Policy Analysis Network	粮食、农业和自然资源政策分析网络

续表

类目	南非智库排名/入围智库总数	南非智库的英文名称	南非智库的中文名称
最佳智库网络	44/86	South African Institute of International Affairs	南非国际事务研究所
	57/86	Food, Agriculture and Natural Resources Policy Analysis Network	粮食、农业和自然资源政策分析网络
	80/86	Institute for Security Studies	安全研究所
最佳跨学科研究智库	7/73	Food，Agriculture and Natural Resources Policy Analysis Network	粮食、农业和自然资源政策分析网络
	32/73	Institute for Security Studies	安全研究所
	48/73	South African Institute of International Affairs	南非国际事务研究所
最佳大学附属智库	53/94	Centre for Applied Legal Studies, University of the Witwatersrand	威特沃特斯兰德大学应用法律研究中心
	87/94	Wits Institute of Social and Economic Research, University of the Witwatersrand	威特沃特斯兰德大学维茨社会经济研究所
最佳使用社会媒介和网络智库	35/63	African Centre for the Constructive Resolution of Disputes	非洲建设性争端解决中心
	42/63	South African Institute of International Affairs	南非国际事务研究所
	63/63	Institute for Security Studies	安全研究所
最佳对外关系/公众参与计划智库	42/76	South African Institute of International Affairs	南非国际事务研究所
最佳运用互联网智库	38/65	Institute for Strategic Studies	战略研究所
最佳使用媒介（纸质或电子）智库	45/64	South African Institute of International Affairs	南非国际事务研究所
政策影响公众最大的智库	40/73	South African Institute of International Affairs	南非国际事务研究所
最佳政策导向型研究项目智库	45/85	Institute for Security Studies	安全研究所
	49/85	South African Institute of International Affairs	南非国际事务研究所

类目	南非智库排名/入围智库总数	南非智库的英文名称	南非智库的中文名称
最佳独立智库	40/143	Institute for Security Studies	安全研究所
	66/143	South African Institute of International Affairs	南非国际事务研究所
	104/143	Free Market Foundation	自由市场基金会
	143/143	South African Cities Network	南非城市网络
年运作资金少于500万美元的智库	3/45	Economic Policy Research Institute	经济政策研究所
	36/45	Mapungubwe Institute for Strategic Reflection	马蓬古布韦战略思考研究所
最佳保证质量、政策程序一体化的智库	32/75	African Centre for the Constructive Resolution of Disputes	非洲建设性争端解决中心
	64/75	Corruption Watch	腐败观察
针对新冠疫情的最佳政策和制度回应	总数83（按字母顺序排列）	Mapungubwe Institute for Strategic Reflections	马蓬古布韦战略思考研究所
最佳人工智能政策和战略智库	54/54	University of Cape Town	开普敦大学
最佳区域研究中心（独立）	18/42	Food，Agriculture and Natural Resources Policy Analysis Network	粮食、农业和自然资源政策分析网络
最佳新想法和发展典范智库	—	—	—
最佳有政党背景的智库	—	—	—
最佳观察智库	—	—	—
最佳政策/想法/提议创新智库	—	—	—
最佳盈利智库	—	—	—
最佳区域研究中心（大学附属）	—	—	—
对公共政策影响最大的智库	—	—	—

（三）南非智库重点关注新冠疫情相关议题

新冠疫情的暴发成为全球关注的话题,带来的诸多问题和挑战也成为各国急需解决的议题。南非智库也迅速意识到要覆盖国际热点议题,于是就新冠疫情开展了系列研究。例如,南非智库马蓬古布韦战略思考研究所针对新冠疫情的影响及非洲国家应对新冠疫情的相关政策和制度开展了系列研究,旨在为解决新冠疫情相关问题献计献策,在国际智库舞台上积极发声。对新冠疫情的重点关注是自2019年以来南非智库关注领域和研究视角转变的一个显著特点。

三、南非智库发展面临的问题

南非智库在实现自我跨越式发展的同时仍面临诸多现实问题,主要包括:

第一,智库数量虽多,但关注议题覆盖面不全。在透明度和良政、国民卫生政策、全球卫生政策、国防和国家安全、国民经济政策、教育政策、能源和资源政策,以及国际经济政策领域的关注度不够。所以,南非智库近年来发布的研究成果并未入围相关智库排行榜。因此,虽然南非智库的数量在撒哈拉以南非洲国家中占据榜首,但是南非智库往往集中于本就具有一定研究基础和优势的议题和领域,对于其他新兴议题的覆盖面不全,关注议题的广度和深度存在缺口。

第二,入围的局限于几个固定的智库,大多数智库研究不够深入。根据2020年顶级特殊成果智库排名,南非虽然入围了较多智库,但是入围的智库主要是南非国际事务研究所,粮食、农业和自然资源政策分析网络,安全研究所这3个。相比于2020年南非总计102家的智库总量可知,南非智库发展仍有着较大的局限性,大多数智库研究还不够深入。此外,南非智库在研究人员、资金、研究设备配给层面存在缺口,不利于研究成果高质量、高水平、高效率地产出。

第三,南非对目前国际上关注的、新出现的议题关注度不够。相比于2016年,2020年新出现的顶级特殊成果智库类目中,如最佳新想法和发展典范智库、最佳有政党背景的智库、最佳政策/想法/提议创新智库、最佳盈利智库,南非均无智库入围。可以看出,南非的智库发展在紧跟全球关注议题方面仍有欠缺,议题相关的研究成果没有走在全球前沿反而稍显滞后,应当加强对热点议题的敏感度和关注度,应在全球关注议题中给出"南非方案",发出自己的声音。

第四,依托于学校的智库发展较为薄弱。根据2020年QS世界大学排名,在全球排名前1000名的大学中,非洲总共入选13所大学,其中,南非作为入围数量最多的国家,共有8所大学入选,但在《2020年全球智库指数报告》中,最佳大学附属智库只有威特沃特斯兰德大学的应用法律研究中心和维茨社会经济研究所入围。总体来看,南非大学的学科和学术发展并未充分体现大学学者和研究人员的智囊团学术联合效用。未来,南非应重视依托于大学的智库发展,在政策和资金层面给予大力支持,充分发挥大学人才在智库发展研究中的作用。

第五,南非智库研究人员构成较为单一。西方智库注重研究人才的构成,强调智库内研究人员的学术水平及学科前瞻性,因此十分注重吸纳国外智库研究人员,丰富理论学习研究,以完善自身学科全方位建设和发展。但是综观南非智库人员构成,大多数智库以本国学者及研究人员居多,只有少数智库吸纳了国外相关领域的学者。在资金投入方面,南非智库相比欧美智库投入较少,因此较难吸引国外顶尖学者的加入。

总的来说,南非智库发展受阻的原因多样化,包括缺乏资金投入,研究人员、设备和政策支持的匹配度不够,依托政府的智库研究视角单一,研究网络不完善等。

四、结 语

回顾南非智库的发展历程可知,当前南非智库发展取得了一定的佳绩,但是也存在许多短板问题。针对这些问题,南非智库可以从以下两个方面进行努力。

第一,南非智库应依托政府、高校、企业开展三方合作,弥补单一研究视角的短板。例如,智库人员充分发挥政府、高校、企业各自的优势,通过三方合作对研究领域进行更为深入的研究,更加敏锐地捕捉国际热点议题,逐步完善研究方法和范式,力争覆盖多领域研究视角。同时利用政府、高校、企业的群体差异,多渠道助推智库研究成果宣传,直接或间接地利用各种社交平台等大众媒体向公众宣传智库研究成果,与大众建立交流和反馈的沟通桥梁。

第二,南非智库应加强跨区域合作,弥补研究视角和研究方法等短板。南非智库应开展跨区域合作,弥补研究人员构成单一的短板问题,吸纳国外顶尖智库人才共同合作研究议题。比如南非智库可以选择和中国非洲研究院、浙江师范大学非洲研究院等建立智库跨区域合作的研究网络,加强学者的沟通和交流,共同承担科研项目研究等。

南非高校和政府已经关注到智库发展对带动南非发展的重要性,也在诸多领域实现了零的突破。未来南非智库应思考如何增加研究成果产出和提升国际影响力,这是关乎南非整体科研水平发展的一大重要考量因素。

The Status Quo and Problems of Think Tank Development in South Africa (2020—2021)

WANG Ting   LI Muchen

Abstract: Based on the "2020 Global Go To Think Tank Index Report", it can be seen that in 2020 the number of South African think tanks continued to remain at the top among sub-Saharan African countries, as well as the research scope and fields and the quality of achievements. However, those South African think tanks still face some problems such as incomplete coverage of issues, high repetition rate of shortlisted think tanks, and shortage of think tank researchers. South African think tanks were not included in the six categories of think tanks which are related to transparency and good governance, global health policy, defense and national security, education policy, energy and resources policy and international economic policy. In addition, the performance of South African think tanks was also not satisfactory in hot research areas such as national economic policy and national health policy, which are the focus of other think tanks of sub-Saharan African countries. In the future, South African think tanks should adjust the direction of development in time and take many measures to improve the quality of research results. For example, the governments, universities, and enterprises can carry out tripartite cooperation to gradually make up for the shortage of having a single research perspective. Besides, it can be done by strengthening cross-regional joint research in Africa, increasing the coverage of issues and deepening the research depth.

Keywords: South African think tank; the status quo; characteristics; problems

About the Authors: WANG Ting is a Lecturer at the School of African

Studies, Beijing Foreign Studies University, with a research interest in African Law.

LI Muchen is a master's student at the School of African Studies, Beijing Foreign Studies University.

南非人才外流的动因分析及对策思考*

周海金　丛玉萍

摘要：自 20 世纪末期开始，南非大量拥有熟练技术的专业人才持续外流至西方发达国家，给南非带来了巨大的经济损失，并严重阻碍了社会的良性发展。南非人才外流的动因，从内部看，低迷的经济、各阶层的就业矛盾、治安困境，以及高昂的高等教育学费是主要推力；从外部看，经济与信息的全球化、国外优厚的薪酬待遇和良好的工作环境则是直接拉力。南非人才外流问题的有效解决，需要国际社会的共同努力，但更重要的是要立足南非国内，发展经济，调整教育结构，制定人才发展规划。在这些方面，中国可与南非合作，为其提供经验参考。

关键词：南非；人才外流；动因；对策

作者简介：周海金，哲学博士，嘉兴学院人文社会科学研究院研究员，硕士生导师。

丛玉萍，浙江师范大学非洲研究院硕士研究生。

南非曾经是非洲第一大经济体，也是非洲工业化程度最高的国家。19 世纪末 20 世纪初，南非抓住第二次工业革命的契机，迅速跻身现代化国家行列，但近年来，南非经济发展缓慢，人才外流问题十分严重。

一、南非人才外流的状况及影响

随着全球化时代的不断发展，各国之间技能、学术和科研等领域的交流不断开展，人才的迁移也变得日益频繁。当前世界范围内人才流动的普遍规律是大量人才从发展中国家流向发达国家。作为全球最贫困的大陆和最不发达的地区，非洲成为人才外流的重灾区。根据联合国的研究报告，"受过大学教育的

---

* 本文系浙江省哲学社会科学规划课题"中华文化南非传播史研究"（课题编号：20NDJC067YB）、浙江省纪念建党 100 周年研究专项课题"中国共产党治国理政文化在非洲的传播及影响"的研究成果。

非洲人中有 1/9(约 290 万人)移居欧洲、北美等地,移居人员遍及各领域,如科研人员、大学教师、工程师、运动员、医护人员等"[1]。人才外流在尼日利亚、加纳、肯尼亚等国家尤为严重,并已成为整个非洲大陆普遍面临的困境。

即便是经济较为发达的南非,人才外流现象也相当严重。南部非洲移民项目(SAMP)2006 年的调查显示,自 1990 年以来,南非人才外流现象开始加剧。[2]南非开普敦大学 2002 年的研究显示,仅 1989 年到 1997 年,南非共有 41496 名医生、护士、教授、工程师和计算机人才离开本国,移民海外。这一数据还不包括很多年轻的南非人,因为他们从来就没有正式移民过,只是在毕业几年后离开,就再也没有回来过。[3]开普敦《贸易与工业箴言报》1999 年 10 月的报道在分析了发达国家的移民资料后指出,1989 年到 1997 年,有 233609 名南非人移民到美国、英国、加拿大、澳大利亚和新西兰,而南非统计局公布的官方数字为82811 人。这些移民大多数来自占少数的南非白人群体。[4]

为应对人才持续外流问题,1996 年,南非时任副总统塔博·姆贝基请求世界卫生组织采取措施,阻止医生从穷国流向富国。1995 年,南非承诺未来不从非洲统一组织其他国家征聘医生。[5]尽管如此,南非很多医护人员依然在完成医学院的培训后离开祖国前往高收入国家谋求职位。2001 年,在加拿大执业的南非医生达 1738 名,比 2000 年增加了 174 人。[6] 2004 年,在美国执业的医生中有5334 名来自 22 个撒哈拉以南非洲国家的医学院,其中 86% 来自三个国家(尼日利亚、南非和加纳),人数最多的是尼日利亚,有 2158 名医生来自尼日利亚 16所医学院,其次是南非,1943 名医生来自南非 8 所医学院。[7]来自南非医学院的

[1] Hagopian, A., Thompson, M. J., Fordyce, M., et al. The Migration of Physicians from Sub-Saharan Africa to the United States of America: Measures of the African Brain Drain. *Human Resources for Health*, 2004, 2(1): 20.

[2] South Africa: Brain Drain. *African Research Bulletin*, 2006, 43(9): 26.

[3] 南非人才外流被官方严重低估,2002 年,开普敦大学研究得出的数据是官方公布数据(11255 人)的4 倍。McClelland, C. South African Brain Drain Costing $5 Billion—and Counting. *Canadian Medical Association Journal*, 2002, 167(7): 793.

[4] 英报说人才外流阻碍南非的经济复苏. 参考资料,2000(26629): 57.

[5] Bundred, P. E. & Levitt, C. Medical Migration: Who Are the Real Losers?. *The Lancet*, 2000, 356(9225): 245-246.

[6] McClelland, C. South African Brain Drain Costing $5 Billion—and Counting. *Canadian Medical Association Journal*, 2002, 167(7): 793.

[7] Hagopian, A., Thompson, M. J., Fordyce, M., et al. The Migration of Physicians from Sub-Saharan Africa to the United States of America: Measures of the African Brain Drain. *Human Resources for Health*, 2004, 2(1): 18.

信息表明,其接近一半的毕业生毕业后移居发达国家。①

2012年,非洲教育发展协会统计得出,"当前非洲国家大量高素质人才侨居海外,南非位居前列"。2015年,经济合作发展组织(简称经合组织)的数据显示,大约有4.7万名南非技术人员离开南非,前往英国、澳大利亚、加拿大和新西兰等经合组织国家就业。从领域来看,教育和医护医疗领域是人才外流问题的重灾区。其中,教师和教育专家流失1.75万名,占比37%左右,其次是医护人员,人数达1.08万,占总数的23%。从流向目标国来看,英国最受欢迎,吸引南非人才18581人,澳大利亚其次,吸引南非人才13060人,新西兰、美国和加拿大也是热门的人才流向目标国。仅2019年上半年,就有7400多名研究生和专业人才离开南非。

人才的大量外流给南非社会带来了严重的消极影响,主要表现如下。

首先,人才外流给南非带来了巨大的直接经济损失。一方面,南非耗巨资、花心血一手培养的人才还未对本国社会经济发展做出贡献,便流向发达国家。南非每年投入高等教育的培养费用非常高昂,培养一名合格的医生成本大约为6万多美元。② 人才的大量外流致使南非教育投资付诸东流,经济上蒙受巨大损失。据联合国贸易和发展委员会估计,每名移民海外的专业人员给非洲带来的损失大约为184000美元。③根据国际移民组织的统计,1997年至2002年,人力资源的流失至少给南非带来了50亿美元的损失。④与此同时,世界卫生组织2015年的数据显示,获得人才资源的发达国家却从中受益颇丰:英国受益27亿美元,美国8.46亿美元,澳大利亚6.21亿美元,加拿大3.83亿美元。⑤

另一方面,在南非国内,各行业共有几十万个高技能工作岗位空缺,医生、护士、教师、工程师,以及电脑网络、信息通信等领域专业人才需求量巨大,高级管理人员、会计、法律等专业岗位也存在大量空缺。据相关数据统计,南非在2000年已存在35万到50万熟练工人和技术人员的空缺。⑥为了弥补人才缺口,

① Weiner, R., Mitchell, G. & Prince, M. Wits Medical Graduates: Where Are They Now?. *South African Journal of Science*, 1998(94): 59-63.

② The Lancet Medical Migration and Inequity of Health Care. *The Lancet*, 2000, 356(9225): 177.

③ Oyowe, A. Brain Drain: Colossal Loss of Investment for Developing Countries. *The Courier ACP-EU*, 1996(159): 59-60.

④ McClelland, C. South African Brain Drain Costing $5 Billion—and Counting. *Canadian Medical Association Journal*, 2002, 167(7): 793.

⑤ 非洲医疗人才外流,发达国家需为此买单. (2016-12-14)[2022-11-22]. http://m. haiwainet. cn/middle/3542014/2016/1214/content_30567912_1. html.

⑥ Lawyer Resists South Africa's Brain Drain. *Euromoney*, 2000(374): 256.

包括南非在内的非洲国家不得不支付巨额的佣金，以优厚的待遇吸引外国人才。非洲每年在 10 万名外国专家薪金上就要花费 40 亿美元。① 根据南非媒体 2021 年的报道，在专业技术领域，南非人才外流严重，并且缺口正在迅速扩大，其中需求最大的是工程师和信息通信技术人员。和 2019 年相比，2020 年南非专业技术人员缺口增加了 30％。其中南非各企业机械工程师缺口约 26％，维护工程师缺口 18％，工业工程师缺口 14％，化学工程师缺口 13％。随着大数据、自动化、人工智能和互联网及物联网的迅速发展，南非信息通信技术人员也极度缺乏。目前南非 IT 应用程序开发人员缺口 11％，数据分析师缺口 10％，数据算法设计人员缺口 9％，软件开发人员缺口 9％，软件工程师缺口 8％。②

其次，人才的外流还严重阻碍了南非经济和社会的发展，削弱了南非社会发展的内在动力与竞争力。在知识经济时代，人才作为知识与技能的载体，已成为一国经济增长重要的推动力和国家综合实力稳步向前的保障。在全世界各国普遍技能短缺的大环境下，发展中国家的优秀人才成为发达国家竞相追逐的对象。由于发达国家雄厚的经济实力和良好的社会环境，南非流往发达国家的都是最出色的医生、最聪明的学者和最熟练的技术工人。他们是南非社会的各界精英和领军人物，富有创造力，有雄心，能力强。精英群体的外流和知识技能的严重缺失是南非，也是所有发展中国家经济与社会发展面临的威胁，因为这将导致经济减缓，外国投资减少，从而直接影响其未来经济增长目标的实现。③ 2021 年，南非总统拉马福萨通过公开信的形式向人们通报南非失业问题的严重状况及政府的解决方案。基于此，有专家指出，有技能的高水平劳动力正在纷纷离开是南非当前就业领域的糟糕状况，这些技术专家的离去带来的技能缺失是难以弥补的，这也导致了南非就业市场的怪现象：一方面，低水平的劳动力很难得到就业机会；另一方面，一些需要较高技能的岗位又无人可以承担。④

人才的外流还严重损害了南非高等教育、医疗卫生等民生领域的改善与发展。以医疗卫生行业为例，一方面，大量的医护人员离开南非流入发达国家；另一方面，快速增长的人口，以及传染病防控、婴幼儿死亡率控制、妇女保健等都

---

① Seepe, S. The Brain Drain Will Continue Unbated. *Mail and Guardian*, 2001(358)：306.
② 外流严重，南非专业技术人员缺口正迅速扩大.（2021-04-05）[2022-11-16]. https://baijiahao. baidu.com/s? id＝1696145882648300274&wfr＝spider&for＝pc.
③ Lawyer Resists South Africa's Brain Drain. *Euromoney*, 2000(374)：256.
④ 南非技术工外流加剧，专家呼吁总统快点想办法.（2021-10-22）[2022-11-22]. http://agt.52hrtt. com/at/n/w/info/D1632798935703.

对南非社会公共卫生体系提出更高要求。2001 年南非的健康调查报告显示,公立医院的病人和医生比例从 2000 年的每 10 万人 21.9 名医生下降到 2001 年的每 10 万人 19.8 名医生。护士的相关比例也有所下降,从 2000 年的每 10 万人 120.3 名护士,下降到 2001 年的每 10 万人 111.9 名。①事实上,医患比例状况在其他非洲国家更加严峻,根据世界卫生组织 2015 年的报告数据,截至 2015 年,非洲有着全球 24% 的疾病负担,但仅有全球 3% 的医护人员,占用全球 1% 的医疗资源,撒哈拉以南非洲 80% 的国家达不到每 10 万人拥有 20 名医生的标准。②与此相比,英国每 10 万人有 164 名医生,美国每 10 万人有 279 名医生。③医生的不断流失,让原本就严重缺医少药的非洲国家雪上加霜,不堪重负的医疗卫生体系很难为广大民众提供必需的医疗服务,更难以应对埃博拉疫情等严重的突发性公共卫生事件。

二、南非人才外流的动因分析

在人才国际流动的动因分析理论中,1889 年,英国著名人口学家拉文斯坦首次提出人口迁移的动因理论——"推拉理论"④。1938 年,赫伯尔第一次系统总结了"推拉理论"概念,认为人口迁移是由一系列"力"引起的,一部分为推力,另一部分为拉力。赫伯尔将人口迁移归于迁出地的推力或排斥力和迁入地的拉力或吸引力的共同作用,该理论对于解释人口迁移动因具有普遍的意义。

南非人才外流现象是内外因素复杂交织的结果。从内部来看,南非低迷的经济及其造成的低收入、高失业率,社会各阶层的就业矛盾,治安困境,以及高昂的高等教育学费是造成人才外流的主要推力。

第一,南非经济低迷及其造成的低收入、高失业率是造成人才外流的根本原因。尽管在殖民统治时期,南非经济发达,工业现代化程度较高,但这一时期形成的经济结构、产业比例与新南非社会存在矛盾,长期以来阻碍了经济的发展。特别是 2008 年世界金融危机爆发以来,南非经济状况长期低迷,GDP 增长率持续走低,2016 年和 2017 年甚至出现了季度负增长的状况。经济的不景气

---

① McClelland, C. South African Brain Drain Costing $5 Billion—and Counting. *Canadian Medical Association Journal*, 2002, 167(7): 793.

② 人才流失,非洲社会发展的羁绊. 人民日报,2016-08-23(22).

③ Hagopian, A., Thompson, M. J., Fordyce, M., et al. The Migration of Physicians from Sub-Saharan Africa to the United States of America: Measures of the African Brain Drain. *Human Resources for Health*, 2004, 2(1):17.

④ 马冰心,李会明. 人才国际流动的动因探析. 科学学与科学技术管理,2004(7): 111.

使得青年人面临严重的失业问题，仅 2009—2015 年，南非失业人数就增加了 94.1 万，其中失业青年达 41.8 万。南非国家统计局公布的数据显示，2014—2017 年，南非青年失业率长期维持在 50% 左右，2017 年 15—34 岁的青年失业人数达到 390 万，这意味着南非一半的青年处于无业或待业状态。①由于经济发展停滞、投资减少对社会经济发展形成的阻碍，近年来南非高新技术产业和有竞争优势的制造业萎缩，有影响力的产业较少，这一状况致使国内现有工作岗位主要集中在收入低、工作环境糟糕的中低端。很多人才，尤其是中高端人才在国内找不到专业对口的工作，就业保障和工作机遇的缺乏使得他们不得不转向国外。

第二，社会各阶层就业矛盾突出。1994 年新南非成立以后，尽管曼德拉呼吁民族和解，但事实上，为保障黑人权益，"黑人经济振兴法案""平权法案"等系列法案还是陆续出台。一些法案以照顾弱势群体促进各族平等为名，实则以种族为界，打压白人。②在政策的支持下，很多政府职位规定只能由黑人担任，在企业里，黑人的员工数量也必须达到一定的比例，黑人在就业、生活上获得诸多优待，并有了足够的社会保障。这种"逆向歧视"③使得白人技术型人才就业艰难、生活每况愈下，于是纷纷选择离开南非前往发达国家。根据南非官方统计，在过去的 30 年中，共有 50 万白人离开南非，前往美国、加拿大、澳大利亚、英国等国家定居。而在这些移民中，绝大部分是高学历、高收入人群，他们的离开给南非造成了巨大的人才流失。④自 2018 年起，南非仿效津巴布韦，强行从南非白人手中收缴土地，再免费赠给或低价出售给黑人。此举受到了欧美国家的谴责，澳大利亚也表示放宽对南非白人的签证，南非实施的新土地政策预计将进一步引发南非白人的移民潮，给南非经济带来更严重的打击。

第三，南非的治安困境是助推人才外流的重要原因。犯罪率居高不下一直是新南非成立以来社会治安的毒瘤。尽管政府为打击犯罪，整治社会治安做出了各种努力，但是南非的治安状况始终没有得到好转。不如人意的社会状况、宽松的法律、宽容的司法，都助长了南非的恶性犯罪趋势。枪支暴力犯罪、强奸

---

①　石腾飞. 南非青年世代及中南青年交流//刘鸿武，徐薇. 中国-南非人文交流发展报告（2016—2017）. 杭州:浙江人民出版社，2018:231.

②　Egan, A. Post-Apartheid Brain Drain?. *America*, 2016(214):11.

③　这不但遭到了广大白人的反对，事实上也招致了大约 20% 的熟练黑人工人的不满。参见:South Africa: Brain Drain. *African Research Bulletin*, 2006, 43(9):26.

④　南非是如何崩溃的，原来的上层白人都去哪儿了?. (2019-10-23)[2022-02-01]. https://www.sohu.com/a/302749212_498526.

犯罪和毒品犯罪是南非社会最主要的犯罪形态。[1]据南非媒体报道,从1994年到2000年,南非共有174954人的死因与枪支有关;1994年至2004年,南非大约有25万人死于枪杀。[2] 根据南非警方2020年9月公布的数据,2017年4月至2018年3月,南非有超过2万人死于谋杀,平均每天57人被谋杀,入室抢劫案日均高达625起。南非警察部部长席勒曾对媒体说:"南非没有战乱,但是高犯罪率使民众犹如生活在'战区'。"[3]长期以来,强奸都是南非种族隔离后社会普遍存在的罪行之一。根据联合国和国际刑警组织的统计,南非是世界上强奸案发生率最高的国家之一。居高不下的犯罪率和恶劣的生存环境使得南非民众人人自危,人才和资金不断地外流,外国投资者也因此望而却步。近年来,因为社会治安问题离开南非的白人富翁数量也在不断增加。

第四,高昂的高等教育学费也是造成人才外流的主要推力之一。南非的高等教育费用极其昂贵,而医学是最昂贵的专业之一。在大多数情况下,学生唯一的选择是贷款,而这些贷款必须在毕业后立即开始偿还。大多数学生在全日制学习时就不得不兼职一份或多份工作,毕业获取执业资格后,很多医生只能待在国内较小的医院,每周工作100小时甚至更长时间,却只能赚取微薄的薪水,既很难实现自己的职业理想,高昂的贷款偿还也遥遥无期。事实上,移民国外对于他们并非易事,除了要克服各种生活障碍,还要面对工作上的巨大竞争与压力,尽管如此,为了尽快地改善经济与社会状况,更好地实现自己的职业发展,大多数医学院的学生还是会选择前往薪水福利更为优厚的英国、澳大利亚等西方发达国家。[4]

从外部来看,经济与信息全球化带来的更多的职位选择和信息,发达国家提供的高额的薪资、良好的工作环境、完备的社会公共服务设施都是吸引人才流入的强大拉力。

首先,经济全球化带动了资金、技术和人才在全球范围内的流动。在全球范围内,技术革新创造的职位选择一直是南非熟练工人越来越愿意前往发达国家的驱动力。[5]由于率先进入知识经济和现代化,发达国家快速增长的行业里熟

[1] Lawyer Resists South Africa's Brain Drain. *Euromoney*, 2000(374): 256.

[2] 转引自:朱光兆. 姆贝基时期的南非社会发展. 上海:上海师范大学,1999:77.

[3] 没有战乱却犹如"战区" 南非高犯罪率令人心惊. (2020-11-20)[2022-10-08]. https://baijiahao. baidu. com/s? id=1683887582166211326&wfr=spider&for=pc.

[4] Van Rensburg, T. Relations of Medicine in South Africa Lie Behind Its Brain Drain. *British Medical Journal*, 2012(344): 26.

[5] Kaplan, D. & Höppli, T. The South African Brain Drain: An Empirical Assessment. *Development Southern Africa*, 2017(34): 498.

练工人短缺,而南非在为服务业培训相当数量的高技能 IT 和其他专业人才后,很快就发现这些人在全球范围内都很受欢迎。正如南非一位银行基金经理抱怨的,"我们刚刚培训好这些人,就有外国公司把他们抢走了,我们再也见不到他们了"①。而技术革命带来的信息共享,使得人们可以在短时间内获得世界范围内的劳动力市场信息。熟练的或是潜在的工人们进入国外职场的壁垒已大大降低,他们获取信息、投递简历、面试等很多程序几乎都可以通过互联网来完成了。

其次,国外提供的优越的工作待遇和生活环境非常有诱惑力。正如曼德拉曾经说的,"我们仍在不断失去我们中间最优秀的人,因为发达国家的灯光更亮"。高额的薪资、完善的设施、便利的生活环境和良好的子女教育是吸引南非人才流向英国、美国、加拿大、澳大利亚等国的直接原因。基于本国人口老年化和人才严重短缺的现状,很多发达国家在海外人才引进方面不遗余力,条件非常诱人。②相比发达国家,非洲国家在软件、硬件上都没有优势,一些国家的工资水平仅为发达国家的 1/10,甚至 1/20,这势必导致优质人才流向发达国家,很多人不惜为此辞去国内的工作。南非尽管比大多数非洲国家状况要好,但是与发达国家也存在较大差距。近年来南非经济状况的不景气对大学、医院,以及其他行业造成的最大冲击就是拨款萎缩、人员工资降低、经费越来越少。"南非是个生活的好地方,但是因为我们不能提供如外国公司一样优厚的薪资,所以我们留不住人才。"③

三、缓解南非人才外流的对策思考

人才外流已成为制约南非经济发展的重要因素,"人财两空"的困境不仅给南非带来了巨大的经济负担,还造成了恶性循环,国家难以从根本上遏制人才外流,摆脱人才缺乏。对此,南非政府给予了高度重视,不但修改了移民法,简化了海外人才入境手续,还制定了具体的行动计划,大力从古巴、伊朗等国引进医生、教师等专业人才。为扭转高校人才流失局面,吸引世界一流科学家,2006

---

① Lawyer Resists South Africa's Brain Drain. *Euromoney*, 2000(374): 256.

② Hagopian, A. & Thompson, M. J. The Migration of Physicians from Sub-Saharan Africa to the United States of America: Measures of the African Brain Drain. *Human Resources for Health*, 2004, 2(1): 17.

③ Lawyer Resists South Africa's Brain Drain. *Euromoney*, 2000(374): 256.

年南非科技部开始启动首席科学家计划(SARChi)。①南非一些大学也开始向学者提供具有全球竞争力的研究奖金,旨在"吸引最好的人才"②。这些外向的举措已初显成效,但要从根本上解决南非严重的人才外流问题,还须立足国内,从以下方面努力。

第一,大力发展经济,改善社会环境。要解决人才外流问题,最根本的出路就是发展经济。2021年,非洲国家经济持续复苏。南非统计局数据显示,继2020年南非经济萎缩6.4%之后,2021年南非经济增长率达到4.9%。另外,2021年第四季度南非经济增长略强于预期,实际GDP增长1.2%。③根据牛津非洲商业论坛公布的数据,由于非洲经济的增长和机遇的增加,选择回国的非洲毕业生人数逐年上升。④近年来,科特迪瓦、埃塞俄比亚、坦桑尼亚等非洲国家经济的快速增长已吸引了部分人才回流。因此,南非只有大力发展经济,加快产业结构升级,创造更多的就业岗位,提供更吸引人的薪酬待遇,净化人才工作生活环境,才能留住人才,实现人才在国内充分就业。

在经济发展机遇方面,当前亚洲正在掀起新一轮的现代化浪潮,特别是中国发起的"一带一路"倡议,密切了以亚洲为中心的世界各国的联系。"一带一路"是中国向全世界提供的最大的国际合作经济平台,不仅为发达国家摆脱经济低迷提供了新动能,更为发展中国家提供了难得的发展机遇,众多非洲国家近年来已经从中获利。在埃塞俄比亚、埃及、尼日利亚、坦桑尼亚、赞比亚等非洲国家,中国修建了大量的高速公路、轻轨、铁路、机场、经贸合作产业园和工业园等,可谓硕果累累。南非作为非洲经济的领头羊,应该抓住机遇,积极投入这一新经济发展浪潮,快速融入"一带一路"经济圈,获得发展机会,以改善国内社会经济环境,带动高新技术产业的发展,吸引更多人才。

第二,调整教育结构,加大人才培养力度。在现行教育体制下,南非应加大教育结构的调整,加强对职业技术教育的关注,从人才的源头做起,加大人才培养力度,使人才给国家和社会带来更高的效益。目前南非急需的人才是医护人员、教育工作者、高级工程师和IT工作者等专业人才,教育培训部门就应该根

---

① 首席科学家计划的总目标是使科研领军人物达到210名,每名首席科学家每年的资助额度为250万—300万兰特,每期5年,最长15年。科学家席位设置主要集中在国家重点研究领域、优势科学领域、前沿技术领域,以及国家基础研究和稀缺与关键知识领域。南非面向世界遴选了62位科技领军人才。参见:https://skjj.suining.gov.cn/web/skjj/gnwkjdt/—/articles/7892608.shtml.

② 南非大学与人才外流作斗争. 世界教育信息,2001(2):18.

③ 详见:http://za.mofcom.gov.cn/article/jmxw/202203/20220303284968.shtml.

④ 李志伟. 人才流失,非洲社会发展的羁绊. 人民日报,2016-08-23(22).

据社会需要,重点设置一些国家急需的专业,使学生毕业后能学以致用。邻国津巴布韦非常重视教育问题,也取得了显著成就,培养了大批人才,值得南非研究学习。

　　除了本国的教育与人才培养,南非还可以寻求与国际社会合作,加强人才联合培养。中非合作论坛成立以来,中国政府大力加强了与非洲在人力资源开发领域的合作,设立了"非洲人力资源开发基金",为非洲国家培训了几万名农业、医疗、教育、管理、外交、科技、文化和服务等领域的专业人才,并向非洲派遣中国专家,协助非洲国家在当地培训人才。南非可顺势而为,加强与中国在人才资源培训方面的合作,为本国培养更多的熟练专业技术人才。

　　第三,设计人才发展规划,完善就业机制。一方面,南非要从国家的层面做好人才发展规划的顶层设计,确立人才培养和使用的指导纲领与整体目标,推出重大人才工程。中国政府于2010年发布的《国家中长期人才发展规划纲要(2010—2020年)》提出了"服务发展、人才优先、以用为本、创新机制、高端引领、整体开发"的人才发展指导方针。在科学分析中国人才建设面临的问题之基础上,明确了人才队伍建设的主要任务和总体目标,即培养和造就规模宏大、结构优化、布局合理、素质优良的人才队伍,确立国家人才竞争比较优势,进入世界人才强国行列,为在21世纪中叶基本实现社会主义现代化奠定人才基础。南非可以酌情参照,提取符合国情的部分加以实施。另一方面,要完善人才就业管理体制,做到公开选拔、竞争上岗、用人唯贤。在政策上对高级人才和急需专业人才的就业和引进予以倾斜,在资金上对人才对口就业进行扶持和补贴,增加科研投入,增设高水平的人才培训中心和科研平台,创造适合科研和就业的条件。

　　人才是活跃的先进生产力,是经济社会发展的第一资源,人才治理应纳入国家治理体系与治理能力现代化全局之中加以谋划和设计。南非要改变人才外流、国内就业不足的形势,必须剖析其深层原因,高度重视国家经济结构、教育发展、就业政策、文化建构和民族认同等问题,多渠道立体化推进人才发展治理现代化,形成多元、科学、开放、高效的新型人才培养与应用体系。

An Analysis of the Motivation and Countermeasures of Brain Drain in South Africa

ZHOU Haijin CONG Yuping

Abstract: Since the end of the 20th century, a large number of skilled professionals in South Africa have continued to drain to developed countries in the West, which has brought huge economic losses to South Africa and seriously hindered the healthy development of society. Internally, the drivers of the brain drain in South Africa are the depressed economy, employment contradictions at different levels, the plight of public security, and the high tuition fees of higher education. The globalization of economy and information, the favorable salary and nice work environment abroad are the direct external pulling forces. The effective solution of the brain drain in South Africa requires the joint efforts of the international community, but more importantly, it is necessary for South Africa to focus on the domestic side, develop the economy, adjust the educational structure and design the talent development plan. In these aspects, China can provide experience as reference and cooperate with South Africa.

Keywords: South Africa; brain drain; motivation; countermeasure

About the Authors: Dr. ZHOU Haijin is an Associate Professor and master's supervisor at the Institute of Humanities and Social Sciences, Jiaxing University.

CONG Yuping is a master's student at the Institute of African Studies, Zhejiang Normal University.

中国-南非人文交流大事记

（2020—2021）*

一、2020 年

1.驻德班总领事费明星会见祖鲁王

2020 年 1 月 8 日,驻德班总领事费明星在总领馆会见南非传统领袖祖鲁王古德维尔和王后普米。费明星介绍了中方致力于中南友好和两国在夸祖鲁-纳塔尔省开展合作的情况,重点介绍了德班理工大学鲁班工坊、菌草蘑菇种植等项目,表示有关合作为当地就业和减贫提供了良好机遇,希望祖鲁王室和民众继续积极支持和参与。古德维尔愉快地谈及过去一年中方对祖鲁地区的支持和帮助,特别是浙江师范大学艺术团在祖鲁族传统节日芦苇节期间为 5 万民众露天演出,并表示祖鲁王室和民众每每提及此事都激动不已,期盼今年也有中国艺术团组参加芦苇节活动。

2."欢乐春节"文艺演出在约翰内斯堡举行

2020 年 1 月 19 日,四川省歌舞剧院和约翰内斯堡华星艺术团在约翰内斯堡举行"欢乐春节"文艺演出,庆祝即将到来的中国农历新年。

3.驻南非大使林松添出席南非企业捐赠口罩交接仪式

2020 年 2 月 2 日,南非通用安全用品有限公司在工厂举行捐赠口罩交接仪式,支援中国打赢新冠疫情防控阻击战。驻南非大使林松添出席并致辞。南非政府代表外交部总司长马霍阿伊和卫生部副总司长皮雷、中国国际航空公司南非办事处代表等出席。

---

* 整理人:姚橄榄,杭州市临安区实验初级中学教师。

4.驻南非大使林松添接受南非标准银行捐款

2020年2月24日,南非标准银行集团(标行)在约翰内斯堡总部举行捐款交接仪式,向中国驻南非使馆转交善款,支持中国抗击新冠疫情。驻南非大使林松添、标行首席执行官沙巴拉拉出席并致辞。标行战略发展部总经理柯克史密斯主持,中国工商银行非洲代表处首席代表、标行非执行董事王鲁宾等出席。

5.驻约翰内斯堡总领事唐中东会见豪登省主管卫生副省长马苏库

2020年2月26日,驻约翰内斯堡总领事唐中东会见豪登省主管卫生副省长马苏库及省卫生部门负责人,介绍了中国抗击新冠疫情斗争的最新情况、湖北疫情发展以及在华南非留学生状况。

6.驻南非大使林松添接受酒店旅游企业捐款

2020年3月1日,南非最大的知名酒店旅游企业太阳国际集团在西北省太阳城举行捐款交接仪式,向中国驻南非使馆转交善款,支持中国抗击新冠疫情。驻南非大使林松添、太阳城总经理霍普出席并致辞。《人民日报》、新华社、中央电视台、中国国际广播电台等驻南央媒参加。

7.驻南非大使林松添接受太阳国际集团旗下时代广场捐款

继南非太阳国际集团在西北省太阳城捐资支持中国抗击新冠疫情后,2020年3月4日,南非太阳国际集团旗下比勒陀利亚时代广场举行捐款交接仪式,向中国驻南非使馆转交善款。作为首都地标性建筑的时代广场在其场内所有大型电子屏幕上均打上"时代广场坚定支持中国抗击疫情""中国加油!"等标语。

8.驻南非大使林松添就中国抗击新冠疫情情况举行第四次记者会

2020年3月6日,在中国进入决胜新冠疫情防控新阶段和疫情在全球范围快速蔓延肆虐、南非发现首例新冠确诊病例之际,驻南非大使林松添在使馆举行第四次记者会,着重释放中国抗击疫情的最新进展和显著成效、中方有效防控举措形成的"中国方案"和"中国处方"、新冠疫情正在全球快速蔓延的严峻形势等信息,强调这是人与自然的全球战争,没有国家可以免疫或独善其身,国际社会必须树立人类命运共同体理念,携手应对共同挑战。林大使还就新冠病毒来源、中国如何加强同国际社会携手抗疫、中方能否协助南非撤侨并应对疫情等回答了记者提问。

9.驻南非大使林松添:中国坚定支持南非妇女事业发展

2020年3月8日,南非国际妇女节庆祝活动暨西苏鲁妇女领导力学院揭牌和电脑缝纫机捐赠仪式在自由州省特维灵市隆重举行。南非执政党非国大党主席、南非总统拉马福萨出席并讲话。非国大妇联主席德拉米尼,妇联副主席、自由州省长恩图贝拉,妇联总书记马图巴,妇联总司库及总统府妇女、青年和残疾人事务部部长马沙巴内以及西苏鲁家人、妇联成员代表和特维灵市民 300 多人参加。驻南非大使林松添作为唯一受邀的驻南外国使节参加活动并讲话。

10.在南中资企业和华侨华人援南抗击新冠疫情物资交接仪式

2020 年 3 月 20 日,驻南非使馆举行捐款交接仪式,在南中资企业和华侨华人向南非政府转交善款和新冠病毒检测试剂盒,坚定支持南非抗击新冠疫情。驻南非大使林松添、非国大总书记马哈舒勒、南非卫生部部长穆凯兹、南中经贸协会会长汪文安、华为南非公司总经理范文、南非华人警民合作中心主任李新铸、全非洲和平统一促进会会长徐长斌等出席仪式。驻南非使馆有关部门负责人、中资机构和华侨华人代表等参加。

11.驻南非大使林松添在南媒体发表署名文章

2020 年 3 月 23 日,在驻南非大使林松添离任回国之际,南非三大主流报纸《星报》《比陀新闻报》《商报》及独立传媒网站刊发了林大使的署名文章《不舍中南友好兄弟情 再续美好未来新篇章》。

12.驻德班总领事费明星出席德班侨企向夸祖鲁-纳塔尔省政府捐赠口罩仪式

2020 年 3 月 26 日,驻德班总领事费明星出席德班侨商企业广东诺巴特智能设备有限公司向夸祖鲁-纳塔尔省政府捐赠口罩仪式,公司负责人何明来向齐卡拉拉省长转交了首批口罩。

13.习近平主席同南非总统拉马福萨通电话

2020 年 4 月 8 日,中国国家主席习近平同南非总统拉马福萨通电话。习近平指出,中方坚定支持南非抗击疫情的努力,愿根据南非需求,继续提供力所能及的帮助,同南非分享防控经验,加强医疗卫生领域合作。拉马福萨表示,中方采取果断有力措施,已经控制住疫情,为其他国家树立了榜样,提供了有益借鉴。感谢中方长期以来为南非和非洲提供各种支持,特别是在困难时刻为南非和非洲国家抗击疫情提供宝贵援助,这对南非和非洲国家非常重要,增加了他们战胜疫情的信心。拉马福萨表示愿同习近平一道努力,落实二十国集团特别峰会共识,推动全球加强团结合作。南非将继续在涉及中方核心利益的问题上支持中方,坚定推进南中和非中关系发展。

14.驻南非使馆临时代办李南出席南非侨团向侨界捐赠防疫物资活动

2020 年 4 月 10 日,南非广东总商会举行防疫口罩捐赠仪式,将一批医用口罩捐赠给南非华人警民合作中心等 6 家侨社及金山大学、约翰内斯堡大学,助力当地人携手抗疫。驻南非使馆临时代办李南出席仪式并向受赠方转交物资。南非广东总商会会长黄宝烈、南非华人警民合作中心主任李新铸、金山大学和约翰内斯堡大学代表等出席仪式。

15.中国万里驰援　坚定支持南非战胜疫情

2020 年 4 月 14 日,南非外交部、卫生部在约翰内斯堡坦博国际机场举行中国援助南非医疗物资交接仪式。驻南非使馆临时代办李南和南非国际关系与合作部部长潘多尔、卫生部部长穆凯兹、卫生部副部长帕拉等出席仪式并致辞,驻南非使馆外交官,南非外交部、卫生部、政府新闻办官员等参加。南非广播公司、卫星电视五台、法新社、中央电视台等中南和国际媒体进行了报道。

16.驻南非使馆临时代办李南接受书面专访:中国是南非值得信赖和依靠的朋友

2020 年 4 月 15 日,南非主流媒体独立传媒集团网站及其旗下《星报》《开普守卫者》等报纸以"南非可以依靠的朋友"为题,全文刊登了该集团外事主编香农对驻南非使馆临时代办李南的书面专访。同日,该集团旗下《比陀新闻报》头版头条以"来自中国的爱"为题,刊登了中国第二批援助南非抗疫物资抵达的大幅照片。

17.王毅出席金砖国家应对新冠疫情特别外长会

2020 年 4 月 28 日晚,中国国务委员兼外交部部长王毅在北京出席金砖国家应对新冠疫情特别外长会。会议以视频方式举行,由 2020 年金砖国家主席国俄罗斯外长拉夫罗夫主持,巴西外长阿劳若、印度外长苏杰生、南非外长潘多尔出席。

18.第二批抗疫捐赠物资运抵交接

2020 年 4 月 30 日,南非全国传媒集团在旗下电商平台物流仓储中心举行仪式,向南非政府转交第二批抗疫捐赠物资。南非总统拉马福萨、驻南非使馆临时代办李南、全国传媒集团南非公司首席执行官普蒂等出席。

19.中南专家视频连线,交流大数据抗疫经验

2020 年 5 月,在驻南非使馆科技处组织协调下,浙江省和南非两地数字领域专家通过视频连线方式,交流大数据抗疫经验,探讨共同推进智慧城市合作。会议由驻南非使馆公参沈龙主持,南非科学与创新部副总司长杜特伊特、帕特尔和代理副总司长亚当斯,浙江省外办副主任陈江风、浙江省城乡规划设计研究院院长陈桂秋,以及来自南非科学与工业研究理事会、平方公里阵列射电望

远镜项目南非办公室、南非国家超算中心、浙江省城乡规划设计研究院、浙江每日互动网络科技公司、阿里云集团等30余名专家参会。

20.旅南侨界"万人食品包爱心捐赠"仪式顺利举行

2020年5月12日,非洲上海总商会、南非-中国跨境电商协会联合非国大进步商业论坛在约翰内斯堡举行了"万人食品包爱心捐赠"仪式,向当地贫困社区捐赠食品包。驻南非使馆临时代办李南、南非非国大总司库马沙蒂勒、非国大进步商业论坛召集人穆勒、非洲上海总商会会长朱寿南等出席仪式并致辞。南非卫星电视五台、《公民报》、美联社、《人民日报》、新华社、中央电视台、中国国际电视台及南非侨网等中南和国际媒体对活动进行了报道。

21.习近平主席同南非总统拉马福萨通电话

2020年5月15日,中国国家主席习近平同南非总统拉马福萨通电话。习近平指出,中方愿同南非保持经常性沟通,在金砖国家、二十国集团、联合国等多边平台加强协作,推动中南全面战略伙伴关系深入发展,共同维护两国和发展中国家根本利益。拉马福萨表示,感谢中方为非洲国家持续提供宝贵帮助和支持,中国是南非和非洲国家真正的朋友和面临困难挑战时可以依赖的伙伴。

22.驻南非使馆会同在南侨胞举办南非索韦托食品包捐赠活动

2020年6月5日,驻南非使馆会同在南侨胞在约翰内斯堡索韦托地区举行食品包捐赠活动,向当地贫困社区捐赠食品包和口罩。驻南非使馆临时代办李南、非国大青联代表拜基、非国大索韦托地区负责人穆兹、南非华人警民合作中心主任李新铸、全非洲和平统一促进会会长徐长斌以及索韦托地区青联代表、非国大代表、华侨华人代表等出席活动。新华社、中央电视台、《人民日报》、人民网、《中国与非洲》杂志、中国国际电视台、凤凰卫视、南非365、《公民报》等中南媒体参加活动并进行了报道。

23.中非民间外交及媒体合作线上研讨会成功举办

2020年6月15日,由南非最大平面媒体集团独立传媒及环球广域传媒集团、南非中国经贸协会、中国公共外交协会、中国传媒大学等共同举办的新冠疫情下中非民间外交及媒体合作线上研讨会成功举行。驻南非使馆临时代办李南应邀出席并发表主旨演讲。中国、南非、尼日利亚、坦桑尼亚、埃及、英国的政府政党、媒体智库、高校企业、孔子学院以及联合国代表共19名嘉宾发言,来自中非各界近100人线上与会。

24.中非团结抗疫特别峰会成功召开

2020年6月17日,中非团结抗疫特别峰会召开。峰会由中国和非洲联盟轮值主席国南非、中非合作论坛共同主席国塞内加尔共同发起,以视频方式举行。中国国家主席习近平在北京主持中非团结抗疫特别峰会并发表题为"团结抗疫 共克时艰"的主旨讲话。

25.驻约翰内斯堡总领事唐中东在南非《商业日报》发表署名文章

2020年6月22日,南非主流媒体《商业日报》网络版刊登驻约翰内斯堡总领事唐中东署名文章《中非团结合作 携手抗击疫情》。文章指出,经历过疫情考验的中南、中非友谊将进一步深化发展,双边互利友好合作关系必将走得更快、更远。

26.驻南非使馆与非国大妇联向南非基层社区捐赠食品包

2020年6月29日,驻南非使馆同非国大妇联在豪登省瑞菲里维小镇孤儿院联合举行食品包捐赠活动,向当地贫困社区捐赠1000个食品包。驻南非使馆临时代办李南、非国大妇联主席德拉米尼出席并讲话,非国大妇联部分执委、妇联豪登省主席以及当地社区妇女代表等参加。《人民日报》、新华社、中央广播电视总台、CGTN、人民网、《中国与非洲》杂志、非洲通讯社、《太阳日报》《比陀新闻报》等中南媒体参加活动并报道。

27.金砖国家第十次经贸部长会议取得积极成果

2020年7月23日,金砖国家第十次经贸部长会议以视频形式举行。中国商务部部长钟山出席会议并发言,商务部副部长兼国际贸易谈判副代表王受文一同与会。会议达成《金砖国家第十次经贸部长会议联合公报》和《金砖国家关于多边贸易体制和世贸组织改革的联合声明》,批准《投资便利化谅解》和《促进中小微企业有效参与国际贸易指南》,为金砖国家领导人第十二次会晤做了经贸方面的准备。

28.中国(南非)国际贸易数字博览会顺利开幕

2020年7月24日,中国(南非)国际贸易数字博览会暨2020浙江温州出口网上交易会(南非站)开幕式顺利举行。驻南非使馆经商处公参赵中屹在线出席,温州市政府副秘书长陈栋、温州市商务局局长应希克、南非西兰德市政府发言人哈瑞普及南非商协会和企业家代表等60余人参加。

29.金华-南非视频连线交流会议顺利举行

2020年7月30日,金华市外办与在南侨领、专家学者开展视频连线交流会。双方就南非新冠疫情发展状况、在南华侨华人和专家学者工作生活情况以及面临的困难和问题进行了沟通,并针对疫情下如何进一步加强金华与南非在人文、经贸等领域交流合作进行了深度交流。

30.中非智库专家学者视频研讨会顺利举办

2020 年 8 月 6 日,南非人文科学理事会、当代中国与世界研究院和非洲发展新伙伴计划等联合举办了"新常态下'一带一路'对非洲大陆自由贸易区和基础设施建设的影响"视频研讨会,驻南非使馆临时代办李南应邀出席并做主旨演讲。南非人文科学研究理事会执行主任穆勒,当代中国与世界研究院院长于运全、非洲发展新伙伴计划战略规划处主任杜加扎,联合国非洲经济委员会能源、基础设施和服务处主任利辛吉等 100 余名中非专家学者和企业机构代表线上与会。

31.2020 年华为南非"未来种子"项目开班仪式顺利举行

2020 年 8 月 21 日,华为南非公司举办 2020 年南非"未来种子"项目网络开班仪式。驻南非使馆临时代办李南在线参加并致辞,南非通信与数字科技部部长亚伯拉罕斯、华为南非公司总经理范文及"未来种子"项目 2020 届学员和南非媒体等 60 余人参加。

32.南中经贸协会能源委员会举办 2020 年线上讨论会

2020 年 8 月 24 日,南中经贸协会能源委员会举办 2020 年线上讨论会,会议由能源委员会会长单位中国电建集团南非代表处主持,能源协会和其他中资机构代表 50 余人参加。

33.第十三届"汉语桥"中文比赛南非决赛成功举办

2020 年 8 月 27 日,第十三届"汉语桥"世界中学生中文比赛南非赛区决赛暨南非第一届"中国银行杯·汉语桥"中学生中文比赛成功举办,驻南非使馆临时代办李南在线出席并发表讲话。

34.驻南非使馆临时代办李南同南非智库学者举行网络研讨会

2020 年 9 月 8 日,驻南非使馆临时代办李南同南非智库知名学者举行网络研讨会。南非国际问题研究所高级研究员范斯塔登、约翰内斯堡大学非中研究中心主任孟大为、全球对话所执行主任穆坦布、金山大学教授谢尔顿等应邀出席,双方围绕新冠疫情背景下国际秩序演变趋势、中美关系走向、新时期中非关系、后疫情时代中非合作等议题深入交换了意见。

35.驻南非使馆举行援南非中小学抗疫物资捐赠仪式

2020 年 9 月 11 日,驻南非使馆举行支持南非中小学抗疫物资捐赠仪式。驻南非使馆临时代办李南、南非基础教育部部长莫采卡分别致辞。南非基础教育部高级官员、北开普省教育厅代表等出席。当地电视台、ANA 非洲通讯社等当地媒体以及驻南中国媒体参加了活动并进行了报道。

36.杨洁篪出席第十次金砖国家安全事务高级代表视频会议

2020年9月17日,中共中央政治局委员、中央外事工作委员会办公室主任杨洁篪在北京出席第十次金砖国家安全事务高级代表视频会议。俄罗斯联邦安全会议秘书帕特鲁舍夫主持会议,巴西总统府机构安全办公室主任埃莱诺、印度国家安全顾问多瓦尔、南非国家安全部部长德洛德洛出席。

37.驻南非大使陈晓东在南非报纸发表署名文章《并肩战疫 推动构建更加紧密的中南中非命运共同体》

2020年9月28日,南非主流报纸《商报》刊登了驻南非大使陈晓东的署名文章《并肩战疫 推动构建更加紧密的中南中非命运共同体》,全面介绍了中国内外发展成就、抗疫重大战略成果和中南中非携手抗疫历程等。

38.扬州科技学院首届中国-南非职业教育合作项目留学生顺利结业

2020年10月19日,扬州科技学院首届中国-南非职业教育合作项目留学生结业典礼举行。扬州科技学院副校长刘宏,国际交流学院、土木工程学院、信息工程学院相关负责人,留学生实习企业代表、国际交流学院2020级全体新生以及来自南非的全体留学生参加了结业典礼。

39.驻南非大使陈晓东会见约翰内斯堡大学校长

2020年10月23日,驻南非大使陈晓东视频会见南非约翰内斯堡大学校长特斯利兹·马瓦拉教授、副校长辛哈,约翰内斯堡孔子学院中、外方院长和使馆文化教育官员等参加会见。

40.驻开普敦总领馆向南非国民议会副议长茨诺里再次移交抗疫物资和救济食品

2020年10月29日下午,驻开普敦总领馆举办抗疫物资和救济食品捐赠仪式,驻开普敦总领事林静代表驻开普敦总领馆向南非国民议会副议长茨诺里移交了第二批医疗物资和救济食品。

41."华为-Rain-金山大学5G实验室"揭牌成立

2020年11月2日,"华为-Rain-金山大学5G实验室"揭牌仪式在金山大学创新中心成功举行。驻南非大使陈晓东应邀发表视频致辞。

42.中非智库论坛第九届会议举行

2020年11月5—6日,中非智库论坛第九届会议以线上、线下结合的形式举行。200余名中非专家学者、媒体人士与会并表示,中非合作为推动全球化进程和增进全人类福祉做出了突出贡献。南非人文科学研究理事会首席执行官苏迪安表示,中方为非方减免债务极大缓解了非洲国家应对新冠疫情的经济压力,"中国愿意维护非洲国家的利益,积极回应非洲国家的迫切诉求,中非合作称得上南南合作的最好范本"。

43.2020年中非(南)职业教育合作联盟年会暨产教融合研讨会在渝举行

2020年11月19—21日,2020年中非(南)职业教育合作联盟年会暨产教融合研讨会在重庆市以线上、线下结合的形式举办。联盟年会暨研讨会包括开幕式、联盟研究成果和课题发布、联盟2020年年度工作总结和2021年度工作计划报告、政策解读和主旨报告、主题发言和圆桌论坛等环节,围绕联盟平台和服务能力建设、"技术创新+人文交流"人才培养、职业院校境外办学、后疫情时期的中非职业教育合作等议题进行了交流研讨。

44.南非东开普省中国投资机会网络研讨会成功举办

2020年12月2日,南非东开普省发展公司举办"南非东开普省中国投资机会"网络研讨会,驻南非使馆经商处公参赵中屹应邀出席并做主旨发言。南非驻香港总领事、东开普省贸易促进委员、水牛城市投资顾问、库哈工业开发区发展公司经理、香港贸易发展委员会副主任以及中南双方近50家企业代表参会。会议介绍了东开普省、中国内地、中国香港的投资机会,并就各自工业、商业、农业、服务业、运输和金融等领域的发展规划、市场前景和促进措施进行了讨论。

45.环印度洋联盟第二十届部长理事会会议召开

2020年12月17日,环印度洋联盟第二十届部长理事会会议以视频方式举行。联盟轮值主席国阿联酋和印度、澳大利亚、南非、法国等23个成员国及中国、美国、日本、韩国等9个对话伙伴国参加。中国外交部部长助理邓励应邀与会并发言。会议以"推动印度洋命运与共,共同繁荣"为主题,围绕抗疫和经济复苏,深入探讨了贸易投资、蓝色经济、减灾防污、海事安全等领域合作,就进一步深化联盟合作、构建繁荣稳定的环印度洋地区达成了广泛共识。

二、2021年

1.中国第四批援助物资运抵南非

2021年1月23日,中国政府援助南非第四批抗疫医疗物资——36万人份核酸提取试剂(价值人民币800万元,约合2000万兰特)运抵约翰内斯堡奥·坦博国际机场。南非卫生部副总司长吉尔·安卓博士和驻南非使馆公参赵中屹代表两国政府共同在现场见证了物资运抵。

2.驻德班总领馆在线举办庆祝"三八"国际劳动妇女节活动

2021年3月8日,驻德班总领馆举办庆祝"三八"国际劳动妇女节线上座谈交流会,活动主题为"中医、旗袍和抗疫中的女性力量"。南非传统领袖祖鲁王王后普米、夸祖鲁-纳塔尔省省长夫人内利和议员莎敏、德班市议员皮尔,以及侨社和媒体代表等30余人参加,驻德班总领事夫人李文君主持。

3.治国理政第四期研修班结业仪式线上举行

2021年3月31日,南非国家政府学院和中国非洲研究院联合举办了治国理政第四期研修班线上结业仪式。南非公共服务及管理部部长姆许努、驻南非大使陈晓东、中国非洲研究院副院长王晓明在线致辞,南非政府学院院长恩格卡维尼主持。

4.中国非洲研究院举办国际研讨会

2021年4月9日,中国非洲研究院在北京举办国际研讨会,来自中国和非洲的多名专家学者围绕"携手促进中非文明互鉴"主题进行了交流。双方一致认为,应抓住中国非洲研究院成立两周年的契机,推动中非学界互学互鉴,讲好中非友好合作故事。

5.外交部部长助理邓励同南非副外长德拉米尼举行中南第十一次战略对话

2021年4月14日,中国外交部部长助理邓励同南非副外长德拉米尼通过视频方式举行中南第十一次战略对话。双方就非洲形势、国际和地区热点问题等交换了意见。

6.驻开普敦总领事林静在线向西开普省高校师生做讲座

2021年4月22日,驻开普敦总领事林静应西开普大学邀请,以"中非关系和中国成就:团结共谋发展"为主题面向西开普省高校师生做视频讲座。西开普大学校长普利托斯教授、国际关系办公室主任巴瓦、经济与管理学院研究部副主任姆戈梅祖鲁教授、南非学生联合会西开普省分会主席诺姆普拉以及来自西开普大学、开普敦大学、斯坦陵布什大学等西开普省高校师生代表70余人通过线上和线下方式同时参加。

7.中南联合举办中国南非工商界视频对话会

2021年4月29日,中南联合举办"政党交流与务实合作"中南(非)工商界视频对话会,驻南非大使陈晓东应邀在线致辞。"政党交流与务实合作"中南(非)工商界视频对话会由中国经济联络中心、福建省人民政府外事办公室、福州市人民政府外事办公室、南非非国大进步商业论坛、南非夸祖鲁-纳塔尔省政府等联合举办,中共中央对外联络部副部长沈蓓莉、驻南非大使陈晓东、福建省副省长郭宁宁,以及南非非国大全国执委、财政部副部长马桑多,非国大夸祖鲁-纳塔尔省执委、国际关系委员会主席尊古等在线致辞,中南双方有关企业代表共约 150 人线上参会。

8. 常州信息职业技术学院举办 2021 届南非学生来华学习实习项目结业典礼

2021 年 5 月 11 日,常州信息职业技术学院 2021 届南非学生来华学习实习项目结业典礼暨留学生校外实训基地签约仪式在梅特勒-托利多(常州)公司举行。中国教育部中外人文交流中心主任杜柯伟、综合办公室主任张学仁,常州信息职业技术学院校长眭碧霞、副校长陶大伟,常州市政府外事办公室副主任司马双龙,梅特勒-托利多中国区 PO 总裁唐良,南非中国文化与教育交流中心副主任陈松涛,企业代表和学校有关部门负责人等出席了相关活动。

9. 南京信息职业技术学院赴南非中国文化和国际教育交流中心洽谈

2021 年 5 月 21 日,南京信息职业技术学院国际交流合作处曹雪处长、数字商务学院刘东风院长、国际商务教研室余春阳老师及国际教育学院辅导员邱白老师一行,赴南非中国文化和国际教育交流中心就南非学生来华学习实习项目下一阶段深度合作方面进行了洽谈沟通。

10. 驻南非大使陈晓东在南非媒体发表署名文章《中非携手共建人类卫生健康共同体》

2021 年 6 月 4 日,南非主流媒体《星报》《比陀新闻报》《水星报》《开普时报》及独立传媒网站刊登了驻南非大使陈晓东题为《中非携手共建人类卫生健康共同体》的署名文章。

11. 南非柑橘输华协议南方签字仪式成功举办

2021 年 6 月 18 日,南非柑橘输华协议南方签字仪式成功举办,驻南非大使陈晓东应南非农业、土地改革和农村发展部部长迪迪扎邀请见证。

12. "百年大党风华正茂,携手前行共创未来"高端对话会成功举办

2021 年 6 月 21 日,驻南非使馆和南非国家新闻俱乐部联合举办"百年大党风华正茂,携手前行共创未来"高端对话会,共庆中国共产党成立 100 周年。驻南非大使陈晓东在线发表主旨演讲。南非非国大"六巨头"之一、总司库马沙蒂勒,南非前总统莫特兰蒂,南非执政联盟成员南非共第一副总书记马派拉,非国大党校校长、财政部副部长马桑多,南非外交部副总司长苏克拉尔,南非最大平面媒体独立传媒集团董事长瑟维和约翰内斯堡大学非中研究中心主任孟大为等嘉宾应邀在线发言,南非国家新闻俱乐部主席波叶主持。

13. "中国-南非投资与贸易推进会"在杭州成功举办

2021 年 7 月 8 日,"中国-南非投资与贸易推进会"在杭州召开。会议由驻

南非使馆、商务部西亚非洲司、南非贸工部指导,中非发展基金、南非驻华使馆、浙江省商务厅联合主办,浙江省国际投资促进中心(浙江省驻外商务机构服务中心)、中非民间商会杭州办事处协办。会议主题为"对焦新格局 挖掘新机遇",共计70余家中国企业约170名代表现场参会,另有70余家中南两国企业约100名代表线上参会。与会企业围绕南非园区和制造业、矿业、新能源、浙江企业赴南投资、金融支持与服务五大专题深入交流,共同探讨推动后疫情时代中南中非投资与贸易合作。

14.驻南非使馆举行"中国国际发展合作成就"线上主题图片展

2021年7月14日,为庆祝中国共产党成立100周年,回顾中国开展对外发展援助合作成就,驻南非使馆隆重举行了"中国国际发展合作成就"线上主题图片展。

15.2021年南非中学教师培养项目启动仪式举行

2021年8月5日,由南非基础教育部主导,委托中国文化和国际教育交流中心试点开展的南非中学教师培养项目启动仪式在线举行。为帮助南非改善公立学校教师素质,借鉴和参考中国在基础教育领域的成功经验,在南非教育培训署的支持下,南非基础教育部联合南非高等教育和培训部委托中国文化和国际教育交流中心,试点开展南非中学教师的培养项目。

16.《中国企业投资非洲报告》发布会举行

2021年8月26日,《中国企业投资非洲报告》(英、法文版)发布会在线上和北京现场同步举行。该报告由中非民间商会组织50多位专家和研究人员撰写,调研了超过350家中国企业和320位企业家,通过63个案例展示了中国企业在非洲开展投资合作的历程和对非洲经济社会发展的贡献,总结了中非投资合作经验,并对未来发展提出了建议。

17.外交部非洲司司长吴鹏出席中非合作论坛非洲产品电商推广季启动仪式

2021年9月6日,中非合作论坛非洲产品电商推广季暨"全球国货之光"非洲特别专场直播季启动仪式通过线上、线下方式举行,中国外交部非洲司司长吴鹏出席并致辞。中国工业和信息化部国际合作司副司长庾志成、海南省广播电视总台台长郭志民、中国互联网协会副秘书长裴玮以及近20个非洲国家驻华使节、联合国国际贸易中心高级顾问等出席活动。

18.习近平主席出席金砖国家领导人第十三次会晤并发表重要讲话

2021年9月9日,金砖国家领导人第十三次会晤以视频方式举行。中国国家主席习近平、南非总统拉马福萨、巴西总统博索纳罗、俄罗斯总统普京出席，印度总理莫迪主持会晤。五国领导人围绕"金砖15周年：开展金砖合作，促进延续、巩固与共识"主题深入交流，通过了《金砖国家领导人第十三次会晤新德里宣言》。

19. "南非中文日"庆典暨南非汉语教学成果展演成功在线举行

2021年9月17日，"南非中文日"庆典暨南非汉语教学成果展演成功在线举行。南非汉语教育界代表300余人欢聚云端，中南两国政府和高校代表在线出席庆祝活动，南非六所孔子学院、两所孔子课堂、两家华文教育机构在直播中展示了南非汉语教育的可喜成果。

20. 第二届中非经贸博览会开幕

2021年9月26—29日，由中国商务部与湖南省人民政府共同主办的第二届中非经贸博览会在湖南省长沙市举办。

21. 驻南非使馆向南非社会发展部捐赠物资

2021年10月19日，驻南非使馆同南非社会发展部举行捐赠物资交接仪式。驻南非大使陈晓东，南非社会发展部部长、非国大国际关系委员会主席祖卢等出席。

22. 杭州科技职业技术学院举行2019级视传专业南非留学生结业典礼

2021年10月19日，杭州科技职业技术学院2019级视觉传播设计与制作专业南非留学生结业典礼暨学生成果汇报展开幕仪式在该校天风楼剧场及艺术学院展厅举行。该批20名学生由南非高教部文化艺术旅游体育培训署代表团选派。在为期一年的学习和实习中，同学们展现了扎实的专业基础和对专业学习的不懈追求。在学院教师团队和企业方的共同努力下，项目取得了优良的教学成效。

23. 中非智库论坛第十届会议成功举办

2021年10月20—21日，中非智库论坛第十届会议在杭州举行。作为即将在塞内加尔召开的新一届中非合作论坛会议的配套预热活动，该届论坛聚集了来自中国和15个非洲国家的政界、学界和企业界代表200多人。会议围绕"团结合作　创新发展　携手共建中非命运共同体"这一主题进行了深入广泛的研讨，旨在促进中非双方深度理解，助推中非全面战略合作伙伴关系发展，为构建更加紧密的中非命运共同体发挥作用。

24. 长安大学与驻南非使馆召开中南合作视频会议

2021年10月26日，长安大学与驻南非使馆召开中国-南非合作共建智慧交通和可持续基础设施联合研究中心视频会议。长安大学校长沙爱民出席会议并讲话,会议由驻南非使馆公使衔参赞沈龙主持。长安大学科研院、国际处及公路学院等相关部门负责人,长安大学南非籍博士王于晨等参加了此次视频会议。

25.在南中资企业员工中文和中国文化培训班开班

2021年10月29日,专门面向在南中资企业南非员工开设的中文和中国文化培训班顺利开班。驻南非使馆经商处薛东参赞、约翰内斯堡大学副校长沙撒拉布·辛哈、南中经贸协会会长汪文安、约翰内斯堡孔子学院中方院长彭奕等线上出席活动并致辞,来自南中经贸协会多家成员单位的70余名南非本土员工、企业代表和嘉宾参加。该培训班由南中经贸协会和约翰内斯堡孔子学院联合主办,将帮助在南中企的南非员工深入了解中国文化,提高个人职业素养,快速融入工作环境。

26."中非合作论坛与中非合作的未来"视频研讨会顺利召开

2021年11月4日,驻南非使馆和南非国际问题研究所共同举办了"中非合作论坛与中非合作的未来"视频研讨会,驻南非大使陈晓东出席开幕式并发表主旨讲话,南非国际问题研究所所长伊丽莎白、中国外交部中非合作论坛事务大使周欲晓等与会并致辞。

27.南非跨境电商高级管理人员研修班开班

2021年11月5日,由南非中国文化和国际教育交流中心、重庆商务职业学院共同参与的"重庆市人民政府外国留学生市长奖学金丝路项目"南非跨境电商高级管理人员研修班在线上举行了开班仪式。南非高等教育和培训部教师发展中心、南非教师发展中心、南非中国文化和国际教育交流中心、重庆商务职业学院对外合作交流办及经贸学院负责人、阿里巴巴国际站重庆授权单位负责人参加了会议。

28.2021年华为南非"未来种子"项目启动

2021年11月15日,驻南非大使陈晓东和南非通信与数字科技部部长亚伯拉罕斯共同出席华为南非公司举办的2021年南非"未来种子"项目启动仪式并致辞。驻南非使馆公参赵中屹、华为南非公司总经理范文、约翰内斯堡大学孔子学院院长彭奕及"未来种子"项目2021届学员和南非媒体等50余人参加了活动。

29.驻南非大使陈晓东向南非各界宣介中共第十九届中央委员会第六次全
体会议

2021年11月18日,驻南非使馆和南非国家新闻俱乐部联合举办了中国共
产党第十九届中央委员会第六次全体会议线上宣介会,驻南非大使陈晓东出席
并做主旨发言,全面宣介中共十九届六中全会精神。南非社会发展部部长、非
国大国际关系委员会主席祖卢,南非国民议会事务主席弗罗里克,非国大妇联
主席德拉米尼,执政联盟南非共第一副总书记马派拉,南非外交部副总司长苏
克拉尔大使,约翰内斯堡大学非中研究中心主任孟大为等嘉宾应邀线上发言,
南非国家新闻俱乐部总经理查尔主持。

30.南非成立"汉语桥"俱乐部

2021年11月25日,"汉语桥"俱乐部开普敦站在南非开普敦举行成立暨揭
牌仪式。撒哈拉以南非洲首家"汉语桥"俱乐部由此落户南非开普敦,它将成为
热爱中文的南非人新的学习、交流平台,为促进中南人文交流做出贡献。

31.习近平主席出席中非合作论坛第八届部长级会议开幕式并发表主旨演讲

2021年11月29日,中国国家主席习近平在北京以视频方式出席中非合作
论坛第八届部长级会议开幕式,并发表了题为"同舟共济,继往开来,携手构建
新时代中非命运共同体"的主旨演讲。

32.金砖国家人文交流论坛在北京举行

2021年12月2—3日,以"夯实人文交流基础 推动金砖合作可持续发展"
为主题的金砖国家人文交流论坛在北京举行。来自金砖国家的150余名代表
以线上线下相结合方式参会,就"繁荣文化艺术 促进文明互鉴""加强媒体交
流 凝聚团结共识""携手青年对话 应对共同挑战"等话题深入探讨交流。代
表们表示,金砖国家应当加强人文交流、推动民间往来、促进互通互信,为构建
人类命运共同体传递金砖国家的精神力量。

33.2021年中非(南)职业教育合作联盟年会在常州举行

2021年12月13—15日,2021年中非(南)职业教育合作联盟年会暨产教
融合研讨会在江苏省常州市成功举办。会议由中国教育部中外人文交流中心、
南非工业和制造业培训署联合主办,常州信息职业技术学院、南非教师发展中
心、南非中国文化和国际教育交流中心承办。中国教育部国际司、职成司,江苏
省教育厅、江苏省工业和信息化厅等有关部门同志出席会议,联盟成员单位、相
关高校、智库和企业代表等近200人现场参加会议。中南双方逾万人以线上方
式参会。

34. 南非体育联合会暨奥林匹克委员会发布官方声明支持 2022 年北京冬奥会

2021 年 12 月 14 日,南非体育联合会暨奥林匹克委员会就支持 2022 年北京冬奥会发布官方声明。南非体育联合会暨奥林匹克委员会完全支持国际奥委会发布的声明中所秉持的立场:奥运会和运动员参赛应当超越政治。